시네 페미니즘 : 가족은 없다

유진월

시네 페미니즘 : 가족은 없다

초판 1쇄 인쇄 · 2019년 11월 10일
초판 1쇄 발행 · 2019년 11월 20일

지은이 · 유진월
펴낸이 · 한봉숙
펴낸곳 · 푸른사상사

편집 · 지순이 | 교정 · 김수란
등록 · 1999년 7월 8일 제2-2876호
주소 · 경기도 파주시 회동길 337-16 푸른사상사
대표전화 · 031) 955-9111(2) | 팩시밀리 · 031) 955-9114
이메일 · prun21c@hanmail.net / prunsasang@naver.com
홈페이지 · http://www.prun21c.com

ISBN 979-11-308-1478-0   93680
값 23,000원

이 도서의 국립중앙도서관 출판예정도서목록(CIP)은 서지정보유통지원시스템
홈페이지(http://seoji.nl.go.kr)와 국가자료종합목록 구축시스템(http://kolis-net.
nl.go.kr)에서 이용하실 수 있습니다. (CIP제어번호 : CIP2019045036)

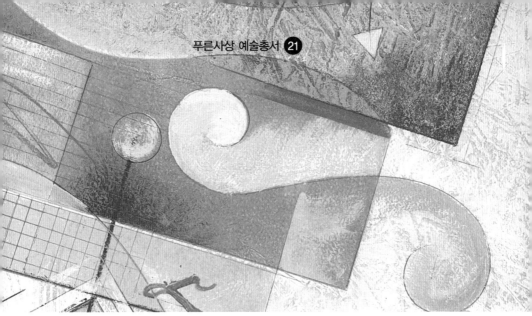

푸른사상 예술총서 21

Cine-feminism : Family Crisis and Women

시네 페미니즘
가족은 없다

유진월

푸른사상
PRUNSASANG

막강한 자본과 과학적 기술을 기반으로 한 영화라는 매체는 일반적
으로 남성 혹은 지배세력의 이데올로기가 구현되는 장인 경우가 많다.
하지만 때로는 강렬하게 때로는 은밀하게 여성의 저항을 담아내고 새
로운 가치를 추구하는 영화들도 있다. 그런 영화들은 여성이 주인공으
로 세상과 맞서 투쟁하는 서사를 이끌어가는 영화, 진취적인 여성감
독이 만든 영화, 여성 관객과 소통하고 나아가 그들에게 새로운 세계
관을 지향하도록 이끄는 영화, 여성의 눈으로 세상을 보는 영화들로
서 '여성영화'라고 집약할 수 있다. 여성의 시각으로 영화를 읽으려는
시네 페미니즘은 이러한 영화의 의미를 찾아내는 일이며 바로 이 책의
목표이기도 하다.

현실을 반영하는 영화는 권력투쟁의 장이자 계급, 인종, 성, 민족과
같은 사회적 역사적 맥락에 따라 다양한 가치가 충돌하는 영역이다.
이 책에서는 이러한 다양성을 품고 있는 영화에서 오늘의 한국 여성들

이 겪고 있는 삶의 모순과 비극성을 고찰하려 한다. 또한 여성을 관음증의 대상으로 타자화하는 기존 영화의 모순을 극복하고 여성의 새로운 정체성을 세우는 동시에 능동적 주체로서의 여성을 재현하는 영화를 찾고 의미를 부여하고자 한다.

최근의 영화들 중에서 〈아이 캔 스피크〉, 〈미씽 : 사라진 여자〉, 〈죽여주는 여자〉, 〈비밀은 없다〉, 〈차이나타운〉, 〈성실한 나라의 앨리스〉, 〈사랑이 이긴다〉, 〈김복남 살인사건의 전말〉, 〈바람난 가족〉과 〈돈의 맛〉 등을 연구 대상으로 삼았다. 지금 여기 우리의 삶의 자리에서 문제적인 이슈들을 다루고 있는 이 영화들을 하위주체의 말하기, 몸의 탈식민화 과정, 정동의 힘, 노년 여성의 섹슈얼리티, 복수, 가족의 해체, 가부장제에 대한 저항, 전복적인 여가장, 주체와 타자, 가족 간의 진실과 믿음 등의 다양한 관점에서 분석하였다. 언뜻 보아서는 이해할 수 없는 광기에 찌든 여자들의 이야기에 귀를 기울였고 그 삶의 이유와 의미를 찾는 과정에서 공통적으로 여성 주체를 발견하게 되었다. 인간의 광기는 이성과 권력의 결탁에 의해 규정되었으며 광인은 그 사회가 요구하는 이성적 권력의 기준으로부터 배제된 자 곧 표준화의 범주에 들어가지 않는 자이다. 곧 이 여자들을 '미쳤다'고 말할 때 그들은 이 사회가 추구하는 일정한 기준에 저항하는 자이며 그 결과 이 사회의 문제를 오히려 드러내는 여자들이다. 비정상이 정상으로 받아들여지는 이상한 사회에 살면서 그 이상함을 인식조차 하지 못하는 우리에게 이 낯선 여자들은 정상과 비정상, 옳은 것과 그른 것을 다시 생각하고 판단해보라는 진지한 제안을 하고 있다.

여성이 주인공으로 등장한 이 영화들은 모두 한국 사회의 가족 해체 현상을 그리고 있다. 가족이 와해되고 가정이 완전히 무너지기 직전의 아슬아슬한 상황에 한 여자가 서 있다. 여자는 문제적 상황을 직시하고 그 원인을 파헤치고 문제를 해결하기 위한 결단을 내린다. 밑바닥까지 내몰리고 극한의 상황까지 내달리면서도 무언가를 하려고 애쓴다. 그럼에도 가족의 해체를 떠받치기에는 역부족이어서 가정은 결국 무너져버린다. 그리고 시작과 끝의 두 여자는 같은 사람이지만 전혀 다른 사람이 되어 있다. 죽을힘을 다해서 살아남은 여자가 무너진 가정을 통해 도리어 가족의 참 의미를 일깨우며 실낱같은 희망의 줄을 붙잡고 비로소 주체가 되어 서 있다. 이것이 이 책에서 발견해낸 여자들의 모습이다. 사회의 지배적인 기준에 저항하는 이 여성/영화들이야말로 극한의 상황으로 밀려나면서 우리 사회의 문제를 적나라하게 드러내는 동시에 새로운 지평을 창조한 여성/영화들이었다. '가족은 없다'는 현재 우리 사회의 가족이 처한 외적인 위기 상황을 반영하기도 하고, 겉으로는 정상적으로 보이지만 진정한 사랑과 신뢰가 없이 피상적인 관계에 머물고 있는 한국 가족의 내적 현실에 대한 비판적 진단이다. 2부에서는 산산이 부서진 가족의 외상을 딛고 남은 가족/유사 가족으로 다시 삶의 의지를 세우는 작품들에 '그럼에도, 가족은 있다'는 제목을 붙여 애써 희망을 찾아보았다.

여성 작가, 여교수, 여성 연구자로 살면서 항상 작가, 교수, 연구자로 충분하지 않은가 하는 생각을 하곤 했었다. 그러나 어느 순간 내가 여성이며 여성으로 글을 쓰고 있다는 것을 온몸으로 깨닫게 되었다. 나라는 존재를 형성하는 정체성의 요소들 중에서 여성이라는 사실이야말로 가장 근본적인 것임을 알게 된 것이다. 그 이후 나는 여성으로 생각하고 여성으로 쓴다는 것을 기꺼이 받아들이게 되었고 불평등의 기호로 사용되지 않는 한 여성 작가와 여교수와 여성 연구자 또한 자연스럽게 수용하게 되었다.

여성으로서 세상을 읽고 쓴다는 것은 하나의 새로운 렌즈를 가지고 세상을 보는 일이며 남성들이 생각하거나 느끼지 못하는 것들도 예민하게 읽어낼 수 있는 장점으로 여기게 되었다. 그래서 기꺼이 나는 여성의 눈으로 영화를 읽는 일에 열심을 냈다. 남성들이 주도하는 세상에서 그들이 만든 영화가 얼마나 남성 중심적인지, 어떠한 방식으로 그들만의 시선을 담아내는지, 그들에 의해 구성된 여성인물들은 왜 그렇게 과장되거나 부자연스러운지, 그 모든 낯선 인물과 사건들이 내게 글을 쓰게 하는 동력이자 문제적 시발점이 되었다.

한국 영화에는 여성이 주인공이 되어 서사를 이끌어가는 작품 자체가 많지 않다는 점, 그리고 그 영화들은 관객들의 관심으로부터 좀 멀리 있다는 점, 그 결과 연구 또한 무관심의 영역으로 밀려날 수도 있다는 점 등의 갈등 요인도 있었다. 그럼에도 어쨌든『여성의 재현을 보는 열 개의 시선』,『영화, 섹슈얼리티로 말하다』,『코리안 디아스포라, 경계에서 경계를 넘다』에 이어 시네 페미니즘의 네 번째 책까지 왔다. 이런 글들이 일부의 담론으로만 머물지 않고 문 밖으로 확산되어 공론의 장으로 나아가기를 바라는 마음이다.

이제 여성으로 글을 쓰고 살아온 긴 시간의 새로운 자리에 서 있다. 여기까지 오는 동안 부족한 나의 곁에서 늘 힘이 되어준 가족들에게 새삼 고마운 마음이다. 이번 책에도 함께 해주신 푸른사상사의 한봉숙 사장님과 편집실의 벗들께도 감사의 인사를 전하고 싶다. 주위의 모든 사람들의 힘으로 버티어 서 있는 느낌이다. 그저 모든 것이 한없이 고맙다.

2019년 가을

유 진 월

차례

제2부 그럼에도, 가족은 있다

제1부 가족은 없다

제1장
공포영화의 주체로서의 팜므 카스트리스
〈김복남 살인사건의 전말〉

〈김복남 살인사건의 전말〉(2010)은 평범한 촌부가 극한의 살인마로 돌변하는 과정에서 공포를 유발한다. 김복남은 비정상적인 여성/괴물로 변모하여 우리 사회의 가부장제적 모순과 인간에 대한 존엄이 말살되어 가는 양상 특히 여성에 대한 억압을 고발하고 폭로한다. 그러나 팜므 카스트리스 곧 '거세하는 여성이자 복수하는 여성'이라는 괴물이 되어 한계에 저항하던 복남이 결국 국가권력의 대표자인 경찰관의 총에 사살됨으로써 원래의 가부장적 질서로 환원시키려는 제도권의 강력한 힘을 역설적으로 보여준다.

김복남은 통상 아버지/남성/가부장이 지배하고 아버지의 법이 통치하는 사회에 저항하고 그 법을 파괴한다는 의미에서, 곧 반사회적이고 기존의 가치 파괴적이라는 의미에서 괴물이라 할 수 있다. 그러나 여성 또한 괴물이 되어 저항할 수 있는 능동적이고 적극적인 의지를 가진 주체적 존재임을 보여주는 이 영화는 팜므 카스트리스로서의 복남이 이끌어가는 공포영화이며 관객이 그러한 주체로서의 복남을 지지하고 공감하는 데서 영화의 재미와 흥미를 유발하는 페미니즘 영화라 할 수 있다. 특히 해원에 의해 복남의 생이 종결되는 장면에서 둘이 함께 상징적인 피리를 부는 모습은 복남과 해원이 두 사람이자 한 사람이고 여성이자 괴물이며 자매이자 적수임을 보여준다. 이들이 변증법적으로 합일되는 과정은 비체로서의 여성이 갖는 힘과 저항성을 드러내며 영화의 가장 핵심적인 메시지를 전달한다.

공포영화의 주체로서의 팜므 카스트리스
〈김복남 살인사건의 전말〉

1. 서론

〈김복남 살인사건의 전말(Bedevilled)〉(감독 장철수, 2010)[1]을 접할 때 가장 먼저 눈에 띄는 것은 그럴듯한 상징이나 비유적 의미를 전혀 담지 않은 건조한 제목이다. 김복남(서영희 분)이라는 인물이 저지른 살인사건의 전말을 파헤치겠다는 극히 사실적인 제목은 이 작품이 통상 영화가 추구하는 오락적 재미나 예술적 감동에 덧붙여 우리 사회의 치

---

1 이 작품은 국내외에서 문제작으로 주목을 받으면서 63회 칸영화제 비평가주간 공식 초청작으로 선정되었다. 또한 제47회 대종상영화제(2010, 신인감독상), 제8회 대한민국영화대상(2010, 여우주연상, 신인감독상), 제14회 부천국제판타스틱영화제(2010, 후지필름 이터나상, 여우주연상, 부천초이스 작품상), 제4회 시네마디지털서울 영화제(2010, 버터플라이상(장철수)), 제1회 시네마테크KOFA가 주목한 한국 영화(2011), 제30회 한국영화평론가협회상(2010, 여자연기자상, 신인감독상), 제33회 황금촬영상(2011, 작품상, 촬영상) 등의 상을 받았다.

부를 치밀하게 파헤치고 분석하려는 문제의식을 담고 있음을 보여준다. 더욱이 이 영화는 불과 7억 원의 저예산으로 16만 명의 관객을 동원함으로써 평균 50억 정도의 예산이 소요되는 한국의 영화제작 현실에서 작은 영화의 힘을 보여주었다.

본 연구에서는 이 영화를 특히 공포영화[2]라는 범주에서 분석하고자 한다. 공포영화는 한계의 경험과 한계의 위반을 특징으로 하며 관객을 그 한계로 초대한다. 무서움, 아슬아슬함, 낯섦, 놀람, 긴장 등은 관객에게 공포영화가 약속하는 보상이다. 하지만 공포영화는 이러한 감각들을 건드리고 일깨우는 것만으로 그 기능을 한정하지는 않는다. 공포영화는 낯선 타자 즉 괴물을 등장시켜 상징계 질서가 가진 기능과 가치의 효능과 한계를 시험하고 폭로하는 문화정치적 기능을 수행한다. 통상 여성괴물이 등장하는 공포영화의 대다수는 한 측면에서는 사회의 잠재된 욕망들을 폭로하고 그러한 억압을 요구하는 문화의 부당함과 위선을 보여주며, 다른 측면에서는 바로 그 괴물 죽이기를 통해 이전 상태로의 복귀 및 재억압을 꾀하는 것을 장르적 관습으로 취한다.[3]

---

2 본 연구에서는 공포영화를 공포와 전율을 자아내어 관객의 호기심을 자극하려는 의도로 제작한 영화라는 광범위한 개념으로 본다. 유령·요괴·괴물이 등장하는 괴기영화, 초자연적·마술적·신비적인 영혼재래 등을 제재로 한 오컬트영화, 살인·범죄를 제재로 하고 피가 튄다는 뜻의 스플래터영화, 이상한 사태에 직면한 인간들의 혼란과 고통을 그린 SF영화, 특수효과로 연출한 SFX영화, 충격적인 공포와 전율에 역점을 둔 호러영화 등이 이 범주에 속한다.
3 김기정·김성호, 「공포영화의 문화정치」, 『예술과 미디어』, 13권 4호, 한국영상미디어협회, 2014, 136쪽.

〈김복남 살인사건의 전말〉은 평범한 촌부가 극한의 살인마로 돌변하는 과정에서 공포를 유발하는데 후반부에 일어나는 김복남의 이러한 변화는 영화 전반부와는 전혀 다른 인물 곧 일종의 괴물로의 변모를 보여준다. 김복남은 사회에서 수용될 수 없는 살인마 곧 비정상적인 괴물로 변모하여 우리 사회의 가부장제적 모순과 인간에 대한 존엄이 말살되어 가는 양상 특히 여성에 대한 억압을 고발하고 폭로한다. 그러나 '복수하는 여성 살인마'라는 낯선 괴물이 되어 한계에 저항하던 복남이 결국 남성 경찰관의 총에 사살됨으로써 일탈한 여성을 전반부의 질서로 환원시키려는 제도권의 강력한 힘을 역설적으로 보여준다.

김복남은 바바라 크리드가 말하는 여성괴물[4]이라고 할 수 있다. 여성괴물들은 통상 아버지/남성/가부장이 지배하고 아버지의 법이 통치하는 사회에 저항하고 그 법을 파괴한다는 의미에서, 곧 반사회적이고 기존의 가치 파괴적이라는 의미에서 괴물이라 할 수 있다. 그러나 공포영화에서 괴물은 언제나 남성이고 여성은 그 괴물의 수동적인 피해자이며 겁에 질리고 두려움에 떠는 가련한 희생자[5]라는 고정된 공식으로 공포영화의 인물 구도를 규정해왔던 과거의 인식에서 벗어나 여성 또한 과감한 괴물이 되어 저항할 수 있는 존재 곧 능동적이고 적극적인 의지를 가진 주체적 존재임을 인식하게끔 하는 것이 공포영화에서 여성괴물이 갖는 긍정적 의미이다.

---

4 바바라 크리드, 『여성괴물, 억압과 위반 사이』, 손희정 역, 여이연, 2008, 24쪽.
5 이러한 관점의 대표적인 연구자는 제라르 렌느이다. 제라르 렌느, 「괴물과 희생자 : 공포영화 속의 여성」(김경욱 역), 유지나 · 변재란, 『페미니즘/영화/여성』, 여성사, 1993, 113쪽.

실제로 〈김복남 살인사건의 전말〉이 칸영화제에서 상영되었을 때 복남이 낫을 들고 복수를 시작하는 순간 객석에서는 환호가 터져 나왔다고 한다. 이러한 관객의 반응은 여성괴물로서의 복남이 거세하는 여성이자 복수하는 여성이라는 의미의 팜므 카스트리스[6]로서 공포영화의 능동적 주인공으로 변화하는 것에 대한 긍정적 동의라 볼 수 있다. 오늘날의 공포영화에서 여성은 더 이상 가련한 희생자로서 공포의 대상으로 남아 있기보다는 적극적인 공포의 주체이자 생산자로 변화하였음을 보여주는 것이다. 이렇게 본다면 이 영화는 팜므 카스트리스로서의 복남이 이끌어가는 공포영화이며 관객이 그러한 주체로서의 복남을 지지하고 공감하는 데서 영화의 재미와 흥미를 유발하는 페미니즘 영화라고 할 수 있다.

김복남이라는 순박하고 무죄한 여성이 왜 그토록 무서운 살인마가 되어야 했는지, 곧 슬래셔 영화[7]의 주인공이자 팜므 카스트리스가 되어 공포영화를 이끌어가게 되는지를 밝히는 것이 본 연구의 주된 목적이다. 그 과정에서 바바라 크리드의 여성괴물이라는 개념과 줄리아 크리스테바의 비체 개념 등을 적용할 것이다. 출입이 철저하게 통제된 섬이라는 소규모의 공동체에서 복남이 일방적인 폭력을 당하는 양상과, 그녀의 간절한 구원의 요청이 철저하게 무시되는 상황을 통해 남녀 사이와 여성 사이에 존재하는 권력, 나아가 사회와의 관계 속에 놓

6　바바라 크리드, 앞의 책, 283쪽.
7　슬래시(slash)란 칼로 난도질한다는 의미로 슬래셔 영화란 혐오스러운 살인이 가득한 영화를 말한다.

인 권력의 의미도 분석하고자 한다. 복남의 공간인 섬과 해원의 공간인 도시의 대립적 특성, 그 사이에 놓인 바다 등 공간의 의미도 분석하게 될 것이다. 특히 복남의 죽음을 딛고 긍정적 변화를 향해 나아가는 해원을 통해 복남과 해원의 우정과 갈등의 궁극적인 지향점이 변증법적 인물관계를 형성한다고 보고 이를 바탕으로 한 영화의 지향점과 의미를 분석하고자 한다.

2. 두 여성의 변증법적 통합과 균형의 회복

1) 복남, 폭력의 대상에서 주체로의 변모

영화는 두 명의 여성인물이 등장하는 액자형의 서술 구조로 되어 있다. 액자의 틀 쪽에는 서울에서 은행원으로 일하는 해원(지성원 분)의 이야기가 배치되어 있고, 어린 시절에 살던 섬 무도로 휴가를 간 해원이 보게 되는 복남의 삶이 액자 안의 이야기를 구성하고 있다. 서울에 사는 해원의 삶과 무도에 사는 복남의 삶, 이 두 개의 사건은 서로 독립되어 있기도 하며 동시에 긴밀하게 연결되어 있기도 하다. 현재 살고 있는 방식과 처지가 달라 별개의 삶을 다루는 것처럼 보이지만 그럼에도 불구하고 어린 시절에 친구였다는 과거의 인연이 오늘까지 영향을 미치는 까닭에 그들의 삶은 질긴 끈으로 묶여 있다.

영화는 전반부의 억압받는 여성의 이야기와 후반부의 복수하는 여성의 이야기로 크게 나뉜다. 전반부는 남성 위주의 사회에서 고통받는 여성의 이야기 곧 멜로영화[8]이며 후반부는 여주인공의 복수하는 과정에 초점을 둔 공포영화인데 이 과정은 타자에서 주체로의 변모라고 요약할 수 있다. 관객의 쾌락은 수동적인 공포에 질린 힘없는 여주인공과의 동일화로 시작하여 나중에는 능동적 파워를 지닌 그녀와의 동일화로 이어지는 사도마조히즘적 스릴에 근거한다.[9] 이 영화는 포스터의 문구처럼 불친절하기 짝이 없는 사람들 곧 타인에 대해서 극도의 무관심과 방관으로 일관하는 현대인에게 경종을 울리고 우리 자신을 되돌아보게 한다.

(1) 희생자로서의 여성 복남

복남은 지독한 노동 탓에 볕에 짙게 그을린 얼굴을 하고 있다. 그녀는 섬이라는 협소하고 한정된 공간에 속한 삶에 순응하며 살아가는 패배주의적 여성이다. 불과 9명의 주민만이 살고 있는 섬 무도는 극도로 폐쇄적인 장소이며 남성 중심적인 가부장제가 지배하는 비이성적인 세계이다. 남편 만종(박정학 분)과 동호할매(백수련 분)로 대표되는 섬의 권력은 신체를 길들이는 미시권력이다. 이 섬의 규율은 개체들을 통제하고 훈련시키며 조직화한다. 복남이라는 개체의 신체는 경제

---

8 멜로영화는 '말없음의 텍스트'로서 가부장적 문화 내에서 억압된 목소리를 내려고 애쓴다는 점에서, 그리고 오인되고 오해받고 억압된 여성의 삶과 감정을 인식하고 총체적으로 표현하려는 충동을 다룬다는 점에서 페미니즘 영화에서 중요한 위치를 차지한다. 타니아 모들스키, 『여성 없는 페미니즘』, 여이연·노영숙 역, 2008, 22쪽.

9 서인숙, 『씨네 페미니즘의 이론과 비평』, 책과길, 2003, 184쪽.

적으로는 노동력을 지닌 대상으로 정치적으로는 그들의 규율에 복종하는 하수인으로 살아가도록 훈련받는다. 이렇게 해서 섬의 권력이 요구하는 질서 안에 편입되어 규격화된다. 복남은 이들의 억압을 받으며 인간의 존엄과는 거리가 먼 모욕과 경멸의 대상'으로 존재한다. 배가 없으면 육지로 갈 수 없는 이 섬은 복남에게 있어서 푸코의 감옥[10]에 다름 아니다. 감옥이 정상적인 개인을 만드는 교정장치로서 신체를 길들이는 기술을 사용하여 길들여지고 쓸모 있는 개인을 만들어가는 것처럼 섬의 규율은 특히 복남에게만 집중되어 그들이 요구하는 신체 곧 절대적인 노동과 성의 노예로 만들어간다.

복남의 생은 성적인 모욕과 강간, 노예를 부리듯 심각한 노동력의 착취, 인간적인 모욕과 학대 등으로 점철되어 있다. 심지어 만종이 딸 연희를 데리고 낚시 간 동안 시동생 철종(배성우 분)은 형수인 복남을 강간한다. 이 일은 남편과 시동생과 복남의 묵계인 듯 보이지만 그림에도 만종은 무언가를 안다는 듯 복남을 심하게 때린다. 복남이 만종에게 매를 맞는 동안 어린 딸 연희는 바로 그 방문 앞에서 아무렇지도 않게 밥을 먹는다. 이 모습은 남편 만종이 창녀 미란을 불러 매매춘을 할 때 바로 그 방문 앞에서 밥을 먹는 복남의 모습과 겹쳐지는데 성행위와 폭력과 먹는 행위가 아무렇지도 않게 뒤섞이며 복남의 피폐한 일상이 강조된다.

여기서 복남의 먹는 행위는 구토와 혐오감을 불러일으킨다. 만종의 성적 욕망과 행위가 복남의 게걸스레 먹는 식욕과 병치되면서 두 개의

---

10 양운덕, 『미셸 푸코』, 살림, 2003, 29쪽.

욕망이 겹쳐진다. 만종의 색욕에 대한 비난이 복남의 게걸스러운 식욕과 동일시되면서 두 개의 행위는 뒤엉키고 관객에게는 구토를 불러 일으킨다. 그 구토는 만종의 더러운 색욕에 대한 혐오감이며 복남의 분노를 투사한 역겨움이다. 물론 음식물에 대한 혐오는 가장 오래되고 기본적인 아브젝션이다. 음식물이나 오물에 대한 혐오감과 구토는 우리를 보호하는데 그 까닭은 그러한 혐오감이나 욕지기가 우리로 하여금 더러운 것들에서 멀어지게 하고 피해 가게 만들기 때문[11]이다.

이토록 비인간적이고 폭력적인 남자들에 대해서 매우 의존적인 태도를 견지하는 할매들은 힘주어 말한다. "남자가 있어야 해." 이렇게 다수로부터 든든하게 지지받는 남자들은 이성과 윤리, 도덕을 넘어선 극단적인 성적 욕망의 화신들로 그려진다. 남성 성욕의 분출은 어떠한 통제도 받지 않고 고무되고 격려된다. 이들은 왜곡된 성욕을 표출하면서도 일말의 죄책감을 모른다. 일제강점기 이후 남성들이 징용으로 끌려가고 아버지의 빈 자리를 어머니들이 채우면서 힘들게 가족을 먹여 살리는 강인한 모성이 강조되어왔다. 그럼에도 부재하는 아버지는 상징적으로 군림했는데 어머니들이 애비 없는 자식이라는 멸시로부터 자식을 지키기 위해 상징적인 아버지의 권위를 더욱 강화했기 때문이다. 그러한 한국 근대사의 모성 이데올로기가 이 섬에는 여전히 살아 있다. 두 명의 남자들은 부권 부재의 시대를 살았던 할매들을 중심으로 실재하면서도 상징화되어 있고, 막강한 권력으로 이상화되어 있다.

섬의 할매들이 복남과는 전혀 공감대를 형성하지 못하는 반면 창녀

---

11 줄리아 크리스테바, 『공포의 권력』, 서민원 역, 동문선, 2001, 23쪽.

미란은 복남에게 자매애를 표한다. 아내가 문밖에 앉아 있는데 그 방 안에서 몸을 팔아야 하는 상황은 두 여자 모두에게 견디기 어려운 모욕이지만 선택권은 두 여자가 아니라 돈을 지불하는 만종과 돈벌이에 혈안이 된 사장에게 있을 뿐이다. 미란은 복남에게 미안하다고 하면서 선크림을 주고 복남은 오히려 미란의 생활에 동정심을 표한다. 어느 쪽이 더 나을 것도 없는 처지의 두 사람은 서울로 도망가는 이야기를 농담하듯 나누지만 복남은 "애한테는 아버지가 있어야지"라는 말로 도주의 가능성을 막아버린다. 이 순간의 복남은 남성인식이나 남성 의존도에 있어서 할매들과 별 차이가 없다. 남편을 향한 해원의 비난에도 복남은 "여긴 알아도 모르는 거"라며 섬의 질서에 따르는 것이 자신의 생의 길임을 인정한다.

만종의 폭력은 수시로 일어나고 그때마다 만종은 다쳐 쓰러진 복남에게 "된장 발러라"를 외친다. 된상이 의미하는 원시적 치료법은 의료기관으로부터 소외된 무도라는 섬의 특성과 인간대접을 받지 못하는 복남의 상황을 집약한다. 된장은 인간으로서의 존엄성을 박탈당한 상황을 집약하는 소도구로서 후에 만종에 대한 복남의 원시적 복수를 시각화하는 오브제로 사용된다. 푸코에 의하면 권력이 있는 곳이라면 어디서든 폭력이 발견된다.[12] 권력은 폭력에 의존해왔기 때문이다. 폭력의 종류는 크게 직접적 폭력, 법적 폭력, 행정적 폭력 등으로 나눌 수 있는데 복남에게는 특히 폭언, 신체상의 잔학행위, 강간 등의 직접적 폭력이 행해진다. 또한 가부장적 위계질서를 신봉하는 할매들에 의해

---

12 C. 라마자노글루, 『푸코와 페미니즘』, 최영 외 역, 동문선, 1998, 249쪽.

만종의 폭력은 정당화된다. 복남은 남자에게 순종적이지도 않고 매력적이지도 않아서 사랑받을 만한 가치를 갖지 못한 여자이며 도리어 다른 남자의 아이를 낳은 비난 받기에 합당한 여자로서 폭력의 대상이 되는 것이 타당하다는 공론이다. 따라서 복남은 만종이 매춘 여성을 불러들여 자기가 보는 앞에서 성행위를 해도 참아야 하고 심지어 연희는 엄마가 아닌 매춘 여성 미란을 오히려 아버지에게 사랑받는 여자의 역할 모델로 삼고 모방하려 한다.

(2) 비체로서의 복남과 모성성

복남이 모든 고난을 견디는 유일한 이유는 딸에게는 그래도 아버지가 있어야 한다는 것과 언젠가는 기회를 봐서 연희를 도시로 보내야 한다는 것이다. 딸을 향한 모성이야말로 복남의 생의 근원적인 힘이었다. 그러나 어느 날 연희가 아버지에게 사랑받으려면 노력해야 한다면서 만종에게서 받은 화장품을 바르는 모습을 보면서 딸과 남편의 수상쩍은 관계를 눈치챈 복남은 드디어 서울로 달아날 결심을 한다. 더 이상은 참을 수도 없고 참아서도 안 되는 임계점에 도달한 것이다.

복남의 딸 연희는 이 작품의 주된 사건을 이루는 성과 권력관계로부터는 거리를 둔 어린아이에 불과하지만 그럼에도 불구하고 모든 사람들과 연결되어 있는 핵심적인 얼개로서의 역할을 하고 있다. 연희는 만종이 아닌 다른 남자의 딸이기에 탄생부터가 불결하고 부도덕한 존재이다. 연희는 복남이라는 여성의 몸에 행해진 성적 폭력의 결과물로서 복남이라는 비루한 인생의 부정적 표상이다. 연희의 존재는 성, 임신, 출산, 피 등의 집결체인 비체로서의 복남을 집약한다. 연희에게 있어서 복남은 아버지를 비롯한 섬의 모든 사람들로부터 멸시당하는 인물이라는 점에서 비체로 치부된다. 크리스테바는 어머니-아이 관계를 갈등관계로 본다.[13] 아이는 어머니로부터 벗어나려 하고 어머니는 아이를 놓아주지 않으려 하는데 벗어나려는 아이의 입장에서 어머니는 혐오스러운 존재이자 비체가 된다. 아이는 어머니를 비체화하고 어머니에게서 벗어남으로써 주체를 형성하게 된다. 공포영화는 모성 이미지를 혐오스러운 것으로 구성하면서 비체에 대한 논의를 재현한다. 모성 자체가 주체에겐 비체이며 공포영화는 주체가 어머니와 맺는 공포스러운 관계를 전시한다.[14] 공포영화는 결국 상징계의 안전성을 위협하는 모든 것 특히 어머니와 어머니의 세계가 의미하는 모든 것을 상징계적 질서로부터 분리한다. 이것이 공포영화의 정치적인 목적이다.

그래서 연희는 비체로서의 복남 대신 어머니의 대리인인 미란과 해원에게 끌림을 경험하고 그들을 모방하고 싶어한다. 연희는 미란이 아버지의 사랑을 받는 여자라는 점에서 그녀의 화장을 모방하고 싶어하고 실제로 아버지로부터 화장품을 받고 아버지의 사랑을 받기 위해 화장을 하기도 한다. 이 과정에서 복남은 다시 연희를 간섭하게 되고 그 결과 연희로부터 더욱 멀어지는 비체가 된다. 연희는 해원의 가슴을 만지며 노골적으로 성숙한 여성의 육체를 선망한다. 연희에게 있어서 복남의 몸은 남성의 사랑의 대상이 아니라 폭력의 대상이지만 하얀 피부를 가진 도시녀 해원은 복남과는 다른 아름다움의 기준이 된다. 더

---

13 손희정, 「경계를 탐구하는 바바라 크리드」, 『여성이론』 25호, 2011, 197쪽.
14 바바라 크리드, 앞의 책, 338쪽.

욱이 해원은 그들이 선망하는 해방공간이자 이상향인 서울에서 온 여성이기에 엄마와는 더욱 이질적인 여성 주체로 간주된다.

은행의 정리해고 통지를 받은 해원이 서울 갈 채비를 하고 있을 때 복남은 자기와 딸을 서울로 데려가 달라고 부탁한다. 그게 어려우면 연희만이라도 데려가 달라고 한다. 그러나 타인의 생에 얽히고 싶지 않은 이기적인 해원은 서울로 데려갈 수 없다면서 만종이 딸을 성추행한 것 같다는 복남의 말도 믿어주지 않는다. 나중에 해원은 동호할매에게서 연희가 만종의 친딸이 아니라는 사실을 알게 되지만 "법이란 사람이 사는 상황에 따라서 달라지는 것"이라며 더 이상 관여하지 말고 섬을 떠나라는 말을 듣고 더욱이나 섬의 법에 얽히지 않으려는 결심을 굳힌다.

해원에게서 희망이 없음을 알게 된 복남은 만종이 자고 있는 틈을 타 돈을 훔치고 창녀 미란에게 서울로 도망가자는 전화를 한다. 새벽에 복남은 연희와 함께 길을 나선다. "아버지 없는 곳"으로 가자는 복남과 "엄마 맞는 거 싫다"는 연희는 해가 뜨는 곳에서 배가 들어오는 것을 보면서 잠시 미래에 대한 희망을 갖는다. 그러나 그 희망의 시간은 극히 짧고 복남은 이미 나와 있던 만종에게 잡혀 끌려간다. 애비가 누군지도 모르는 딸을 데리고 살아준 만종의 은혜를 배신한 복남에게 할매들의 비난이 쏟아지자 여러 놈에게 당했으니 어느 놈의 자식인 줄 어찌 아느냐고 복남은 항변한다. 연희는 아버지를 '배신'했다며 분노하는 만종의 손에 죽임을 당한다. 어린 연희의 이 덧없는 죽음은 어머니라는 비체로부터 탈출해서 아버지의 법이 지배하는 상징계로 나아가고자 했던 연희의 패배와 좌절을 보여준다. 복남의 내면에서는 연희를

시네 페미니즘 : 가족은 없다

데리고 떠나달라는 부탁을 들어주지 않은 해원에 대한 원망이 굳어진다.

서경사가 연희의 죽음을 조사하러 오지만 복남을 제외한 모든 이들의 거짓 연극에 덧붙여 유일한 희망인 해원의 "자고 있어서 보지 못했다"는 외면이 더해져 명백한 살인인 연희의 죽음은 사고사로 처리된다. 어린 시절 만종과 같이 놀던 패거리 중 한사람인 서경사는 돈봉투와 각종 선물을 받아들고 역시 만종의 어린 시절 친구[15]인 뱃사공 득수의 배를 타고 섬을 떠난다.

절망에 빠진 복남은 마당에 연희의 무덤을 만든다. 만종과 철종은 아무 일도 없다는 듯 복남이 애써 양봉한 꿀을 싣고 배를 타고 육지로 간다. 노인들은 다시 한번 남자가 있어야 된다는 타령을 하고 복남은 땡볕 아래서 혼자 감자를 캔다. 농사를 짓고 양봉하는 것은 복남의 일이고 그 성과물을 돈으로 바꾸는 것은 남자의 일이다. 실제로 돈을 벌기 위한 노동은 모두 복남이 했건만 그 대가로서의 돈은 만져보지도 못하는 불합리한 노동의 착취가 일상이 된 곳이 섬생활이다. 아무것도 요구한 적 없이 착취만 당하던 복남을 일어서게 한 것은 모성애였다. 아내의 자리가 아닌 어머니의 자리야말로 복남의 존재이유였다. 마지막 노동은 자신의 분노를 차곡차곡 갈무리하는 시간이었다. 복남의 호미

---

15 만종 역의 배우 박정학은 어린 시절 복남이 만종의 무리들에게 괴롭힘을 당하는 장면에서 복남에 대한 만종의 애증을 표현해두면 복남에 대한 이후의 만종의 태도를 설명할 수 있을 것이라고 했다. 만종의 폭력의 근거를 제시해야 한다는 것이 배우의 입장이었으나 감독은 복남에 대한 폭력 자체를 중시한 것 같다. 2016.5.20. 박정학 인터뷰.

질은 감자캐기가 아닌 그동안의 날들에 쌓였던 분노를 하나씩 캐고 기억하는 과정이었다. 땡볕 아래에서 미친 듯이 감자를 캐는 복남을 보는 것은 관객의 마음에도 분노를 전이하는 과정이 된다.

(3) 팜므 카스트리스로 일어서는 복남

복남이 드디어 그 모든 억압에 대항하여 분연히 일어나는 지점에서 영화는 급속도로 전환한다. 복남은 팜므 카스트리스 곧 복수하는 여성으로서 공포의 대상이 아닌 주체로 변모한다. 복남은 거칠 것 없이 억압된 분노를 표출하며 슬래셔 영화의 주인공이 된다. 억압의 기간이 길고 고통의 무게가 깊은 만큼 공격성의 정도는 극심하고 그녀를 멈출 수 있는 기제는 없다. 여성은 자신의 정당한 운명을 부당하게 박탈당했다고 느끼는 순간 괴물이 된다. 팜므 카스트리스는 거세자로서의 여성과 거세당한 존재로서의 여성을 의미한다. 상징적으로 거세된 여성은 괴물로 변하는데 외로운 여자들은 가족, 남편, 아이와 같이 그녀를 거부한 것을 다시 소유하기 위해 살인을 저지르고 복수한다.[16] 아내로서의 복남은 약하고 순응적이지만 어머니로서의 복남은 강하다. 모든 억압과 수모를 견디어내던 복남은 딸의 죽음 앞에서 용감한 여성으로 변모하는데 거세된 여성에서 거세자로서의 여성이 되는 복남은 팜므 카스트리스의 이중적 의미를 모두 담고 있다.

햇살이 강렬한 대낮에 복남은 마침내 낫을 들고 일어선다. 이 장면은 그동안 쌓였던 복남의 분노가 집약되고 마침내 폭발을 결심하는 중요

---

16 바바라 크리드, 앞의 책, 231쪽.

한 전환점이다. 복남은 이 순간을 중심으로 완전히 변화한 모습을 보여준다. 복남을 향해 칼로 찌르듯 날카롭게 빛을 뿜어내던 태양은 마치 하늘에서 내려오는 계시처럼 숙연하게 표현된다. 여기서 태양은 남성 중심적인 섬의 규율, 곧 위장된 도덕, 권위, 폭력으로부터 벗어나고자 하는 복남의 자유를 향한 무의식적인 의지를 상징한다. 복남은 말한다. "태양을 째려보니 태양이 말을 하데. 참으면 병 생긴다네." 태양의 기를 한껏 받은 복남은 낫으로 노파 3명을 차례로 살해하고 섬의 법인 동호할매를 쫓기 시작한다. 복남의 분노에 찬 몸짓과 소리 등 그녀는 반란하는 몸으로 재현된다.

밤새 동호할매와 추격전을 벌이던 복남은 날이 밝자 낫과 가위를 간다. 치매노인의 머리를 이발해주는 장면에서 복남의 무기는 지극히 안전하고 평화로운 이발 도구에 불과하다. 그러나 동호할매와의 추격전이 시작되면서 이발도구는 다시 무기가 된다. 남자들이 오면 이 난국을 해결해주리라는 기대를 갖고 있던 할매의 눈에 남자들이 탄 배가 들어오는 게 보인다. 그러자 할매는 다시 의기양양해지지만 절벽에서 떨어져 죽고 만다.

배가 도착하자 복남은 시동생 철종을 죽이고 머리를 베어 나무 위에 매단다. 목을 베는 것은 거세의 상징적 대체이다. 복남이 시동생의 목을 베는 것은 자신의 처녀성을 빼앗은 남자를 거세하는 여성의 이미지를 재현하는 것이다. 공포영화에서 괴물의 희생자들은 사지가 찢기고 목이 베인다. 죽음의 도구는 날카로운 도구들이다. 복남의 살해도구는 그동안 극심한 노동의 도구였던 낫이다. 노동하는 어머니 복남은 바로 그 노동의 도구를 살해의 연장으로 삼고 거세하는 어머니로 변모한다.

이 뾰족하고 날카로운 낫은 바기나 덴타타[17]의 시각적 이미지이다. 이 빨 달린 질 곧 게걸스럽게 먹어치우는 여성 성기의 개념인 바기나 덴타타는 거세와 사지절단에 대한 두려움을 활용하는 이미지들로 가득한 공포영화의 도상학과 관련된다. '남자 잡아먹을 년'이라는 대중적인 욕설은 여성비하적 표현이지만 그 이면에는 모든 것을 집어삼키고 조각조각 내버리는 여성의 성기에 대한 공포와 환타지가 들어 있다.

만종은 복남과 대치한 상황에서 복남이 자기에게 한 번도 정을 준 적이 없다는 뜬금없는 소리를 하고 그에 대한 답이라도 하듯 복남은 혀로 칼을 핥는다. 더욱이 만종의 손가락을 입에 넣고 빠는 듯한 포즈를 하자 만종은 잠시 이 위기의 순간을 잊는다. 남성은 여성과의 성교 중에 거세될지도 모른다는 두려움을 갖고 있으며 여성과의 성교 중의 쾌락은 죽음과 연결된다. 만종이 잠시 성적 쾌락을 연상하는 듯 보이자 복남이 그의 손가락을 물어 잘라버리는데 바로 그 순간 복남의 입은 이빨 달린 여성의 질 곧 바기나 덴타타로 기능한다. 여성의 입은 곧 자궁을 의미하고 만종은 성교 중에 죽음을 당하는 남성의 근원적인 공포를 그대로 재현한다. 화가 난 만종은 곧 도끼를 들고 덤비지만 복남은 역시 바기나 덴타타를 의미하는 낫으로 만종을 수없이 찔러 잔혹하게 죽인다. 이 장면에서 복남은 완전한 팜므 카스트리스가 된다. 복남은 죽은 만종의 온몸에 된장을 퍼부으며 말한다. "아파유? 조금만 기다려유. 된장 발라줄게유." 걸핏하면 폭력을 행사하고 다친 복남에게 된장 바르라고 외치던 그는 대변/오물을 연상시키는 엄청난 양의 된장더미

---

17 바바라 크리드, 앞의 책, 205쪽.

시네 페미니즘 : 가족은 없다

에 온몸이 파묻힌다. 이 역겨운 장면은 낫으로 난도질당하는 장면보다도 강력한 혐오감의 극치를 보여준다. 이것으로 무도에 사는 6명의 살해가 모두 끝났다.

바바라 크리드는 크리스테바의 『공포의 권력』에 나오는 아브젝션(abjection)[18]을 공포영화에 확장시킨다. 크리드는 아브젝션의 첫 번째 범주에 대변, 피, 소변, 토사, 침, 땀, 눈물, 고름과 같은 육체의 폐기물과 죽은 시체들을 포함시킨다. 아브젝션의 궁극은 시체다. 영혼이 없는 육체인 시체는 완전히 비천하며 가장 기본적인 타락으로 영적이고 종교적인 상징의 반대를 나타낸다. 복남에 의해 살해되어 무도에 넘쳐나는 시체들은 관객으로 하여금 끔찍한 이미지들을 대면하고 공포에 사로잡히는 변태적 쾌락에 대한 욕망과 비체를 토해내고자 하는 욕망을 경험하게 한다. 둘째, 경계를 넘거나 넘겠다고 위협하는 것이 비체라는 점에서 공포영화의 괴물에서 경계의 개념이 중요하다. 괴물은 자기에게 주어진 적절한 성역할을 수행하고 있는 인간과 그렇지 않은 인간 사이를 가로지르는 경계에서 구성되기 때문이다.[19] 복남은 인간과 비인간의 경계, 여성과 남성의 경계, 순종과 저항의 경계에 있는 괴물의 의미를 구현하고 비체가 된다.

배를 출발시키기 위해 사공 득수와 해원이 서두르는 동안 득수마저 복남에게 일곱 번째로 살해당한 자가 되고 해원은 간신히 섬을 떠난다. 복남은 해원이 두고 간 해원의 옷을 입고 해원의 가방을 들고 화장

---

18 줄리아 크리스테바, 앞의 책, 21~24쪽.
19 바바라 크리드, 앞의 책, 44쪽.

을 하고 30년 만에 마침내 뭍으로 가는 배에 오른다. 맛난 것 많이 사먹으라는 사공의 인사말에 "친절한 사람도 다 있네!" 하며 감동할 만큼 복남의 생은 인간이라고 할 수 없는 "제정신이 아닌" 날들의 연속이었다.

경찰서에서 마주친 복남과 해원은 죽음을 사이에 둔 난투극을 벌인다. 해원은 묻는다. "도대체 나한테 왜 이러는 거야?" 복남은 대답한다. "넌 너무 불친절해." 그러나 곧 복남은 가부장제의 대리인인 형사의 총에 맞고 죽는다. 여성/괴물 복남의 처단으로 남성 중심적 질서는 다시 회복된다. 균형에서 불균형을 거쳐 다시 균형을 되찾으며 영화는 가부장제로 돌아간다. 그러나 액자 밖의 인물 해원의 역할이 남아 있다.

2) 해원, 진정한 주체로의 재탄생

왜 복남의 삶은 해원의 눈을 통해 그려지는가. 〈김복남 살인사건의 전말〉에서 해원이라는 인물이 어떤 기능을 하는지 살펴보아야 한다. 복남은 이미 오랜 세월에 걸쳐 억압당하는 삶에 익숙해 있기 때문에 자신의 생에 대한 문제의식을 갖지 못한다. 어느 정도의 불만은 있지만 그럼에도 '딸에게는 아버지가 있어야 한다'는 이유로 만종과의 가족관계를 유지하려고 하고 시동생의 강간도 수용하고 있다. 자신이 처해있는 상황이 얼마나 끔찍한지를 스스로는 인식하지 못하기 때문에 그리고 설사 문제적이라 생각하더라도 자신의 힘으로는 그 섬에서 벗어날 수가 없기 때문에 해원이라는 인물이 복남에게는 매우 중요하다.

첫째, 해원은 복남이 처한 상황이 심각하게 문제적임을 인식하고 복남에게 그것을 일깨워준다. 둘째, 해원은 복남이 섬에서 탈출해서 서

　　　　　시네 페미니즘 : 가족은 없다

울로 달아나는 것을 도와줄 수 있는 유일한 구원자이자 조력자이다. 셋째, 남편을 포함하여 마을주민 전체가 딸의 죽음을 거짓으로 덮으려는 음모를 꾸미는 상황에서 해원은 진실을 말해줄 수 있는 공정한 외부인이다. 넷째, 해원은 복남에게 있어 어린 시절의 추억을 공유하는 사람으로 최소한 인격적으로 자신을 대해주는 유일한 인물이다. 이렇게 복남에게 있어서 해원의 존재는 절대적이다. 그런데 복남에게 있어서 생의 마지막 희망이자 출구인 해원은 과연 복남의 그 모든 기대를 충족시켜줄 만한 인물인가 하는 문제가 남아 있다.

　오히려 복남의 죽음을 완성하는 사람이 뜻밖에도 해원이라는 것 또한 유의할 점이다. 복남이 경찰관의 총에 맞아 쓰러짐으로써 위기에 처한 해원이 복남의 살해위기로부터 목숨을 구한다. 그리고 계속해서 자신을 공격하는 복남의 목에 부러진 피리를 꽂는 해원에 의해 복남은 괴물로서의 생을 마감한다. 경찰이라는 국가를 대표하는 공권력은 명백하게 이 사회의 가부장제적 권력을 의미한다. 그렇다면 해원이 복남의 죽음을 완성한다는 것은 어떤 의미를 갖는가. 그것도 불행한 복남에게 있어 행복한 추억의 소도구인 피리로 해원이 복남을 죽이는 것은 무엇을 뜻하는가. 해원은 여성의 외면을 하고 있는 남성인가, 왜 영화는 여성/괴물의 죽음을 여성에게 맡기는가, 이를 통해 여성에게 어떤 교훈을 주려고 하는가.

(1) 불친절한 소시민 해원
　서울에 사는 해원의 하얀 얼굴은 도회적인 삶을 대표한다. 은행에서 합리적인 원칙만을 앞세우는 냉정함, 동료를 오해하고 폭력을 행사하는 경쟁심과 경솔함, 눈앞의 살인사건을 보고도 못 본 척하며 자기의 안위만을 지키려는 이기심, 친구 복남의 간절한 편지를 읽지도 않고 치워두는 교만함 등으로 뒤엉킨 해원의 삶은 오늘을 살아가는 모든 도시인의 비인간적이고 황폐한 삶이다. 이것은 영화 포스터에 인용된 복남의 대사 "너는 너무 불친절해"의 자세한 내용이기도 하다. 도시를 대표하는 해원의 내면은 소시민의 용기 없고 비겁하고 이기적인 보신주의로 가득하다.

영화의 첫 장면은 은행에서 일하는 해원의 모습으로 시작된다. 현대적인 미인이지만 도회적인 냉정함과 비정함의 화신으로 등장하는 해원은 원칙만 내세울 뿐 가난한 할머니의 딱한 사정을 도와주려는 노력을 전혀 하지 않는다. 동료 직원이 방법을 찾아 할머니를 도와주는 장면과 대조해보면 해원의 마음이 인간적인 동정심과는 거리가 멀다는 것을 알 수 있다.

이어지는 두 번째 장면은 살인사건의 용의자들을 보았고 자신의 증언이 절대적인 상황인데도 경찰서에서 증언을 거부하는 비정한 해원을 보여준다. 두 건의 냉정함을 비난하듯 화장실에 우연히 갇히게 된 해원은 사정을 알아보지도 않고 동료 여직원의 뺨을 때리는 몰상식한 행동을 하는데 이 모습은 일련의 자신의 행동에 대한 당당하지 못함과 내적인 꺼림칙함을 자신이 인식하고 있음을 반증한다. 이 사건들은 무도에서의 사건을 겪은 후 엔딩 부분에서 변화하는 해원을 보여주기 위한 밑그림으로 기능한다.

15년 만에 무도에 도착한 해원은 흰 옷을 입고 있다. 영화의 엔딩 부분에서 해원에게 복수하기 위해 도시로 간 복남은 바로 이 해원의 흰 옷을 입고 있다. 흰 옷을 입고 무도로 들어가는 해원과 흰 옷을 입고 무도에서 나오는 복남은 흰 옷이라는 소도구를 통해서 한 사람으로 묶여진다. 해원의 품에 안겨 죽어가는 순간에도 복남은 해원에게 피리를 주며 불라고 하고 자기는 두 손을 들고 피리 부는 시늉을 한다. 두 사람은 흰 옷과 피리를 통해서 한 사람이 된다.

해원은 산책 중에 복남의 시동생 철종을 만나 위기에 처하지만 마침 등장한 연희 때문에 위기를 벗어난다. 그러나 호시탐탐 기회를 보는 철종의 해원을 향한 위험은 계속된다. 그는 어느 날 섬의 약초잎을 달여 해원에게 마시게 하고 잠에 빠져든 해원을 겁탈하려 한다. 마침 등장한 복남은 어린 시절에 이어 두 번째로 해원을 구한다. 그 순간 해원은 어린 시절 복남과의 일을 회상하는 꿈을 꾼다. 같이 피리를 불던 그들 앞에 어린 시절의 만종, 철종, 득수, 서경사가 나타나고 위험에 처한 해원을 구하고 복남이 대신 어려움을 당하는 꿈이다.

무도에서 복남의 비참한 삶을 보면서도 그녀의 간절한 구원의 요청을 외면하고 딸의 죽음도 못 본 척하며 귀찮은 일에 얽히지 않으려는 태도를 견지하는 해원은 여전히 도시인의 모습이다. 그들이 어린 시절의 우정을 회복하는 것은 전혀 불가능해 보인다. 그럼에도 복남은 강간의 위기에 처한 해원을 지키고 최후까지 자매애를 유지하려 한다. 그러나 해원이 결국 자신의 편이 아니라는 것을 알게 된 복남은 무도에서의 모든 복수를 마친 뒤 마지막 복수의 종착지점인 해원에게로 향한다. 평생을 괴롭히던 무도에서의 사람들이 아닌 해원과의 마지막 순간을 영화의 포스터로 삼은 것은 복남에게 있어서 해원이 얼마나 의미심장한 사람이었는지를 알려준다.

(2) 죽음을 통한 자매애의 회복

이 영화는 왜 두 명의 여자 주인공을 등장시키는가, 그리고 그 두 명의 여성은 왜 그토록 대조적인 외모를 가지고 있으며 전혀 다른 삶의 방식을 보여주는가, 이러한 대조는 무엇을 의미/의도하는가. 복남과 해원을 둘러싼 질문들이다.

해원은 하얀 얼굴에 도시에 살며 은행에서 일하는 것으로 보아 고등교육을 받았으며 운전을 하고 요가를 하며 여행을 할 수 있는 주체적인 여성으로 그려진다. 복남과 해원은 전혀 다른 처지에 있으며 여자라는 것을 제외하고는 아무런 공통점도 없어 보인다.

	사는 곳	외모	결혼	직업	학력	운전	돈	취미	가족	상호 의존도
복남	섬	그을린 얼굴	결혼	농사 양봉	모름	불가	없음	없음	남편 딸	높음
해원	도시	흰 얼굴	미혼	은행원	고학력	가	있음	요가	없음	낮음

이렇게 대조적인 두 여성이 어린 시절에 친구였다는 이유만으로 다시 만나 우정을 회복하거나 진정한 인간적 우의를 형성할 수 있을지 의문이다. 굳이 이 두 여성이 섬이라는 과거의 공간에서 다시 만나게 되는 이유는 무엇일까.

복남은 어린 시절 잠시나마 친절하게 해주었던 해원 특히 피리 불기를 가르쳐주었던 해원에게 깊은 자매애를 가지고 있었다. 모두가 자신을 괴롭히던 무도에서 유일하게 자기를 인간적으로 대해주었기에 그토록 오랜 세월이 흐른 뒤에도 희망의 보루로 삼고 있었던 인물이다.

그 기대가 무너져버렸을 때의 실망감은 늘 잔인하게 대하던 비인간적인 무도 사람들에 대한 배신감보다도 더욱 컸다. 그래서 해원에게 복수하는 것은 복수를 완결 짓는 최종적인 지점에 놓인다. 그리고 사활을 건 격투 끝에 해원은 피리로 복남을 찔러 치명상을 입히고 복남은 어린 시절 그들이 함께 불었던 〈매기의 추억〉을 회상하면서 죽어간다.

해원은 가부장제에 저항하는 자기 안의 괴물로서의 복남을 죽임으로써 스스로 자신을 남성 중심적 사회에 귀속시킨다. 여성의 저항을 억압하는 책임을 여성에게 부여함으로써 여성은 스스로 자신을 제도권 안으로 들어가도록 정화시킨다. 여성은 서로를 견제함으로써 현실의 균형을 유지하는 역할을 해야 한다는 남성 중심적 이데올로기를 구현한다. 특히 살해의 도구로 우정의 상징물인 피리를 사용함으로써 여성의 우정이 남성 중심적 사회에서는 무가치함을 보여준다. 여성 간의 자매애는 말살되며 여성연대는 설 곳이 없다. 그럼에도 그 피리로 죽이고 피리에 의해 죽어가는 두 여성이 피투성이가 된 채 〈매기의 추억〉을 함께 연주하는 장면은 비체로서의 여성의 합일을 보여준다. 비체로서의 여성의 무기력함과 강인함을 동시에 보여주는 장면이다.

두 사람이며 한 사람이고 여성이자 괴물이며 자매이자 적수인 두 여성의 모습은 비체로서의 여성이 갖는 힘과 저항성을 드러내며 영화의 가장 핵심적인 메시지를 전달한다. 남성의 거세가 성기에서 일어나는 반면 여성의 거세는 자신의 일부분과의 분리, 혹은 다른 여성인 자매와의 분리로 그려진다.[20] 여성괴물성의 핵심적인 요소 중의 하나는 거

---

20 바바라 크리드, 앞의 책, 248~249쪽.

세하는 여성이다. 복남은 거세하는 여성이고 따라서 괴물이며 악한 인물이다. 복남의 죽음은 해원에게 있어 자매와의 분리를 뜻하며 살아남은 해원은 상징적으로 거세되었음을 의미한다. 복남과 해원은 거세하는 여성/거세된 여성의 한 쌍을 이루며 닮았으면서도 상반된 두 명의 여성이 주인공으로 나오는 영화의 여성 커플을 형성한다.

피리라는 소도구로 연결된 그들의 기나긴 시간은 이렇게 끝이 난다. 복남은 해원의 품에서 온몸을 피로 적신 채 죽어간다. 복남이 지적한 '너는 너무 불친절해'에 대해서 해원이 대답할 시점이다. 해원은 영화의 전반부에서 외면했던 살인사건의 용의자 검거에 기꺼이 증인이 되기로 결정하고 경찰을 찾아간다. "저 사람들 알아요."라고 말하는 순간 해원은 불친절함을 벗고 죽은 복남의 친구가 될 수 있다. 증언을 마친 후 해원은 과거의 자신에서 벗어나듯 일종의 제의적인 샤워를 하고 비로소 오랫동안 치워두었던 복남의 편지를 읽는다. 옆으로 누운 해원의 모습은 무도와 겹쳐지고 그 순간 무도의 복남과 도시의 해원은 섬이라는 매개를 통해 상징적으로 합쳐진다. 결국 이들의 자매애는 복남의 죽음 이후에야 회복되고 진실어린 친절함은 너무나도 큰 대가를 치르고서야 완성된다. 영화는 남성/중심적 사회에 대항하는 여성/연대는 얼마나 연약하며 자매애는 허울 좋은 위선인가를 묻는다.

3) 공간의 의미

이 영화에는 세 개의 공간이 존재한다. 서울로 대표되는 도시/육지와 폐쇄적 공간인 무도, 그리고 그 두 공간을 나누는 동시에 연결하기도 하는 바다가 있다. 서울은 복남이 추구하는 이상세계다. 복남이 폭력과 착취의 대상으로 노예처럼 살아가는 무도와 달리 서울은 얼굴이 하얀 해원이 살아가는 평화로운 곳으로 상정된다. 그러나 해원의 입장에서는 도시야말로 경쟁이 치열하고 진실을 추구하며 살기에는 너무나 위험한 곳으로 차라리 거짓으로 자신을 포장하며 사는 것이 안전한 기이한 곳이다. 그래서 해원의 입장에서는 오히려 무도가 휴가지가 된다. 이러한 대립적인 장소들을 경계 짓고 있는 것이 바다이다. 결국 섬과 도시는 절대적인 가치가 존재하는 곳이 아니라 저마다의 기준에 의해 상대적인 가치를 지닌 이질적인 공간일 뿐이다. 그러나 이 장소들은 비정하고 폭력적이며 위험하다는 공통점이 있다.

육지에서 섬으로 가려면 배를 타야하고 섬에서 육지로 가기 위해서도 배를 타야 한다. 배는 섬과 육지를 가로막고 있는 바다를 연결하는 소도구이다. 배를 탄다는 것은 바다라는 장애를 길로 만드는 수단이다. 그 배를 장악하고 있는 이는 만종의 친구인 득수이다. 그러므로 복남이 만종의 눈을 피해 육지로 갈 수 있는 가능성은 전혀 없다. 복남은 득수를 죽이고 난 후에야 배에 탈 수 있고 바다는 비로소 섬과 육지를 잇는 길로 변한다.

도시가 다양한 종류의 인간이 뒤엉켜 살고 있는 복잡한 공간이라면 섬은 극소수의 인간이 단일한 가치관 아래 획일화된 공동체 생활을 하고 있다는 점에서 차별화된다. 남성과 여성이 함께 살고 있음에도 섬은 '남성/여성'이 아닌 '복남/복남을 제외한 나머지 사람들'이라는 두 집단으로 나뉜다는 점이 독특한 점이다. 복남 한 사람만을 제외한 모든 사람이 하나의 가치관으로 뭉쳐 살고 있고 복남만이 고립된 존재로 억압을 받는다. 그러한 처지의 복남이 섬에서의 탈출을 꿈꾸는 것은 당연하고 딸 연희만은 자신과 같이 살지 않기를 바라는 마음 또한 당연하다. 그 소망을 이루어 줄 수 있는 유일한 조력자는 서울에 사는 해원뿐이기에 계속 구원의 손길을 요청하지만 도시에 사는 사람은 그럴 마음의 여유가 없다.

바다를 경계로 하여 섬을 안으로 도시를 밖으로 칭한다면 '안'은 밀폐된 어둠의 공간이고 '밖'은 무한히 열려진 광장이라 볼 수 있다. '밖'이 진보된 문명의 성취를 위한 '전진'의 공간이라면 '안'은 문제적 인간의 집합이며 개도되어야 할 '결여'의 공간이다. 상징계의 논리에 의해 구분된 이 결여의 공간에서는 무력조차 때로 정당화된다. 섬은 선택의 자유를 박탈당한 채 머무를 수밖에 없는 현실의 공간이다. 그리고 동시에 인간으로서의 자유와 권리를 욕망하게 되는 공간으로 탈주를 열망하게 되는 공간[21]이다.

섬은 육지와 분리되어 있는 고립된 공간이다. 특히 무도는 복남과 만종, 철종, 연희, 4명의 할매들과 치매노인 등 단 9명이 살고 있는 극히 작은 공동체이다. 더욱이 젊은 남자란 단 2명뿐이고 나머지는 친인척 공동체로 거의 한집안처럼 살아가고 있다. 이곳의 질서를 이끌어가는 사람은 동호할매인데 그녀는 만종과 철종을 극진히 대우하고 있다. 섬에서 가장 높은 지위를 차지하는 것은 섬에서 꼭 필요한 '남자'인 만종과 그의 동생 철종이고 다음은 동호할매를 포함한 할매들이며 그 밑에

---

21 양정임, 「〈당신들의 천국〉의 공간적 의미와 폭력의 순환구조」, 『어문학』 122집, 한국어문학회, 2013, 556쪽.

어린 딸 연희와 남자라고 할 수도 없는 치매노인이 있고 제일 밑에 복남이 자리하고 있다. 섬은 완벽한 남성 중심적인 가부장제가 지배하는 공간이다. 할매들은 과거적인 남성의 지배구조에 익숙한 인물들로 며느리인 복남을 종 부리듯 하고 남편 못지않게 핍박한다.

섬은 '기괴한(unheimlich)' 장소이다. 기괴함이란 불안과 공포를 일으키는 것과 연결되어 있는데 예전부터 오랫동안 익숙하게 알아온 것에 대한 느낌이야말로 기괴함의 핵심이다.[22] 섬은 가족들에게 행했던 끔찍한 비밀을 목격해왔기 때문에 공포를 준다. 섬은 집과 공포를 연결하는 많은 공포영화들의 '집'과 동일한 공간이다. 섬은 함정이 되고 괴물이 등장하며 희생자가 살해당하는 장소가 된다. 또한 폐쇄된 공간으로서의 섬은 공포영화의 하나의 도식으로서의 여성의 자궁을 상징한다. 배를 타고 섬으로 들어가는 해원의 여정은 오랫동안 익숙했던 친근한 장소인 어머니의 자궁 안으로 들어가는 것이며 그곳에서는 탄생을 위한 태아가 웅크리고 있다가 나오는 것처럼 가족간의 비밀스러운 범죄들이 튀어나오고 피로 묶여 있는 공포스러운 일들이 생긴다. 월경혈과 출산과 연결되는 여성의 피는 남성에게 피를 흘리게 하고 나아가 살해하고자 하는 능력과 자발성을 환기시킨다.[23] 복남에 의해 남성들의 피로 흘러넘치는 섬은 공포영화의 공식처럼 여성의 자궁을 의미한다고 볼 수 있다.

또한 팜므 카스트리스는 아름다운 노래로 선원들을 죽음으로 유혹했

---

22 바바라 크리드, 앞의 책, 110쪽.
23 위의 책, 123쪽.

던 신화 속 고대 사이렌의 현대 버전과 조우하고 있다.[24] 사이렌은 뛰어난 여성 거세자이다. 이 신화는 울쑥불쑥한 바위들, 카니발리즘, 죽음 그리고 사지절단과 같은 거세 불안의 이미지들을 반영한다. 남성을 거세하려는 사이렌의 욕망이 시각화된 신화 속의 섬처럼 무도 또한 남성들을 모두 거세하고 그들에게 복수하고자 했던 복남의 욕망이 시각화된 곳이다. 거친 들판, 바위가 있고 절벽이 있는 위험한 곳, 뜨거운 햇빛, 배가 없으면 나갈 수 없는 고립된 곳. 이 위험한 장소는 그동안 복남을 위협했던 곳이지만 이제 반대로 복남이 복수를 할 수 있는 가장 적절한 곳으로 변모한다. 결국 무도라는 고립된 섬은 거세하는 어머니의 바기나 덴타타로 상징화된다.

3. 결론

작품은 언제나 '균형-불균형-균형'의 상태로 진행된다. 문제가 있건 없건 나름대로의 균형을 유지하던 지점에 어떤 균열이 일어나서 혼란스러운 불균형의 상태를 유지하다가 다시 새로운 균형을 찾으면서 작품이 끝나게 되는 것이다. 이 영화에서도 복남이 '학대받으며 살아가는 희생자-저항하고 복수하는 팜므 카스트리스-죽음'으로 변모하면서 그 구조를 따르는 것을 보여준다. '희생자-복수자-죽음'의 과정에서 복남은 매우 다른 세 가지 층위의 모습을 드러낸다. 희생자에서 복

---

24 위의 책, 242쪽.

수자로 변할 때의 극단적인 일탈의 모습은 여성/약자에 대한 우리 사회의 억압을 도리어 문제적으로 보여주었다. 그러한 일탈의 양상은 두려움을 주는 여성/괴물로 형상화되었으며 관객에게 공포와 쾌감을 동시에 주었다. 결국 그 반사회적인 행동을 하는 괴물을 남성 경찰관이라는 국가권력의 대표자에 의한 죽음으로 처리함으로써 오늘의 문제를 덮고 과거의 균형 상태로 가려고 하는 사회의 강력한 제동력을 볼 수 있다.

복남은 자신의 억압받는 현실의 문제를 인식하고 그 문제적 상황을 자신의 힘으로 해결하려고 일어섰으며 비록 폭력이라는 야생의 정의에 의한 방식이기는 하지만 모든 문제를 스스로 해결했다. 복남은 억압당하는 희생자에서 복수하는 공포영화의 주체로 강렬하게 변모되었다가 다시 남성권력에 의해 죽음을 당함으로써 공포영화의 문제 해결 방식을 그대로 반영했다. 이를 통해 사회에 저항하는 문제적 여성/괴물을 처단함으로써 기존의 남성 중심적인 사회를 지속하고자 하는 남성권력의 행사를 볼 수 있다.

그러나 비록 복남이 죽는다 할지라도 전반부의 복남과 후반부의 복남은 결코 같은 인물은 아니다. 이기적인 소시민 해원을 정의를 위해 일어서는 정직한 시민으로 변모시켰으며 자신의 '불친절함'을 돌아보게 하는 계기를 마련했다. 복남과 해원은 전혀 다른 두 여성으로 보이지만 서로의 삶의 의미를 보완하고 완성한다는 의미에서 한 사람이라 할 수 있다. 그래서 그토록 복남은 해원에게 간절하게 구원을 요청하고 해원은 복남을 통해 새롭게 주체로 변화하게 되는 것이다. 복남과 해원은 현실적으로는 우의를 기반으로 한 자매이자 상징적으로는 한 사람으로 변증법적으로 통합된다. 복남은 자신의 죽음을 통해서 해원의 재생을 완성하게 된다. 해원은 상징적 죽음을 통해서 다른 사람으로 태어나고 마침내 냉혹한 '불친절'은 막을 내린다. 엔딩 장면에서 해원이 옆으로 누운 자세가 무도와 겹쳐지는 것은 복남과 해원이 한 사람으로 합쳐지는 것을 상징한다.

　팜므 카스트리스로서의 복남이 공포영화의 주체로서 페미니즘을 구현하는 여성이라는 점 외에도 〈김복남 살인사건의 전말〉은 다음과 같은 문제들을 제기한다는 점에서 또한 의미가 있다. 첫째, 소시민으로 비겁하게 살아가는 도시의 현대인을 대표하는 해원이 그 이기심을 벗고 정직하고 친절한 시민이 되기 위해서는 복남의 죽음이라는 너무나 큰 사건을 치른 후에야 가능하다는 점이다. 이것은 우리들의 '불친절'한 이기심이 얼마나 견고하고 강인한지를 역설적으로 보여준다. 둘째, 복남에 대한 해원의 태도를 통해서 여성 간의 연대라는 것 곧 자매애라는 것이 과연 여성 상호 간에 구원이 될 수 있는가에 대한 질문을 던져준다. 상호 관계에서 발생할 수 있는 자매애가 어느 한쪽의 추구와 다른 한쪽의 회피로는 불가능함을 보여주는 이들의 관계에서 여성은 과연 이성 간의 사랑이나 모성애가 아닌 여성 상호 간에 진정한 자매애가 가능한가에 대한 질문을 던진다. 셋째, 복남은 딸 연희의 죽음 앞에서 크게 달라진다. 자신의 희생은 견디어내지만 딸의 희생만큼은 용납할 수 없는 것이 어머니로서의 복남을 변모시킨 것이다. 이 지점은 모성애의 강인함을 바탕으로 한 여성의 용감한 모습을 보여주는 동시에 여성이 자기가 처한 상황을 떨치고 일어서는 것이 얼마나 어려운지도 알려준다. 넷째, 복남이 문제를 해결하는 방식이 그동안 남성으로부터 배운 폭력의 방식을 그대로 가져온다는 점에서 여성이 얼마나 남성과 달라질 수 있는가에 대한 고민이 필요하다. 폭력을 폭력으로만 해방시킬 수 있다면 세상은 끝없는 폭력의 순환만을 반복할 것이라는 점에서 미래에 대한 회의를 주기 때문이다. 〈김복남 살인사건의 전말〉은 여성이 단지 외적인 아름다움만 추구하여 관음증의 대상이 되거나 남성에 대해서 상대적으로 수동적인 인물로 표현될 가능성이 상존하는 영화 현실에서 그 모든 우려를 넘어선 주체의 모습을 구현한 의미 있는 여성영화라고 할 수 있다.

제2장
복수하는 '미친' 여자들과 가족의 해체
⟨비밀은 없다⟩

〈비밀은 없다〉(2015)는 사적 복수를 하는 '미친' 여자들의 이야기로 가족의 해체와 와해 과정을 비극적 스토리로 보여준다. 이 여자들을 '미쳤다'고 말할 때 그들은 이 사회가 추구하는 일정한 기준에 저항하는 자이며 그 결과 이 사회의 문제를 드러내는 여자들이라는 의미를 갖는다. 특히 연홍은 여성영화의 의미 있는 주체로서 두 여자들과 차별화된다. 연홍은 엄마, 아내라는 전통적 여성 역할에서 수사관, 복수자, 살인자 등의 자리로 내몰리며 위험하고 무례하고 무서운 광기를 드러내며 변모한다. 그리고 결국 자기 힘으로 끝까지 자신과 딸의 문제를 해결하는 주체적 여성으로 재탄생한다.

본 연구에서는 이 작품을 이끌어가는 중심사건으로서의 복수와 살인이 모두 여성에 의해 이루어진다는 점을 중시하고, 살인이 작품의 동력으로 작동하는 방식을 고찰함으로써 여성상의 의미를 분석하였다. 가족, 모성성, 소녀상, 동성애 등 다양한 이슈를 안고 있는 이 여성들을 통해 오늘의 한국 사회에서 여성들이 맞닥뜨린 현실을 볼 수 있다. 이들의 복수의 바탕에는 자신이 당한 고통을 그대로 되갚아주려는 의지와, 사회적 질서나 법 제도로 포섭될 수 없는 개인적 원한을 해소하려는 욕망이 깔려 있다. 이들의 사적 복수의 방식은 언어와 법으로 표상되는 상징계의 질서를 거부하는 행위이다. 불륜이나 동성애와 같은, 아버지의 법을 거부하면서 사법제도 안에 포섭될 수 없는 자신만의 세계를 갖는 이들이 사적 복수를 감행하는 것은 당연한 수순일 수 있다.

대중영화는 저항의 지점이자 권력투쟁의 장이며 사회, 역사적 맥락에 따라 다양한 가치가 충돌하는 영역이다. 이 영화는 여성문제가 중요한 주제이며 내러티브를 이끌어가는 계기로 작용하고 있다는 점에서 동시대의 사회현실을 반영하는 여성영화이다.

복수하는 '미친' 여자들과 가족의 해체

〈비밀은 없다〉

1. 서론

일반적으로 대중영화는 지배세력의 이데올로기가 은밀한 방식으로 구현되는 장인 경우가 많다. 그러나 때때로 어떤 영화들은 억압의 도구가 아닌 저항의 지점이자 권력투쟁의 장이며 사회, 역사적 맥락에 따라 다양한 가치가 충돌하는 영역이기도 하다. 즉 대중영화는 지배 이데올로기가 일방적으로 관철되지 않는 의미 교섭의 공간이며 능동적인 공간[1]이기도 한 것이다. 남성이 지배하고 주도하는 대표적인 예술의 장인 영화는 의식적으로든 무의식적으로든 남성 중심적 가치관과 이데올로기와 삶을 반영하게 된다. 그러나 그러한 상황 속에서도 여성의 저항적 요소를 담고 새로운 가치를 추구하는 영화들도 있다.

---

1 조안 홀로우크 · 마크 얀코비치, 『왜 대중영화인가』, 문재철 역, 1999, 8쪽.

〈비밀은 없다(The Truth Beneath)〉(2015)[2]는 대중의 호응을 아주 많이 받은 영화는 아니지만 여성문제가 중요한 주제로 다루어지고 내러티브를 이끌어가는 계기로 작용하고 있다는 점에서 동시대의 사회현실을 반영하는 여성영화로서 가치가 있다. 이 영화가 단순한 오락물이나 이상화된 예술이 아니라 한국의 현실을 즉각적으로 반영하고 있는 치열한 삶의 결과물이라고 보기 때문이다.

〈비밀은 없다〉는 '미친' 여자들이 복수하는 이야기다. 다소 거친 면이 없지 않으나 이것은 '학부형과 불륜 관계를 맺다가 제자를 죽음으로 몰아가는 교사, 친구를 죽인 청부업자를 살해하는 여중생, 딸을 죽인 남편을 죽이는 아내'의 이야기인 〈비밀은 없다〉를 명확하게 요약한다. 비록 더디다고는 하나 엄연히 법이라는 제도와 경찰이라는 기관이 있는 사회에서 굳이 스스로 복수를 선택하고 살인자가 되는 이 여자들은 가히 '미쳤다'고 할 수 있다.

다만 여기서 이들의 광기는 '인간 정신의 밝고 성숙한 안정성에 반대되는 것, 즉 모호하고 축축한 요소, 어두운 무질서, 뒤섞이는 혼돈, 모든 사물의 싹이자 죽음이 인간에게서 현현한 것'이라는 고전적인 정의에서 '정당한 처벌의 광기는 도덕세계에 속한다, 광기는 진실에 가깝

---

2 이경미, 박찬욱 각본의 〈비밀은 없다〉는 〈미쓰 홍당무〉(2008)의 이경미 감독 작품으로 2016년 개봉했다. 36회 한국영화평론가협회상 10대 영화상·감독상·여우주연상, 17회 부산평론가협회상 대상·여우주연상, 25회 부일영화상 여우주연상, 22회 춘사영화상, 여우주연상 등을 수상하면서 평론가들의 높은 평가를 받았지만 25만 명의 관객을 동원하는 데 그쳤다.

다는 사실에 의해서 정당화된다'[3] 등의 정의까지를 광범위하게 포괄한다. 인간의 광기는 이성과 권력의 결탁에 의해 분리되고 규정되었으며 광인은 그 사회가 요구하는 이성적 지적 권력의 기준으로부터 배제된 자 곧 표준화의 범주에 들어가지 않는 자라는 의미이다. 곧 이 여자들을 '미쳤다'고 말할 때 그들은 이 사회가 추구하는 일정한 기준에 저항하는 자이며 그 결과 이 사회의 문제를 오히려 드러내는 여자들이라는 점에서 의의를 갖는다.

복수의 바탕에는 자신이 당한 고통을 그대로 되갚아주려는 의지와, 사회적 질서나 법 제도로 포섭될 수 없는 개인적 원한을 해소하려는 욕망이 깔려 있다. 복수의 메커니즘 안에는 대사회적으로 인준되어 있는 제도에 대한 불신과 자기만족적인 개인적 통로를 구축하려는 욕망이 들어 있다. 이들의 사적 복수의 방식은 언어와 법으로 표상되는 상징계의 질서를 거부하는 행위로 파악될 수 있다. 그들은 대타자의 질서에 포섭되기를 거부하며 자신의 욕망을 충족시키기 위해 자신만의 규칙을 만들어냈기 때문이다.[4] 그중의 한 가지가 불륜이며 동성애인데 아버지의 법을 거부하면서 사법제도 안에 포섭될 수 없는 자신만의 세계를 갖는 이들이 사적 복수를 감행하는 것은 당연한 수순일 수 있다.

복수 플롯은 복수의 주체가 되는 프로타고니스트와 잘못을 저지른 안타고니스트, 그리고 희생자로 이루어진다. 프로타고니스트는 자신과 희생자를 위하여 복수를 하게 되며 희생자는 프로타고니스트 자신

---

3 미셸 푸코, 『광기의 역사』, 김부용 역, 인간사랑, 1999, 53쪽.
4 연세대학교 미디어아트연구소, 『복수는 나의 것』, 새물결, 2006, 121~123쪽.

일 수도 있다. 안타고니스트가 가한 실제적인 혹은 상상의 상처에 대한 프로타고니스트의 복수는 야생의 정의를 다루는 매우 본능적인 플롯으로 인간 내면의 깊은 곳까지 정서적으로 침투[5]한다. 범죄가 살인 특히 존속살인 등으로 끔찍하면 끔찍할수록 프로타고니스트의 복수는 더 정당성을 갖는다.

〈비밀은 없다〉는 외적으로는 완벽해 보이는 한 가족을 중심으로 일어나는 살인과 복수의 이야기를 다룬다. 가장인 종찬(김주혁 분)은 국회의원 선거전에 뛰어들고 그의 아내 연홍(손예진 분)은 그를 돕느라 분주하다. 15일간의 선거운동이 시작되는 날 외동딸 민진이 실종된다. 그럼에도 불구하고 선거에만 집중하는 남편과 사건을 제대로 조사하지 않는 경찰에게 분노한 연홍은 홀로 딸의 흔적을 쫓기 시작한다. 딸이 남긴 단서들을 추적하던 연홍은 점차 드러나는 진실과 마주하게 된다. 한국 사회에서 불신과 불의가 횡행하는 정치라는 남성 중심적 공간을 배경으로 하여 벌어지는 살인사건들은 원의 중심에 있는 남성 종찬에게서 파생되기 시작해서 나선형을 그리면서 세 여성에게 살인과 복수라는 비극적인 사건으로 퍼져나간다.

복수의 주체로 나서는 여자들은 네 명이나 되며 그중 세 명이 살인자가 되고 한 명은 살해당한다. 또한 그들은 미옥을 제외하고는 모두 가장인 종찬과 긴밀하게 연결되어 있다. 이경미 감독[6]은 나이와 처지

---

5 로날드 B. 토비아스, 『인간의 마음을 사로잡는 스무가지 플롯』, 김석만 역, 풀빛, 2001, 179쪽.

6 박찬욱 감독이 이 영화의 시나리오 작업에 공동으로 참여했으며 많은 관심을 보였다는 이경미 감독의 인터뷰와 함께 복수와 살인이 주요 모티프로서 작품을 이

가 다른 네 명의 여자들을 모두 복수와 살인으로 몰아간다. 남성 중심적인 사회에서 마이너리티에 속하는 여성들은 법이라는 기제가 만족할 만한 수준으로 정의를 신속하고 정확하게 집행하지 않기 때문에 참혹한 살인의 주체가 되어 야생의 정의를 구현하게 된다. 다만 연홍의 살인은 그 이전에 행해지는 두 여자의 살인의 의미를 넘어서는 궁극의 중요성을 띠고 있으며 그 살인의 의미가 영화의 핵심이고 논의의 중심이라는 점에서 차별화된다.

그럼에도 이 작품을 이끌어가는 세 건의 살인이 모두 여성인물에 의해 이루어진다는 점을 중시하고, 살인이 작품의 핵심동력으로 작동하는 방식을 고찰함으로써 〈비밀은 없다〉에 나타난 여성상의 의미를 분석하고자 한다. 가족, 모성성, 소녀상, 동성애, 욕망, 불륜 등 다양한 이슈를 안고 있는 이 여성들을 통해 오늘의 한국 사회에서 여성들이 맞닥뜨린 현실을 볼 수 있을 것이다.

이것은 영화의 촬영기법을 비롯한 영화의 다양한 요소를 포함하는 영상 연구가 아니라 주제와 문제의식을 중시하는 서사 연구임을 밝혀 둔다.

끌어간다는 점에서 이 작품은 박찬욱 감독의 복수 3부작을 떠올리게 한다. 여자 박찬욱이라는 별명(강소원, 「이토록 격렬한 여성들─비밀은 없다」, 『영상문화』 제21호, 부산영화평론가협회, 2016, 40쪽)은 마치 박찬욱의 아류라는 찍힌 느낌을 주기에 부적절한 표현이라고 본다.

2. 복수와 살인, 사적 처벌의 방식

1) 첫 번째 살인, 여교사 – 불륜과 협박

(1) 일탈과 감시와 처벌

영화의 첫 장면은 종찬의 국회의원 선거운동이 시작되는 날이다. 과거로 잠시 거슬러 올라가면 아나운서 출신의 종찬은 어느 날 중학교 1학년인 딸 민진의 학급에서 일일교사를 하게 되고 담임교사를 처음 만나게 된다. 이후 종찬과 교사는 불륜관계가 되고 우연히 그들의 불륜을 목격한 미옥은 친구 민진에게 그 사실을 알린다. 동영상까지 확보한 그들은 교사를 협박해서 시험지를 빼내고 하위권이었던 두 아이들의 성적은 최상위권으로 올라간다. 중학교 1학년짜리 10대 소녀들의 행동은 극히 부도덕하고 비윤리적이며 대담하다. 무려 2년이 넘도록 두 아이들은 교사를 협박했고 그 결과 좋은 성적을 유지했다.

가정과 학교는 아이들의 생활에서 중심이 되는 공간이며 아버지와 교사는 그들의 삶에서 중요한 위치를 차지한다. 그들은 교육이라는 허울 좋은 명분으로 아이들의 위에 군림하면서 훈육한다. 그들은 적어도 아이들 앞에서만큼은 일반인들과는 다른 윤리적 · 도덕적 모범을 보이도록 기대된다. 바로 그러한 두 사람이 가장 부도덕한 일을 저지른 당사자로서 나타났을 때 아이들의 가치관은 일거에 무너져 내린다. 그들은 더 이상 아버지와 교사를 존경할 수 없을 뿐 아니라 그들이 지배하는 가정과 학교라는 공간을 신뢰할 수 없게 된다.

그래서 어른들이 가장 중요한 평가의 기준으로 제시한 시험이라는 명분을 농락함으로써 반항하고 저항한다. 시험처럼 권력과 지식의 중층구조를 완벽하고도 가시적으로 보여주는 것도 없다. 시험은 규율이 의식화한 절차의 하나로서 규율이 그 중심부에 자리하고 있다. 시험에서는 관찰하고 감독하는 필요와 처벌하는 권리가 상호 긴밀하게 얽혀 있다.[7] 아이들이 교사에게 시험지를 빼내도록 요구하는 것은 꼭 좋은 성적을 받기 위한 것만은 아니었다. 아이들은 교사가 시험지를 빼내기 위해 불법을 저지르는 고통스러운 과정 자체를 불륜에 대한 징계로 부과한 것이다.

미시적 형벌제도는 시간, 행위, 태도, 언어, 신체, 성 등의 다양한 일탈을 처벌한다. 일상 행위의 미세한 측면까지 규정하고 그것을 규범으로 처벌한다. 개인들의 몸은 항상 정상 안에 머물러야 하고 그런 몸이 바로 착한 몸이다. 이런 정상적인 질서에 적응하지 않거나 반항하는 자들은 감시와 처벌과 교정의 대상[8]이 된다. 그리고 그러한 처벌 과정을 통해 권력이 작동한다. 소녀들은 교사의 신체적 성적 일탈을 처벌하는 권력을 행사함으로써 교사-학생 간의 수직적인 관계를 역전시키고 권력의 우위를 점한다.

소녀들은 블랙박스를 교사에게 선물로 주고 그것으로 불륜을 감시하고 처벌하는 방식을 택했다. 블랙박스를 통한 그들의 시선은 판옵티콘의 위치를 점한다. 시선의 뒤에 있는 이는 가려진 채 시선을 받는 대상만 노출되는 판옵티콘의 구조는 시선이 존재한다는 사실만으로도 훈

---

7 J. G. 메르키오르, 『푸코』, 이종인 역, 시공사, 1999, 152쪽.
8 양운덕, 『미셀 푸코』, 살림, 2009, 43쪽.

육과 교정의 힘이 발휘될 수 있다는 것을 증명해주었다. 보는 시선은 보이는 대상들 간의 차이를 규정짓고 그것에 이름을 붙임으로써 지식을 생산하며 정상과 비정상을 판가름하여 통제한다. 즉 푸코에게 '보는 시선은 지배하는 시선'[9]이며 '시각의 헤게모니는 권력의 헤게모니'[10]였다. 죄수들이 볼 수 없는 곳에서 그들을 보는 감시자의 시선은 원형감옥의 절대적 위치에 놓여 있다. 감금된 자의 모든 행위가 노출되어 있다는 점이 그를 제한하고 행동을 규정한다. 이런 건축물은 권력을 행사하는 사람으로부터 독립된 권력관계를 산출하는 장치[11]이다. 이 감시 장치에 한번 노출된 교사는 자동적으로 소녀들의 권력에 순응하는 태도를 보인다. 자기 안에 감시하는 눈을 갖게 된 교사는 소녀들에게 순종하며 길들여진다.

소녀들은 자기들의 죄수가 된 교사에게 심한 욕설을 퍼붓는다. 이것은 일종의 이름 짓기인데 그 무엇으로 이름 짓는다는 행위는 하나의 폭력행위[12]를 넘어 폭력의 정점에 이른다. 한 사람을 어떤 한 계급의 구성원으로 만들기 위해 그의 독특한 주체적 본성을 거부하고 그 자신과 주체를 분리시키고 차이의 제도 속에 밀어 넣는 것이다. 욕설과 비난은 교사를 학교라는 공간의 존경받는 지위에서 모욕과 질시의 밑바닥으로 끌어내린다. 소녀들의 이름 짓기를 통해 교사는 원래의 정체성

---

9   토마스 플린, 「푸코와 시각의 붕괴」, 데이비드 마이클 레빈, 『모더니티와 시각의 헤게모니』, 정성철 · 백문임 역, 시각과 언어, 2004, 463쪽.
10 토마스 플린, 위의 글, 467쪽.
11 양운덕, 앞의 책, 52쪽.
12 C. 라마자노글루, 『푸코와 페미니즘』, 최영 외 역, 동문선, 1998, 255쪽.

을 잃고 다른 사람으로 변화되며 끝내는 자아의 존엄성을 잃게 된다.

(2) 두 겹의 복수

국회의원에 출마할 정도의 재력과 명성을 가진 종찬을 아버지로 둔 민진은 머지않아 외국 유학을 가도록 되어 있다. 외국에서 돌아와 왕따로 지내야 했던 민진은 가난하고 불우한 환경에 처한 친구 미옥을 돕고 싶은 마음에 교사를 더 협박하기로 한다. 일억 원이라는 돈을 요구한 것이다. 그러나 친구를 위해서 시작한 그 협박은 교사가 견딜 수 있는 임계점을 넘어버린다. 한계 상황에 처한 교사는 불륜 상대남인 종찬에게 협박 사실을 알리고 도움을 청한다. 종찬은 선거에 문제가 생길까 두려워서 완전한 해결방법을 택하는데 그것은 협박범을 살해하여 비밀을 없애버리는 것이다. 여기서 핵심은 교사가 협박범이 바로 민진이라는 것을 밝히지 않는다는 사실이다.

종찬의 사주를 받은 청부업자는 민진을 죽이는 임무를 완수하지만 즉시 미옥에 의해 살해된다. 영화의 도입부에서 민진의 마지막 행적을 찾는 연홍에게 수사관은 외지에서 온 사람 하나가 교통사고로 죽었을 뿐이라고 흘리듯 말하지만 아무도 그와 민진의 죽음을 연결시키지는 않는다. 종찬만이 자기가 부른 청부업자가 죽었음을 알았겠으나 그의 입장에서는 교사의 협박범이 죽은 동시에 청부업자까지 죽었으니 자신의 비밀이 더욱 완벽하게 묻히게 되었다는 점에서 안도했을 것이다.

이 지점에서 종찬이 협박범의 죽음과 청부업자의 죽음을 민진의 실종과 연결시키지 못한다는 사실은 오이디푸스가 자신의 부친 살해를 전혀 알지 못하고 스핑크스를 무찌른 승리자로서 테베에 입성하는 것을 연상시킨다. 오이디푸스가 결국 무지에서 지를 향해 나아가는 과정에서 자신의 정체를 확인하게 되고 몰락하는 것처럼 종찬도 무지에서 지를 향해 가는 마지막 지점에서 죽음을 맞게 된다. 오이디푸스의 부친 살해와 맞먹는 자녀 살해라는 엄청난 친족 살해죄를 저지른 자로서 종찬은 책임을 져야만 한다. 그러나 오이디푸스의 자발적 탐구 과정은 그에게 스스로 떠날 기회를 주지만 종찬은 지를 향해 가는 과정이 아내에 의해 강제로 이루어진다는 점에서 스스로 책임질 기회를 얻지 못하고 죽어야 한다는 점에서 차이가 있다.

어쨌든 민진의 죽음으로 교사는 그간의 악몽에서 벗어날 수 있게 되었다. 직접 살인을 저지른 것은 아니면서도 협박범을 없앴으며 자신을 이러한 어려운 처지에 놓이게 한 남자에 대한 은밀한 복수마저 동시에 할 수 있었다는 점에서 계획은 주도면밀하다. 교사의 복수인 첫 번째 살인은 작품의 구조상 문제적 시작점으로 존재한다.

교사는 한 가정의 행복을 위협하는 가해자에서 협박당하는 피해자로 몰리자 더 큰 가해자가 되어야만 그 굴레를 끊을 수 있는 상황에 처한다. 불륜녀에서 범법자를 거쳐 살인교사자에 이르기까지 그녀는 동정이나 관심의 대상이 되지 못한다. 교사를 무관심의 대상으로 배치해둔 것은 그녀가 민진과 연홍과 종찬이 구축한 '가족'이라는 공간에 절대 들어갈 수 없으며 단지 도구적으로만 기능하는 존재임을 강조한 시선이다. 그 배제적 시선은 영화/사회가 성적 일탈을 한 첫 번째 '미친' 여자를 바라보는 냉혹한 관점의 반영이다. 교사는 단지 영화의 출발점을 구성하는 도구로만 사용될 뿐 미옥이나 연홍과 같은 선상에 위치하지 못한다. 이것은 불륜에 대한 사회적 반감을 반영하는 동시에 여성 내부에서의 적대자를 보는 차별적 시선이기도 하다. 세 건의 살인 중에서 자기만을 위한 이기적인 차원의 복수를 집행한 살인이라는 점에서 그리고 자신은 살인을 직접 실행하는 자가 아닌 살인 교사자라는 점에서 다른 두 건의 살인과 대조된다.

2) 두 번째 살인, 소녀 – 우정과 동성애

(1) 우정과 동성애 넘나들기

아버지가 담임선생과 불륜 관계라는 것을 알게 되었을 때 민진은 자신이 교사보다 우위에 서는 새로운 권력관계를 택하고 시험지 유출이라는 현실적인 유익을 구한다. 처음 외국에서 돌아와 친구를 원하던 순진한 소녀는 한국 사회의 축소판인 중학교 교실 안에서 그토록 잔인하고 비열한 아이로 변했다.

아나운서인 아버지, 영어도 잘하는 외국에서 온 아이, 부유한 집안 등의 부러운 요소들은 민진을 아이들의 선망의 대상이 아닌 왕따로 몰아갔다. 가질 수 없는 것을 짓밟고 무시하는 방식으로 외면하고 경멸하고자 하는 한국 사회/한국인의 부정적인 열등감을 교실에서 온몸으로 익힌 민진은 그럼에도 그 집단에 소속되기 위해 노력한다. 그것은 똑같은 수준으로 타락하는 방식을 통해 가능하다. 거친 욕을 배우고 비행을 익히고 더 사악해지는 것이야말로 자신을 강하게 지킬 수 있는 방법이고 중학교 교실에서 살아남는 길이었다.

그 길에 동행할 친구가 필요했다. 민진은 운전기사인 아버지와 계모와 이복동생들과 사는 가난한 소녀 미옥과 친구가 된다. 아버지의 불륜을 처음 알려준 것도 미옥이고 동영상을 찍을 수 있는 블랙박스를 여교사에게 함께 선물한 것도 미옥이었다. 민진을 적대시하던 미옥은 언제부턴가 민진과 단짝이 되고 음악 공연도 같이 하고 비밀스러운 폐가의 연습장을 공유하는 사이가 되며 심지어는 동성애적 면모를 보여주기도 한다. 이들이 밀가루를 뒤집어쓰고 이상하게 보이는 공연을 하는 것이나 동성애적 욕망을 보이는 것은 사회적 금기를 극복하려는 욕구를 통해 자신의 존재를 구현하려는 욕망의 발현이다.

이들의 관계에서는 빈부의 격차를 통한 계급의 차이가 명백하게 드러나며 그것이 두 아이의 인생을 죽음과 살인으로 몰아가는 원인으로 작용하게 된다는 점에서 한국 사회를 반영하는 코드로 기능한다. 미옥이 가난하고 불우한 환경이 아니었다면 민진이 터무니없이 큰 돈을 교사에게 요구하는 일은 없었을 것이고 그 일로 죽음에 이르지도 않았을 것이기 때문이다.

(2) 타락한 소녀의 욕망과 처벌

아버지의 불륜 사건은 '교사—종찬—연홍'의 삼각관계로 요약된다. 법적 아내인 연홍을 두고 종찬이 교사와 불륜을 저지른 상황에서 피해자는 연홍이고 이 두 사람에게 분노하고 복수할 사람도 연홍이다. 그런데 연홍이 아닌 딸 민진에게 이 사실을 알게 하는 것이 이 영화의 특이한 지점이다. 정작 아내인 연홍은 무지의 영역에 있고 민진은 아무것도 모르는 엄마를 불쌍히 여기며 자기가 보호해야 할 대상으로 간주한다. 이 사실을 처음 알았을 때 연홍에게 알리고 사건의 판단을 연홍에게 넘겨야 하는데 여중생에 불과한 민진은 엄마의 대리인으로서 '종찬-교사'의 불륜에 대한 심판자 역할과 복수자 역할을 자신이 직접 하려고 한다. 그리고 첫 번째 살인의 프로타고니스트로서의 교사가 안타고니스트로서의 협박자 민진에게 복수하려고 할 때 민진은 버티지 못하고 희생자의 자리로 떨어져 버린다. 어른들의 세계에서 대등하게 겨룰 정도로 대항할 힘을 갖지 못했기에 희생자로 몰리는 것은 힘의 배분 관계에서 보면 당연한 것이기도 하다.

그러나 민진이 아버지의 불륜을 알았을 때 분노는 오직 교사에게만 향할 뿐 정작 아버지에 대한 반감은 드러나지 않는다는 것 또한 유의할 점이다. 이것은 아버지를 향한 딸의 욕망에 대한 암시가 된다. 딸은 자신의 성적 욕망을 대리 실현한 교사에 대한 분노를 갖지만 다른 한편으로는 부러움과 선망이 있다. 그래서 교사를 협박함으로써 미움을 드러내지만 교사나 연홍이 선택하는 완전한 징벌을 가하지는 않는다. 연홍이 종찬을 응징할 때까지 아버지에 대한 민진의 욕망과 징벌은 미루어진다. 두 사람이 같은 장면 안에 찍히지 않는 것은 이들의 관계에 대한 유보적 시선이다.

소녀는 일반적으로 아이에서 어른으로 옮겨가는 중간적 단계에 있으며 인간적으로나 정신적으로 특히 성적으로 보호받아야 하는 미숙하고 연약한 존재로 여겨진다. 그러나 이 작품의 소녀들은 그러한 선입견과 예상을 뛰어넘는다. 어른/교사를 협박할 정도로 거칠고 상스러운 말투를 사용하는 위협적인 존재이며 성에 관해서도 거침없는 표현을 하는 무서운 아이들이다.

이 작품에서 소녀는 소녀다움을 잃었다. 성적인 것과 거리가 멀수록 소녀는 소녀다움 곧 순결한 영역에 남아 있게 된다. 그러나 민진은 자신의 성적 타락이 문제가 되는 것이 아니라 아비의 성적 타락과 근거리의 관계망 속에 놓인 것이 문제로 작용한다. 아비는 자신의 성적 타락을 알게 된 딸을 용서할 수 없다. 절대로 알아서는 안 되는 영역의 지식을 갖게 된 자를 단죄하는 것은 가부장의 영역이며 권리이며 특권이다. 그래서 아비는 딸을 죽이게 되는데 그것은 윤리의 영역에서는 불가능하다. 그래서 자신의 딸인 것을 모르는 상태에서 교사의 요청에 의해 간접적으로 딸을 죽이게 된다.

교사가 협박범의 정체를 종찬에게 알리지 않아야 복수가 제대로 이루어진다. 교사는 사실을 말하지 않음으로써 민진에게 복수하고 후에 자신이 딸을 죽였다는 것을 알게 되는 종찬에게도 복수하는 것이다. 결국 아버지에 대한 욕망을 가진 딸이자 성적인 지식을 갖게 된 소녀는 죽어야 한다는 두 가지 의미를 담고 민진은 죽는다. 어른의 세계를 알게 된 소녀는 죽어야 한다. 순결한 소녀로서의 표식을 잃은, 성적으로 타락한 여자가 되었기 때문이다.

게다가 민진과 미옥의 깊은 우정은 동성애 관계를 암시한다. 민진이 미옥을 위해 일억 원을 여교사에게 요구한 것은 소녀들의 우정을 넘어서는 과잉이다. 일억 원이라는 돈이 소녀들에 의해 호명되는 현실은 어린 소녀들마저 신자유주의의 부패하고 타락한 사회에 이미 젖어든 것을 보여준다. 신자유주의는 삶의 모든 영역에서 시장적 가치를 강조한다. 신자유주의의 무한 자유 경쟁에 기반하는 경제원리는 윤리와 도덕보다는 자본을 극대화하여 자본주의를 확산시킨다. 이윤의 확대라는 정당성에도 불구하고 이것은 빈부의 격차를 심화하고 약자의 최소한의 평등권도 보호하지 못함으로써 많은 문제를 야기한다. 이렇게 자본이 모든 가치에 우선하는 타락한 사회에서 타락한 방식으로 살아가는 소녀들의 모습은 우리 사회의 비극성을 적나라하게 드러낸다.

소녀들의 은밀한 성적 욕망에 기반한 이 지나친 요구는 역으로 소녀들을 위기로 몰아넣는다. 민진은 자신의 욕망의 대상인 미옥을 돕기 위해 선택한 일로 인해 또 다른 욕망의 대상인 아버지에 의해 죽음을 맞는다. 민진을 사이에 둔 '아버지-민진-미옥'의 삼각관계는 목숨을 걸 정도로 팽팽하다. '(아버지의) 대리인의 민진 살해'에 대해 '미옥의 (아버지의) 대리인 살해'가 즉각적으로 이어짐으로써 이들은 '아버지-민진-미옥' 관계에서 '미옥-민진'의 견고한 관계로 강화된다.

아버지의 민진 살해는 외적으로는 협박범의 처리라는 현실적이고 사회적인 문제로 보이지만 내적으로는 아버지에 대한 딸의 욕망이라는 금기에 대한 징계이며 아버지/어른들의 세계인 성적인 욕망의 세계를 알게 되고 간섭한 딸/소녀에 대한 징계이며 여성 동성애에 대한 징계이다. 특히 그 징계대상이 소녀라는 점에서 소녀의 욕망은 억압되어야 할 부도덕한 것으로 확실하게 처리된다.

미옥과 민진은 여성 동성애 관계를 넘어서 급기야 한 사람으로 동일시된다. 교복을 입고 짧은 머리를 한 두 소녀는 외모도 비슷하다. 민진의 실종 이후 빗속에서 미옥을 목격한 할머니의 증언 장면에서 이것은 극대화된다. 민진의 시체를 가매장하느라 온몸이 민진의 피로 범벅이 된 미옥은 넋을 잃고 빗속에 서 있게 된다. 민진의 피로 범벅이 된 미옥의 모습은 현실적으로는 삶과 죽음이 공존하는 양상이며 상징적으로는 한 사람이 된 두 사람을 보여준다. 밀가루를 뒤집어쓰고 같이 공연하는 장면에서도 그들이 한 사람이라는 암시가 보여진다. 동성애를 넘어서서 한 사람으로서 느끼는 동질감은 민진의 죽음에 대해 즉시 복수하는 미옥의 빠른 선택에서도 명확해진다. 추호의 망설임도 없이 곧바로 이루어진 미옥의 복수는 이들의 절실한 사랑과 우정의 과격한 표현이다. 두 번째 '미친' 여자의 살인이다.

3) 세 번째 살인, 엄마 – 모성과 광기

(1) 모성 이데올로기와 가족의 붕괴

가족은 남성과 여성에게 각기 다른 성역할을 부여하면서 유지되어왔다. 남성/가장/아버지는 직업을 갖고 돈을 벌어서 재정적으로 가족의 경제를 담당하는 공적 영역에서의 역할이고 여성/어머니는 집이라는 사적 영역에서 출산과 육아와 가사노동을 담당하며 가족의 건강과 행복을 위해 헌신하는 역할로 차별화되었다. 모성은 일반적으로 아이를 낳고 기르는 행위를 통칭한다. 모성애는 대개 양육행위에서 비롯되는 친밀성의 정서를 지칭하는 통념어이다. 그러한 행위를 자연적이고 본능적인 차원으로 규정하는 의식적 무의식적 표상 형태를 모성 이데올로기라고 하고 그러한 이데올로기의 현실적인 구현체를 모성성이라고 한다. 여성은 특히 어머니로서의 정서적 역할을 담당하도록 통념화 되었는데 이것을 모성 이데올로기라고 한다. 모성 이데올로기는 가부장제 이데올로기의 핵심적인 지지대의 기능[13]을 한다. 모성성은 모든 여성에게 있는 것이고 가정을 행복하게 만들기 위해 노력하는 것이 어머

---

13 심영희 외, 『모성의 담론과 현실』, 나남, 2000, 268쪽.

니의 당연한 역할이며 이것을 제대로 수행하지 않는 여성은 위험한 여성으로 규정되어왔다.

연홍은 영화의 도입부에서 이에 걸맞는 역할을 수행하는 것으로 그려진다. 중산층 이상의 좋은 집에서 많은 손님들을 위해 음식을 만들고 딸에게 자상한 미소를 짓는 연홍은 이러한 가족 이데올로기에 적합한 여성으로 그려진다. 모성 이데올로기가 강조되는 경우 부모 역할은 이상적으로 미화되며 자녀는 귀엽고 사랑스러운 측면만 부각될 뿐 그들이 다루기 힘든 존재라는 것은 그려지지 않는다. 적어도 민진이 친구네 집에 가겠다며 전화번호를 남기고 나갈 때까지는 이 집은 완벽해 보인다.

딸의 실종과 죽음에 이르는 과정에서 연홍이 보이는 광기는 현모양처 이데올로기에 침윤되어 살아온 한 여성이 그 껍질을 벗고 가족의 진실과 자아의 의미를 찾아가는 과정의 현현이다. 연홍에게 있어 민진은 자신의 분신일 뿐만 아니라 나아가 자신과 동일시되는 인물이다. 그래서 실종된 민진을 찾는 것은 잃어버린 자신을 찾는 일이다. 민진의 실종으로 무너지는 집과 가정은 연홍이 의지하던 세계의 붕괴다. 그것을 떠받치고 있던 것은 과장된 남성 이데올로기와 모성 이데올로기와 가족 신화라는 허구적 요소들이다.

영화는 머리가 흩날리는 연홍의 클로즈업된 얼굴로 시작되어, 연홍이 선거운동을 마치고 귀가한 집에 창이 열려 있고 비가 들이치고 있어서 급히 창을 닫는 것으로 이어진다. 평화로워 보이는 집에 비바람이 몰아치는 밤이 왔음을 의미하는 이 장면은 앞으로 전개될 불안한 상황을 암시한다.

민진의 실종에 연홍은 광기를 보인다. 가위로 자기 손을 자해하기도 하고 경찰서와 학교에서 소란을 피우기도 하면서 남편의 성공보다 딸이 더 소중한 엄마의 내면을 드러낸다. 그러나 모성성의 연장선상에 있는 광기로는 문제를 해결할 수 없다. 침착하게 민진의 메일을 뒤지고 논리적인 추리를 하면서 연홍은 진실을 향해 조금씩 나아간다.

연홍은 민진의 메일에서 시험지가 첨부된 교사의 메일을 발견한다. 왜 시험지를 줬느냐고 교사를 추궁하는 연홍은 실은 당당하지 못하다. 민진의 좋은 성적에 대해서 의심을 하면서도 묵인한 탓에 민진이 지나치게 무거운 비밀을 짊어져야 했기 때문이다. 달콤한 성적의 유혹 앞에서 연홍은 진실을 외면하고 넘어갔으며 딸의 죽음이라는 무거운 대가를 치러야 한다. 민진은 아무것도 모르는 순진한 엄마를 오히려 안타깝게 생각하고 자신이 돌보아야 하는 존재라고 여기며 복수를 대신하다가 죽음까지 가게 된 것이다.

그러므로 부당한 성적을 묵인한 연홍의 부도덕함이 딸의 죽음을 슬퍼하는 것으로 면죄부를 받을 수는 없다. 종찬–연홍–민진으로 이루어진 가계도에서 종찬과 연홍은 민진을 세상에 태어나게 한 사람들인 동시에 죽음으로 이끌어간 사람들이 된다. 결국 오늘의 가족관계는 자녀를 희생양으로 삼아야 할 정도로 부패했다. 그러한 무참한 희생에도 불구하고 도저히 복구할 수 없을 정도로 가족이 타락한 지경에 이르렀음을 보여준다는 점에서, 오늘의 한국 사회에 대한 이 영화의 인식은 매우 비극적이다.

(2) 착한 애가 아닌 딸

연홍은 딸의 과거를 추적해가는 과정에서 딸의 존재에 대한 새로운 관점을 내놓는다. "우리 딸은 착한 애가 아닐지도 몰라." 이것은 딸의 존재를 부정하는 동시에 자신과 남편이 이룬 모든 세계관을 부정하는 일이기에 하기 어려운 말이다. 자기가 아는 딸은 허구적으로 이상화된 모습이고 실체는 거친 욕을 하고 이상한 옷차림으로 음악을 연주하며 시험지를 빼돌려 거짓 성적을 조작하는 전혀 다른 모습이라는 것을 알게 된 것이다.

'착한 애/아니다' 사이에는 연홍이 구축하려 애썼던 가족 내/외부의 세계와 괴리가 있다. 사투리를 버리고 표준말을 쓰면서 이상화된 어떤 세계에 들어가고자 애썼던 연홍의 노력이 무너지는 순간이다. 이 말을 겉으로 내뱉어 시인하는 순간 비로소 그간의 거짓된 삶을 똑바로 보고 진실을 인정하게 된다는 점에서 연홍은 성숙한 단계로 올라가게 된다.

투표일 아침 연홍은 괴기스러울 정도로 거창한 아침상을 남편에게 차려주고 투표장에서 같이 인증사진도 찍는다. 이 사진은 두 사람의 결혼과 이상과 과거 현재 미래가 모두 완전한 허구였음을 집약하는 완벽한 정점을 이룬다. 연홍은 이 한 장의 사진으로 지금까지의 생을 정리하고 새로운 길을 향해 나선다. 살인의 인증사진을 달라는 문자의 주인을 만나러 가는 것이다.

그 문자를 보낸 사람이 딸을 죽인 사람인데 그가 바로 남편임을 확인하려는 것이다. 연홍의 추리는 맞아떨어졌고 그녀는 바로 복수에 접어든다. 연홍은 엄마로서 딸의 살인자를 죽이는 것이고 종찬은 범인으로서 죽는 것이다. 그래서 이 순간은 부부간의 사적인 감정에 얽매이지 않고 일체의 정서가 사라진 상태로 진행된다. 그는 비록 모르고 저지른 일이지만 거기까지 도달하게 한 출발지점의 원인 제공자이기 때문에 전적으로 유죄이다. 그러나 한편으로는 그가 정말 몰랐을까에 대한 의혹이 일기도 한다. 그가 교사에게 협박범이 누구냐고 묻는 장면은 없지만 그가 알면서도 자신의 정치적 야망을 위해 딸을 포기했을 일말의 가능성을 의심할 수도 있다. 그러나 차마 그 장면을 넣을 수는 없다. 아무리 타락한 사회라 할지라도 딸을 죽일 수는 없는 일이기 때문이다. 의혹은 여전히 남아 있다.

연홍은 일단 딸의 살인범으로서의 종찬에게 살인으로 복수를 하고 그의 섹스 동영상을 인터넷에 공개하는 것으로 남편으로서의 종찬에게도 복수를 한다. 살인자에게는 살인으로 갚아주고 성적 배반에 대해서는 성적 모욕으로 갚아준다. 흔히 여성에게 있어서 서로 갈등하는 것처럼 여겨지던 모성성과 섹슈얼리티의 문제는 이렇게 한꺼번에 해결된다. 비록 남편 살해라는 범죄를 저지르면서 이루어진 비극적 방식이라는 점이 문제적이긴 하지만 겨우 세 명으로 구성된 가족 간에 두 명의 살인자와 두 명의 죽음이 있을 정도로 위기에 도달한 한국 사회의 가족을 극단적으로 재현한다. 게다가 그 출발점이 우리 사회에 만연한 남편의 불륜과 딸의 성적에 대한 높은 기대였다는 사실은 이 영화에서 보여준 끔찍한 일이 한국 사회의 극히 평범한 일을 반영한다는 점에서 충격을 준다.

세 건의 살인을 중심으로 인물관계를 정리하면 다음과 같다.

복수	원인	프로타고니스트	안타고니스트	희생자	결과
1	종찬과 교사의 불륜	민진	교사	연홍	교사의 시험지 유출
2	민진의 돈 요구	교사	민진	민진	민진의 죽음
3	민진의 죽음	미옥	교사/종찬	살인청부업자	살인청부업자의 죽음
4	민진의 죽음	연홍	교사/종찬	종찬	종찬의 죽음

모든 인물들의 고통과 세 명의 죽음을 가져온 복수의 플롯으로 지탱하는 이 영화에서 최초의 원인은 종찬과 교사의 불륜이다. 그 사건이야말로 이 복수극의 최초의 발화점으로서 소녀들을 죽음의 복수극으로 몰아간다. 가장으로서 종찬이 가진 성적 욕망과 일탈의 실행이 초래한 결말은 이 사회에 만연한 남성의 성적 일탈이 내포하고 있는 엄청난 폭발력과 위험성을 드러내는 경고이다. 남성의 성적 욕망이 가정이라는 제도권을 벗어나서 방종하게 행해질 때 그 파급력의 강도는 이토록 막강하다. 그럼에도 남성은 부도덕한 성적 욕망의 주체로서 행동하는 것에 대한 도덕적 기준이 매우 낮다. 영화는 이것이야말로 오늘날 가족의 위기를 초래하는 큰 이유 중의 하나라는 점을 지적한다.

(3) 한 사람으로 겹쳐지는 연홍/민진/미옥

연홍은 민진이 죽은 이후에야 미옥의 존재를 알게 된다. 민진은 미옥의 존재를 숨기고 거짓 전화번호를 남기고 사라진다. 민진은 지혜라는 가상의 인물을 만들고 그 친구가 공부 잘하는 아이라고 말한다. 한국 사회의 엄마들은 오직 성적으로만 사람을 평가한다는 것을 잘 알고 있기에 나온 거짓말이다. 공부 잘하는 아이가 되고 공부 잘하는 아이를 친구로 삼아야 엄마의 사랑과 인정을 받을 수 있기에 민진은 나쁜 방법으로 만든 좋은 성적표를 엄마에게 가져다주는 것이다.

여기서 민진이 만들어낸 가상의 친구 지혜는 바로 사진 속의 어린 시절 연홍의 모습에 대한 묘사이며 연홍이 들고 있는 가방이 지혜 피아노학원이라는 점에서 엄마에 대한 민진의 관점이 드러난다. 민진은 엄마를 자기가 보호해야 할 어린이로 인식하고 있다. 민진의 내면에 엄마는 머리가 부스스하고 어리숙하며 약간은 멍청한 아이로 각인되어 있다. 그러나 그녀는 가장 다정하고 친한 친구로 상정되어 있다. 이러한 모녀관계는 수평적이라는 점에서는 긍정적이지만 엄마가 딸의 문제를 해결해줄 만큼 성숙하고 지혜로운 어른으로 인식되지 못할 뿐만 아니라 오히려 지켜주어야 할 미흡한 존재로 인식된다는 점에서는 부정적이다.

연홍은 딸의 죽음을 막지 못했으며 심지어 딸이 죽은 후에야 딸에 대해서 아무것도 아는 것이 없었다는 것을 깨닫는데 그것은 엄마로서의 그녀가 딸에게 무의미한 존재였음을 반증한다. 더욱이 자신이 딸의 비밀 안에서 보호 받는 존재였다는 사실은 엄마로서 자괴감과 반성을 불러일으키며 복수로도 만회할 수 없는 죄책감을 갖게 한다.

그러나 마지막 순간 연홍은 미옥을 민진으로 잘못 보고 안아준다. 잠시 후 그 아이가 민진이 아니라 미옥임을 알게 되지만 그래도 계속 안아줌으로써 민진/미옥을 동일시하며 진심으로 두 아이를 이해하고 받아들이는 내면의 변화를 보여준다. 소녀들이 감당하기에는 너무 크고 어려운 일을 겪은 민진/미옥의 고통을 공감하며 이들을 똑같이 자기의 딸로 수용하는 성숙한 자세를 보여준다. 처음에 연홍은 지혜라는 이름으로 민진의 가장 친한 친구인 미옥과 동일시되고, 연홍에게 민진과 미옥이 동일시되며 미옥에게는 살아남은 연홍이 죽은 민진을 대체함으로써 세 여자가 한 사람이 되는 놀라운 변화를 보여준다.

(4) 처벌받는 종찬의 욕망

과거의 아버지상은 〈국제시장〉의 아버지와 유사하게 가족을 위해 헌신하는 모습이다. 그러나 현재의 아버지 종찬은 그와는 많이 다르다. 종찬에게는 출세와 성적 만족이라는 두 가지의 욕망이 있다. 여교사와의 만남 장면에서 종찬은 연홍에 대한 불만을 농담처럼 내뱉으며 합법적인 배우자인 아내를 모욕한다. 그의 제도권 밖의 성적 일탈은 딸에의해 발각되고 나중에 아내에 의해 살해됨으로써 가족 내에서 완벽하게 응징된다.

종찬은 정치적 성공이라는 욕망을 위해서 가족의 희생과 와해도 개의치 않는다. 영화의 시작은 종찬의 국회의원 선거운동이 시작되는 날이고 영화의 마지막은 투표일로서 그가 당선되는 날이다. 선거운동이 시작되는 날에 그의 딸이 살해되고 모든 것이 끝나는 날에 그가 아내에게 살해당한다. 살인으로 뒤엉킨 가족의 와해는 왜 정치일정 안에 포함되어 있는 것일까. 그 이유는 선거판이야말로 한국 사회만의 불합리한 지역감정과 각종 사회 문제를 드러낼 수 있는 최적의 배경이기 때문이다. 그리고 가족문제가 비단 이 가족만의 사적 영역에 국한된 것이 아니라 국가와 사회의 거시적 차원과 연결되어 있는 공적인 문제임을 의미한다.

종찬의 욕망은 아내에 의해 종결된다. 우스꽝스러운 모습으로 질식사하는 그의 비참한 최후는 남성적 선망의 영역인 정치/국회의원이라는 지위에 대한 완벽한 조롱을 보여준다. 그에게는 그럴 듯한 죽음은 커녕 최소한의 인간으로서의 존엄에 기반한 죽음도 허용되어서는 안된다. 현재 한국 사회에서 정치에 대한 불신은 극에 달해 있고 국회의원은 그런 불신의 최전선에 서있는 존재로서 희화화되고 있다.

종찬이 죽어야 하는 이유는 좋은 아버지/남편이 되지 못한 것, 아내를 속이고 불륜을 저지른 것, 일신의 출세를 위한 정치적 야망을 갖고 그 욕망의 실현을 위해 인간적인 최소한의 윤리를 포기한 것, 살인을 교사한 것 등이다. 연홍의 살인은 이 모든 죄를 지은 비천한 인간에 대한 비천한 방식의 보복이다.

3. 결론-가족은 없다

종찬-연홍-민진 곧 부-모-딸로 이루어진 이 가족의 구도는 외적으로는 매우 완벽해 보인다. 그러나 아버지가 딸을 살해하고 아내가 남편을 살해함으로써 가족이 완전히 붕괴되는 엔딩신을 보면 이들이 실은 불신과 거짓과 경멸로 뒤엉킨 매우 불안정한 관계임이 드러난다. 세 명으로 이루어진 가족관계에서 두 명이 살인자가 되고 두 명이 살해당하는 현실은 오늘날 가족의 위기가 어디까지 왔는지를 보여준다.

아버지는 자신의 불륜을 감추기 위해 딸을 살해한다. 불륜은 사랑이 없는 피상적인 부부 관계에서 기인하며 정치적인 성공을 위해 살인도 서슴지 않는 모습은 목적을 위해서는 수단과 방법을 가리지 않는 부도 덕의 극치를 보여준다. 존경할 수 없는 아버지/남편을 살인으로 응징하는 아내/엄마는 스스로 복수의 주체가 됨으로써 가장을 대신하여 새로운 여가장의 자리에 서는 듯하지만 그 행위를 통해서 가족을 복구할 수는 없다. 완전히 해체된 가정을 뒤로 하고 홀로 남는 것이 야생의 복수를 실천한 그녀가 당해야 하는 징벌이다.

죽어가면서 남편은 아내에게 미안하다는 인간적인 말이 아닌 국회의원에 당선되었다는 정치적인 말을 남긴다. 그 목표를 달성하기 위해 달려온 것이 그의 생의 목표라면 그는 성공한 것이 맞다. 그리고 일말의 반성의 여지도 없는 그를 살해한 연홍의 결정도 옳다. 그는 가족의 일원이 될 가치도 없고 이 사회의 한 부분을 지탱할 자격도 없는 사람이기 때문이다.

딸/소녀의 죽음을 이 사회가 직면한 위기 상황을 구해내는 희생양의 의미로 볼 수 있다면 민진의 죽음 이후 세상은 새로운 모습으로 나아갈 희망의 가능성을 보여주어야 한다. 그러나 국회의원에 당선되는 아버지의 죽음으로 이어지는 영화의 결말은 희생양으로도 세상을 구원할 수 없으며 특히 남성이나 그들의 영역인 정치를 통해서는 이 사회가 회생할 가능성이 전혀 없다는 것을 명확하게 보여준다.

남은 사람은 연홍이다. 연홍은 엄마, 아내라는 전통적인 여성의 역할 외에도 수사관, 복수자, 살인자 등의 자리로 내몰리며 위험하고 무례하고 무서운 광기를 드러내는 여성이 된다. 그리고 결국 자기 힘으로 끝까지 자신과 딸의 문제를 해결하는 주체적 여성으로 재탄생한다.

연홍은 남편/남자가 없어도 또 다른 딸 미옥과의 연대를 통해서 가족을 형성할 수도 있다. 시종일관 미옥을 민진의 실종/살해와 연결해서 의심의 눈초리로 보고 심하게 밀어붙이던 연홍이 미옥을 민진이라 부르는 모습은 이들의 새로운 가족 형성을 예고하는 장면이라 할 수 있다. 이 영화의 유일한 가능성의 영역이다. 살인자가 된 두 여자는 사랑하는 사람을 위해서 모든 것을 바친 진실한 사람이라는 공통점 위에서 새로운 가족 연대의 가능성을 보여준다. 남성/남편/아버지를 중심으로 한 오래된 가부장적 가족관계가 거짓과 불신의 관계였음이 밝혀진 이후 남은 여자들끼리 새로운 가족관계를 형성할 가능성을 보여주는 것이다.

성과 돈과 살인과 죽음과 복수 등의 부정적 기호들에 휩싸여 어려움에 처하는 여자들을 그려낸 이 영화에 대해서 감독은 "이 영화는 스릴러의 옷을 입은 멜로다. 궁극적으로 사랑이라는 감정을 말하고 싶었다. 사랑을 발견하고 어떤 변화를 겪게 되는가가 중요했다. 그리고 이 가련한 영혼들, 살아남은 자들에게 숙제를 안기고 싶었다. 그 과정에서 고통을 느끼겠지만 분명 기쁨도 느낄 테니까. 풀어야 할 숙제가 있다는 건 사람들에게 희망이다."[14]라고 말했다. 이러한 감독의 비전은 이 참혹한 영화의 결말에 한 줄기 빛을 남겨둔다. 이 영화는 스릴러 영화의 외피를 입고 있으나 결국에는 사랑과 화해와 가족의 복구에 희망을 담으려 했다는 것이다. 이렇게 궁극의 지향점이 다르다는 점이 남성 감독의 스릴러 영화와 다른 부분이다. 그러나 감독의 의지에도 불

---

14 차지수, 「〈비밀은 없다〉 이경미 감독 인터뷰」, 『맥스무비』, 2016.6.25.

시네 페미니즘 : 가족은 없다

구하고 세 사람으로 구성된 가족이 서로를 죽이고 죽는 이 참담한 현실에서 사랑의 희망을 논하는 것은 거의 불가능해 보인다.

영화는 한 시대나 사회의 지배적 이데올로기가 재현되는 텍스트이다. 물론 때로는 소수자의 의견이나 표현방식이 그려지기도 한다. 그럴 경우 대다수의 관객들은 불편함과 거부감을 느낀다. 〈비밀은 없다〉는 그런 점에서 소수자의 텍스트라고 할 수 있다. 감독 자신이 소수자의 텍스트를 그려내기 원했고 그렇게 받아들여지기를 원한 것 같다.

감독은 촬영하는 동안 영화가 이상하다는 주위 사람들의 말을 많이 들었다고 한다. 이상하다는 지적을 무시하고 계속 소신을 진행한 감독의 작품은 역시 이상하다는 관객들의 반응으로 소통의 어려움을 겪었다. 비정상이 정상으로 받아들여지는 이상한 사회가 오히려 이상하지 않은 사회에 살면서 감독이 이상한 여자들을 통해서 말하고자 한 것은 정상과 비정상을, 옳은 것과 그른 것을 다시 생각하고 판단해보자는 진지한 제안일 수 있다. 미친 여자들의 살인이 문제가 아니라 이 여자들을 광기로 몰아붙인 사회가 더 미친 것이라는 의심은 광기가 이성과 진리의 중심에서 작용하는 논쟁의 대상[15]이라는 푸코의 견해와 연결된다.

부르디외에 의하면 예술과 문화의 장 역시 일종의 힘의 장으로 미학적, 문화적 생산의 장에서 좋은 위치를 점하기 위해서는 어떤 식으로든지 자신의 작품을 다른 영화들과 구별지어야 한다.[16] 곧 작가주의 감독이 되기 위해서는 자기만의 미학적 실험과 독창적인 실험이 필요하

---

15 푸코, 앞의 책, 33쪽.
16 연세대학교 미디어아트연구소, 앞의 책, 69쪽.

다는 의미다. 이경미 감독의 〈비밀은 없다〉는 '낯설고, 불친절하고, 산만하며, 황당하고, 신경질적이고, 기형적이며, 불균질한, 통제불능의, 미친 영화'라는 이유로 관객을 소외시키고 소통의 어려움을 주었으며 같은 이유로 평론가들의 관심과 지지를 받았다. 손예진의 필모그라피에서 가장 적은 수의 관객을 동원한 영화로 기록되었으나 반면 몇 개의 여우주연상을 수상하게 한 것은 그러한 양면성을 잘 보여준다.

제3장
가부장제에 대한 저항과 전복적 여가장의 탄생
〈차이나타운〉

〈차이나타운〉은 김혜수와 김고은이 주연한 여성 누아르 영화이다. 누아르 영화의 여성상은 페미니즘의 관점에서 주목할 만한 가치가 있는데 어머니, 아내, 딸이라는 고정된 위치에서 남성의 배경으로만 존재하는 기존의 여성상에서 벗어나 가부장제에 균열을 가하기 때문이다. 대모 중심의 새로운 가족관계는 장구한 세월 동안 정상이라 인식되어온 가부장제적 가족구조에 대한 비판적 이의제기이며, 비정상적인 가족관계의 형성이라는 의미에서 현 사회를 지배하는 이데올로기에 대한 저항의 표현이라 할 수 있다. 조직의 대모로서 엄마가 보여주는 강인함과 카리스마는 어떤 남성 주인공에 못지않은 당당함을 지녔다. 일영은 불법적 입양을 통해서 맺어진 모녀관계를 벗어던지고 엄마를 자신의 입사식의 제물로 삼아 새로운 여가장이 된다. 매우 잔인해 보이는 이들의 모녀관계는 그럼에도 불구하고 여성만의 인간적인 유대 곧 자매애를 보여준다. 엄마와 일영은 가부장제도의 질서에서 탈피하고 여가장제로의 회귀를 모색하고 실천한 인물들이다. 그들은 결혼을 통해 가족을 형성하고 기존 질서에 흡수되는 대신 새로운 방식의 삶을 선택했다. 이 여성 3대는 죽음의 통과의례를 거쳐 확고한 여가장의 자리를 계승한다. 그들은 권위를 바탕으로 하는 가족관계로부터의 일탈을 통해 남성담론에 균열을 가하고 전복적인 역할을 수행했다.

남성의 욕망이나 관음증의 대상이 아닌 것은 물론이고 여성이 강인한 주체를 형성하는 과정을 보여준 〈차이나타운〉은 페미니즘의 가치를 구현한 여성영화로 볼 수 있다. 동시에 그토록 부정적인 삶의 방식을 택할 수밖에 없는 일영 모녀가 오늘날의 삶에 대한 여성들의 불안과 두려움을 반영하고 있다는 점에서 남성 중심적인 한국 사회에 대한 비판적 시선을 구현하고 있다고 본다.

가부장제에 대한 저항과
전복적 여가장의 탄생
〈차이나타운〉

1. 서론

영화 및 영화의 역사에서 남성의 역할과 여성의 역할 사이에 큰 차이가 있다는 사실은 성차별주의 이념과 관련이 있으며 남성을 역사 내부에 위치시키고 여성을 영원히 비역사적인 자리에 위치시키려는 기본적 대립과도 관계가 있다.[1] 여성이 만드는 영화는 여성감독의 영화라고 별도로 지칭될 만큼 영화는 어떠한 분야보다도 남성 중심적인 예술이다. 영화는 기계를 조작하는 과학문명에서 출발했으며 거대한 자본의 뒷받침을 기반으로 하는 경제논리의 산물이고 영화를 만드는 감독이나 참여하는 스태프진도 남성이 주를 이루는 가부장제의 이념적 산물이다. 따라서 영화는 자연스럽게 남성 주인공을 중심으로 이야기

---

1 클레어 존스톤, 「대항영화로서의 여성영화」(주진숙 역), 유지나·변재란, 『페미니즘/영화/여성』, 여성사, 1993, 37쪽.

를 만들게 되고 그 결과 남성의 삶을 다루기 마련이다. 영화에서 여성인물이 중심에 서는 경우는 남성인물이 주도적으로 작품을 이끌어가는 영화와는 비교할 수 없을 만큼 적다. 영화는 자신을 표현하는 가장 강력한 방식[2]이라는 케이트 밀렛의 말을 참조할 때 영화를 만들어가는 주류세력으로서의 남성이 남성인물을 통해 자신의 삶을 표현하려는 것은 당연한 일이다.

2015년에 한국에서 개봉한 영화 중에서 가장 많은 관객을 동원한 10편의 영화 중에는 천만 관객을 동원한 〈베테랑〉, 〈암살〉, 〈국제시장〉을 비롯해서 〈내부자들〉, 〈사도〉, 〈연평해전〉까지 6편의 한국 영화가 포함되어 있다. 그러나 그러한 한국 영화의 흥행 성적에도 불구하고 여성인물이 주연급으로 포함된 영화는 전지현이 등장한 〈암살〉뿐이다. 세상은 급격하게 변화하고 다양한 분야에서 여성의 활약은 두드러지고 있는데 유독 최근의 한국 영화에는 역동적인 여성인물이 없다.[3] 할리우드 영화나 유럽 영화들이 다채로운 여성인물의 창조와 재현을 통해 다양한 여성의 삶을 반영하고 있는 반면 한국 영화 속의 여성은 여전히 수동적 인물이나 피해자의 역할에 머물고 있다.

이렇게 영화의 발전과정과 그 바탕에 깔린 이념을 볼 때 〈차이나타

---

2 위의 글, 44쪽.

3 2016년 3월 현재 한국 영화 중 여성이 중요하게 등장하는 영화는 위안부 문제를 다룬 〈귀향〉뿐이다. 이 작품이 일반적인 영화와 같은 선상에서 논의하기 어려운 특수한 영화라는 점을 고려하면 현재까지 여성이 역동적인 주연급으로 등장하는 영화나 여성의 삶을 진지하게 다룬 영화는 없다.

시네 페미니즘 : 가족은 없다

운)[4]은 여성인물이 투톱으로 이끌어가는 영화[5]라는 이유만으로도 우선 주목할 만하다. 〈차이나타운〉[6]은 엄마(김혜수 분)와 일영(김고은 분)[7]을 중심으로 차이나타운의 암흑가에서 살아가는 군상들의 냉혹하고 비정한 이야기를 다루고 있다. 독립영화 〈시나리오 가이드〉(2013)[8]를 만든 한준희 감독의 장편 데뷔작이며 여성이 주체로 등장하는 누아르 영화이다. 여성을 주인공으로 하면서도 여성을 관음증의 대상으로 보는 남성의 쾌락적 시선을 완전히 배제하고 있다는 점 또한 다른 영화의 여성인물 사용법과는 전혀 다르다.

본 연구에서는 이 작품을 크게는 누아르 영화적인 특성을 나타내는

---

4 2015년 4월 29일 개봉. 영화진흥위원회 통계상 1,472,006명의 관객을 동원하여 2015년도의 한국 영화 흥행 20위를 기록했다. 제68회 칸국제영화제 비평가 주간 초청작.

5 2015년에 개봉한 영화 중 여성 투톱 영화로는 전도연과 김고은이 주연한 〈협녀, 칼의 기억〉이 있다. 이 영화는 2015년 8월 13일에 개봉하여 431,310명의 관객을 동원하여 한국 영화 흥행 37위를 기록했다.

6 한국 영화에서 가장 많은 관객은 젊은 여성이라는 점, 그들이 성별에 따라 선호하는 영화장르가 있다는 고정관념을 넘어섰다는 점, 그들이 새로운 여성인물을 영화에서 보기 원한다는 점 등을 들어 여성 보스영화의 등장을 사회적 현상으로 보는 견해도 있다. 조흡, 「〈차이나타운〉: 느와르영화에서 젠더 역할 뒤집기」, 『대한토목학회지』 63호(7), 2015.7, 110쪽.

7 "엄마 역에는 어떤 대사나 연기를 하지 않고 있어도 모두를 압도할 수 있는 배우가 필요했다. 김혜수라는 배우 외에는 대안이 없었다. 일영은 시나리오를 쓸 때부터 김고은을 염두에 두고 썼다. 김혜수와 한 화면에 섰을 때 결코 떨어지지 않을 에너지와 강단이 있는 배우로 적격이었다"는 감독의 말처럼 두 여배우는 나이와 외모의 차이를 넘어서는 강렬한 라이벌 관계를 보여준다.

8 출연: 김한, 오현철, 류혜영, 러닝타임 25분, 제12회 미장센 단편영화제 출품작.

장르적 메인플롯과 입양을 통한 가족의 형성과 비극적인 해체라는 서브플롯의 구조를 따라가면서 페미니즘의 관점에서 분석하고자 한다. 기존의 누아르 영화의 관습들을 차용하면서도 여성 주인공이 작품을 이끌어가면서 달라진 지점들을 가부장적 가족관계의 전복과 여가장의 탄생, 모녀관계 등을 중심으로 고찰할 것이다. 이러한 분석을 통해 〈차이나타운〉이 여성영화로 자리매김하는 지점을 확인하고 과연 여성적 주체성의 확립은 가능한 것인지, 그리고 이러한 영화적 특성들이 오늘의 한국 사회에서 어떤 의미가 있는지를 고찰하고자 한다. 곧 누아르 영화와 여성영화의 접점과 변별점을 비교분석함으로써 〈차이나타운〉이 여성영화로 자리매김할 수 있는가를 판단하는 것이 이 연구의 목표라 할 수 있다.

2. 반영웅의 탄생과 여가장의 계승

1) 누아르 영화의 장르적 특성과 여성

누아르 영화의 외적 특징으로는 야간 배경, 표현주의적 조명배합과 무대, 복합적이고 때로는 냉소적이며 반영웅적인 인물들, 그리고 범죄 음모와 사기와 폭력의 비틀리고 종종 비관적인 서사[9] 등이다. 이러한 관점을 토대로 니노 프랑크는 필름 누아르를 비고전적인 시각

---

9 배리 랭포드, 『영화 장르 : 할리우드와 그 너머』, 방혜진 역, 한나래, 2010, 354쪽.

시네 페미니즘 : 가족은 없다

적 스타일, 법과 사회에 대한 비판적인 재현, 운명적이고 실존적인 주제, 그리고 불안정하고 때로는 범죄적으로 과도한 섹슈얼리티 같은 차이를 뭉뚱그려 지칭하는 개념으로 사용[10]했다. 한국형 누아르는 여기서 다시 장르 변용을 이루며 폭력성과 남성성만이 특징화되며 필름 누아르로 인식하기 힘든 액션 장르의 형태를 띠게 된다. 그러다 2000년대 이후 의도적으로 필름 누아르의 장르 특성을 차용하며 〈달콤한 인생〉(2005), 〈신세계〉(2013) 등 몇몇 한국형 필름 누아르가 나타나는 경향[11]을 보인다.

〈차이나타운〉은 불법적인 인신매매와 장기매매, 사채업 등의 부도덕하고 반사회적인 일을 하면서 살아가는 사람들을 그리고 있다. 음지에서 일어나는 이런 일들을 하기에는 어두운 시간과 공간이 자연스럽고 효과적이다. 암흑가에서 살아가는 사람들의 거친 삶과 거기 끼어드는 이루어질 수 없는 사랑, 그리고 그로 인한 파국을 그리는 이 영화는 누아르 영화의 공식에 비교적 충실하지만 여성이 주인공이 되는 여성 누아르를 표방한다. 따라서 누아르 영화에서 중요한 인물인 유혹적이나 치명적인 위험을 안고 있어 주인공을 죽음으로 몰아가는 팜므파탈의 역할은 그와 정반대인 선량한 남성으로 치환되어 있다.

형님이라 불리는 남성 보스를 중심으로 집단을 형성하고 조직 간의

---

10 Frank Krutnik, *In a Lonely Street. Film Noir, Genre, Masculinity*, London : Routledge, 1991, p.16. 이수연, 「장르로서의 느와르와 필름 느와르로서의 〈L.A. 컨피덴셜〉」, 『영화연구』14, 1998, 167쪽에서 재인용.

11 이현중, 「필름 느와르의 장르 변화를 통해 본 장르적 관습과 향유 과정의 연관성」, 『영화연구』62, 2014, 235쪽.

암투를 벌이며 액션을 보여주는 대개의 누아르 영화들과 달리 이 영화에는 별다른 액션신도 없다. '형님' 대신 '엄마'가 등장하고 경쟁적인 조직 간의 암투는 엄마와 아들 사이에서 벌어진다. 엄마는 직접 싸움은 하지 않지만 누구도 범접할 수 없는 대모로서의 요소들을 갖추었다. 무겁고 낮은 목소리에 거구라는 외적인 특성은 침착하고 무감각하게 일을 처리하는 냉혹함과 어울리며 매사에 능수능란한 카리스마를 보여준다. 전쟁이 끝나고 집으로 돌아온 남성들이 자기들의 자리를 차지해버린 여성에 대한 두려움을 그린 것이 미국의 필름 누아르[12]라고 할 때, 〈차이나타운〉은 오늘날의 한국 사회에서 점점 남성들의 영역을 밀고 들어오는 여성을 보는 남성들의 두려움에 대한 시각적이고 심리적인 알레고리로 읽을 수 있다.

(1) 반영웅의 탄생

〈차이나타운〉의 원제는 '지하철 물품보관함에 버려진 아이'라는 의미를 담은 〈코인로커 걸〉이었다. 여성문제를 담은 문제적 영화로 보일 만한 제목인데 영화사에서는 개봉을 앞두고 타이틀을 〈차이나타운〉으로 변경했다. 이에 대해 "극중 코인로커 걸인 일영이라는 특정 인물도 중요하지만, 영화는 인간군상, 세대와 역사에 대한 이야기를 담고 있다. 다소 포괄적일 수 있는 제목이지만 모든 캐릭터와 배경을 담아낼 수 있는 '차이나타운'으로 바꾸게 됐다"[13]고 설명했다.

---

12 서인숙, 『씨네 페미니즘의 이론과 비평』, 책과길, 2003, 242쪽.
13 영화사는 개봉전 관객 설문조사 결과 사람들이 영어 제목을 제대로 이해하기 못

이렇게 제목을 변경함으로써 영화는 개인의 문제에서 여러 사람의 문제로 중요한 중심선의 이동이 생겼다. '코인로커 걸'이란 일영이 버려진 장소와 일영이라는 여성인물을 합치면서 만들어진 개성적인 제목이다. 여기에는 임신과 출산과 기아라는 여성의 몸담론과 관련된 강렬한 의미가 들어 있다. 탯줄도 제대로 떼지 않고 아이를 급히 버리는 엄마는 그 출산이 사회적으로 용인되기 어려운 상황에 처한 여성일 것이다. 나이와 처지를 전혀 알 수 없는 그 여성은 한국 사회에서 정당한 성관계 및 임신과 출산으로 인정받을 수 있는 유일한 경우인 남편과의 관계가 아닌 어떤 남성과의 관계를 떠올리게 한다. 그 섹스의 결과로 임신을 했고 병원이 아닌 곳에서 누구의 도움도 받지 못한 채 출산하기에 이르렀다. 따라서 도저히 아기를 키울 수 없는 상황인데다 합법적인 입양조차 어려운 처지의 여성이다. 입양특례법[14]에 의하여 생부의 존재를 증명할 수 없는 생모는 오히려 입양조차 불가능한 처지에 놓이게 되어 아기를 유기하는 비극적 상황에 놓이기도 한다. 여기서의 생모는 사람들이 많이 다니는 지하철의 물품보관함을 베이비 박스[15]로

해서 작품의 의미를 오해할 우려가 있게 되자 제목을 바꾸게 되었다고 3월 24일의 제작보고회에서 발표했다. 〈일간스포츠〉, 2015.4.30.

14 2012년 8월 5일부터 시행되는 입양특례법은 모든 아동은 그가 태어난 환경에서 건강하게 자랄 수 있도록 하는 것을 최우선으로 고려하며, 친생부모의 입양의 동의는 아동의 출생일부터 1주일이 지난 후에만 가능하다고 규정하고 있다. 그러므로 출생 직후의 아동은 입양을 할 수 없다.

15 아이를 키울 수 없게 된 부모가 아기를 두고 갈 수 있도록 만들어진 상자를 베이비 박스라고 하며 한국 최초의 베이비 박스는 2009년 서울 주사랑공동체 교회에서 만들어졌다. 유엔아동권리위원회는 2011년 체코, 독일 등에 설치된 베이비 박

선택하여 오가는 행인들에 의해 아기가 구조되기를 바라는 마음을 보여준다. '코인로커 걸'은 남녀 간의 성행위의 결과를 여성이 전적으로 책임져야 하는 사회, 임신과 출산과 육아를 온전히 여성에게만 책임지우는 사회, 결혼제도권 안의 임신과 출산만을 인정하는 사회인 한국 사회에 대한 비판적 시선을 강하게 보여준다.

그리고 일영이 코인로커에서 나오는 과정은 죽음과 삶의 경계선에서 마침내 삶의 영역으로 넘어오는 탄생/재생의 의미가 들어 있다. 이후 탁의 트렁크에 담겨져 차이나타운의 엄마에게 빚 대신 넘겨지는 과정은 두 번째의 탄생/재생의 의미가 있다. 엄마라는 존재를 만나게 된다는 점에서 이 두 번째 탄생/재생은 더욱 의미심장하다. 이것은 불법적이기는 하지만 엄마와 연결된다는 점에서 일단 입양이라는 절차를 거친 과정이다. 엔딩크레딧에 보면 백인 엄마, 백인 아빠, 백인 아이, 백혈병 아이, 백혈병 아이 부모라는 배역이 있다. 이것은 입양에 관련된 다른 장면과 사건이 촬영되었음을 말해준다. 어쨌든 입양을 통해 비정상적이기는 하지만 엄마라는 존재를 중심으로 하는 유사 가족이 형성된다는 의미에서 입양은 중요한 사건이다. 이렇게 주인공의 비정상적인 출생과 성장과정은 비밀스럽고 음험한 분위기와 위기의식이 팽배한 암흑가를 배경으로 하는 누아르 영화에 매우 잘 어울리는 반영웅의 탄생으로 설정된다.

스가 아동의 권리를 침해할 수 있다며 철거를 권고한 바 있다. 반면 베이비 박스를 영유아들의 생명을 구하는 긴급 구호의 일종으로 보는 시각도 있다. 2012년 8월 입양특례법 개정으로 아이를 입양기관에 등록하기 어려워지면서, 늘어난 영유아 유기의 대응책으로 베이비 박스의 필요성이 거론되기도 한다.

시네 페미니즘 : 가족은 없다

누아르 영화의 배경은 언제나 현대도시에 둘러싸여 있다. 도시의 풍경은 위험과 부패로 가득 차 있고 어둡고 창백하게 드러나는 거리는 진실을 가리는 것의 어려움과 함께 훼손된 도덕률과 지적인 가치들을 반영한다.[16] 엄마의 아이들은 어둡고 비밀스러운 차이나타운에 자리한 '마가흥업'의 어두컴컴한 사무실에서 소모품처럼 일하고 먹으며 더불어 지낸다. 버려진 거리의 아이로 살다가 그나마 서로를 가족으로 여기며 의지하는 그들은 그 가족의 행동강령에 충실하다. 반사회적인 일을 하면서도 죄의식이 없는 그들에게는 오로지 엄마를 중심으로 한 유사 가족이야말로 유일한 의지처이자 생의 의미이기 때문이다. 한번 버려진 경험이 있는 아이들은 버려지는 일의 비극적 상태를 잘 알고 있기 때문에 자기가 하는 일이 불법적이든 부도덕하든 가치판단을 할 겨를이 없다. 그들의 과제는 단지 살아남는 것 그것뿐이기 때문이다. 엄마의 울타리 안에서 쓸모 있는 존재로 살아남는 것이야말로 아무 의지할 데 없는 이 세상에서 유일하게 허락된 생존의 조건이다.

일영이라는 이름은 그 존재의 가치를 잘 반영한다. 일영이 버려진 지하철 물품보관함의 번호가 '10'이었기에 '일영'이라는 이름으로 살게 된 현실은 아무도 그 생명의 탄생을 바라는 이 없는 고독한 존재로서의 실존을 깊이 표상한다. 본래 이름이란 부모가 한 생명의 미래에 대한 진지한 소망과 바램을 담아 고심하여 짓는 것이지만 일영에게 있어서 이름은 일련번호에 불과하며 아무 의미도 없는 것이다. 그야말로 던져진 존재로서의 고독하고 비참한 존재라는 의미를 잘 함축한 이름이다.

---

16 수잔 헤이워드, 『영화사전』, 이영기 역, 한나래, 1997, 425쪽.

그런 의미를 담은 이름으로 불리는 일영의 삶이 방향성 없이 흔들리는 것은 당연한 일이다.

(2) 비극적 사랑의 파국

대부분의 영화에서 그러하듯이 거친 누아르 영화에도 금지된 사랑이 들어 있고 그 사랑이야말로 영화의 플롯에서 중요한 근간이 된다. 일반적인 영화에서 낭만적 사랑은 결혼으로 이어지지만 누아르 영화에서 낭만적 사랑은 언제나 실패하고 가족의 파멸로 종결된다. 누아르 영화에서는 연인에서 가족으로의 전환은 결코 이루어지지 않는다. 이 영화들은 가족관계를 파괴되고 곡해되고 주변적이고 불가능한 것으로 그려냄으로써 가족의 부재를 강조한다.[17] 이루어질 수 없는 짧고 비극적인 사랑이 있을 뿐 결혼이라는 제도로 연결되지도 않고 새로운 가족도 형성되지 않는다.

누아르 영화의 남성은 접근이 금지된 치명적인 매력을 지닌 여성을 숙명적으로 욕망한다. 금지된 여성이기에 더욱 유혹적인 그 여성은 가부장제가 금지한 상징적 어머니이기도 하다. 그러나 〈차이나타운〉에서는 반대로 여자 주인공인 일영에게 금지된 남성에 대한 이끌림이 있다. 채무자로만 대해야 하는 남자에 대한 사랑은 고통스러운 과정을 거치며 그 결말은 누아르 영화의 공식대로 비극적인 파국과 죽음이다.

일영은 돈을 받으러 간 집에서 석현(박보검 분)을 처음 만난다. 이 만

---

17 실비아 하비, 「여성의 자리, 필름 느와르와 가족의 부재」(최윤식 역), 『공연과 리뷰』 39, 2002, 203~204쪽.

남은 여태까지 나름의 균형을 유지하던 일영의 삶을 뒤흔들어 불균형의 상태로 이끄는 첫 번째 전환점[18]의 기능을 한다. 그와의 만남으로 인하여 일영은 엄마와 갈등하게 되고 그로 인하여 살해될 위기에 처하며 마침내 자신이 살기 위해 엄마를 죽이기에 이르는 것이다. 석현은 일영이 지금까지 살아온 세계와는 전혀 다른 세상에 살고 있는 인물이며 영화에서 유일하게 차이나타운에 살지 않는 인물이기도 하다. 석현을 만난 이후 일영의 정체성은 흔들린다. 석현의 세계는 파스타, 영화관, 술집, 레스토랑, 요리, 프랑스, 유학, 항공권, 가족사진, 미래 등 일영과는 무관한 것들로 가득하며 그를 만난 이후 일영은 처음으로 원피스를 입고 암흑세계의 조직원이라는 무성적 존재에서 비로소 여자가 된다. 원피스는 일영이 차이나타운에서 석현의 세계로 이동하는 것을 함축하는 소도구로서 기능한다. 영화는 일영이 '원피스를 입기 전/ 원피스를 입고 있는 동안/ 원피스를 벗은 후'로 정확하게 구분된다. 아리스토텔레스가 말하는 '시작-중간-끝'[19]의 구조에서 원피스를 입고 있

---

18 작품에는 구조적으로 두 개의 전환점이 자리한다. 첫 번째 전환점은 작품의 내용이 본격화되기 위한 시발점이 되는 사건이고 두 번째 전환점은 작품을 마무리하기 위한 사건이다. 사이드 필드, 『시나리오란 무엇인가』, 유지나 역, 민음사, 1993, 19~20쪽.

19 아리스토텔레스는 『시학』에서 모든 서사물의 구조를 '시작-중간-끝'의 3단계로 구분하였고 이것은 이후 모든 스토리텔링 이론에서 플롯을 제시하는 근간이 되었다. '기-승-전-결'의 4단계 구조나 가장 대표적인 구조인 '발단-전개-위기-절정-결말'의 프라이타크의 5단계설에서 '승-전'과 '전개-위기-절정'은 '중간'에 해당하게 되는 것이다.

는 부분은 중간에 해당하며, 일영[20]의 청춘기에서 사랑이라는 피할 수 없는 사건이야말로 영화의 중심부에 해당함을 알 수 있다. 사랑은 일영을 다른 사람으로 변화시켰고 엄마에 대한 무조건적인 복종에서 불복종과 도전을 넘어 자리를 빼앗는 데까지 변화시키는 역동적인 힘으로 작용한다. 흔히 남성인물이 자신의 성취와 사랑 사이에서 갈등하는 경우 사랑을 포기하고 전자를 선택하는 양상을 보이는 것과는 매우 다른 방식이다. 여성은 오히려 사랑으로 인하여 강해지고 숨어 있던 열정과 용기가 발현되어 다른 사람으로 변화되며 그 결과 자아성취에 이르게 됨으로써 남성과는 반대의 양상을 보여준다. 일과 사랑이 양립할 수 없는 가치로 제시되는 순간 남성과 여성이 다른 선택을 하게 되는 지점이야말로 그들이 지니고 있는 생의 가치와 지향점을 명확하게 해준다.

　가족공동체로 구성된 마가흥업의 조직원들은 유사 가족의 외양을 보여준다. 한집에 살고 커다란 식탁에서 함께 식사를 한다. 심지어 일영은 그 가족이 소중해서 식사 장면을 영상으로 남기기도 한다. 도덕적 기준으로는 설명할 수 없는 이 불법적 조직에서나마 일영은 가족의 온기를 찾아내려고 노력하는 것이다. 그들의 식사는 늘 중국집에서 배달해온 짜장면과 중국요리다. 특히 짜장면은 일영의 어린 시절부터 시작된 버려진 아이라는 존재적 기아 상태를 상징하며 허기진 청춘의 공허

---

20 1996년생인 일영은 영화가 촬영되던 2014년이면 우리 나이로 19세이다. 20세를 향해가는 마지막 시기라는 점에서 위험한 고비를 넘고 성인으로 넘어가는 입사식을 치르는 것에 영화의 중심이 놓여 있음을 알 수 있다.

함을 의미하는 음식이다. 사랑이 없는 삶인 탓에 늘 먹어도 배고픈 일영은 쫓기는 급박한 상황에서조차 "배고프다"를 탄식하듯 내뱉는다. 그래서인지 영화에는 일영이 먹는 음식을 통해 상황을 집약하곤 한다. 어린 시절 노숙자들과 지하철역사에서 햄버거를 주워 먹는 일영은 엄마에게서 버려졌을 때 악착같이 집으로 되돌아오고 엄마에게 짜장면 곱빼기를 청한다. 쫓기는 순간 우씨의 포장마차에서 오뎅을 먹고 어울리지 않게 "맛있었어요"라고 인사한다. 우씨에게 얻어먹은 오뎅은 한참 동안 굶주리며 쫓겨 다닌 일영의 고단한 삶을 함축한다. 그리고 석현이 해주는 파스타야말로 처음으로 맛보는 새로운 세상이다. 석현의 세상에는 도박 빚에 쫓기고 도피 중일지언정 이자를 보내주는 아버지에 대한 아들의 신뢰가 있다. 가족사진도 있고 가난하지만 미래에 대한 희망도 있다. 그 인간적인 삶은 타인에 대한 따뜻한 배려와 진정한 사랑의 손길로 드러난다.

남녀의 사랑이 영화의 메인플롯을 차지하는 멜로드라마의 구조처럼 이들의 사랑도 영화의 핵심적인 플롯으로 기능한다. 그러나 그 사용방식이 전혀 다르다. 일반적으로는 두 인물 간에 일어나는 크고 작은 갈등요소들로 인하여 사랑은 기복 있는 상승과 하강 곡선을 그리다가 사랑이 이루어지는 해피엔딩과 이별하게 되는 언해피엔딩으로 나누어진다. 그러나 누아르 영화에서의 사랑은 항상 금지되어 있고 불행한 결말로 향해 가도록 운명 지어져 있다. 일영은 석현이 사는 세상이 자기가 속한 세상과는 전혀 다른 곳임을 잘 알고 있다. 다른 세상에 사는 사람들끼리 사랑하는 것 또한 매우 위험하다는 것도 알고 있다. 생존 자체만으로 버거운 삶에서 사랑이 사치스러운 일이라는 것도 인식하고 있다. 이성적인 일영의 생각과는 달리 스스로 움직이는 감정의 흐름을 제어할 수 없다는 것에 일영의 갈등이 있다.

강한 모습으로만 그려지던 일영이지만 사랑 앞에서 자신의 마음을 주체하지 못하고 처음으로 엄마의 명을 어기고 석현을 지키려고 한다. 석현으로 인해 일깨워진 인간적 면모는 새로운 삶에 대한 동경을 갖게 했고 외국에 갈 희망이 전혀 없음에도 여권사진을 찍게 한다. 그리고 웃는 듯 우는 듯한 그 사진은 여권이 아니라 엄마 마우희의 딸 마일영을 위한 주민등록증에 사용된다. 결국 사진은 석현의 세계를 동경했지만 엄마의 세계에 오히려 확실하게 뿌리내리는 일영의 삶을 집약한다.

석현이 죽는 순간은 영화가 불균형에서 다시 균형의 상태로 가기위한 후반부의 두 번째 전환점이다. 이후 일영과 엄마의 갈등은 극대화되고 일영이 엄마를 죽이고 새로운 보스가 되면서 영화는 종결부로 간다. 〈차이나타운〉은 일영이 석현을 만나면서(전환점 1) 조직원으로서의 역할에 갈등을 하게 되고 석현의 죽음(전환점 2) 곧 그와의 이별로 엄마와의 한판 승부를 하게 되고(절정) 엄마를 죽이고 승리함으로써 새 보스가 되는(결말) 플롯이라고 요약할 수 있다. 사랑이야말로 영화의 중심부에 자리하고 인물의 변화를 이끄는 원동력으로 기능하고 있다.

(3) 누아르 영화의 장치들

오프닝 다음 신은 플래시백으로 1996년으로 돌아간다. 플래시백과 보이스오버는 누아르 영화에 빈번히 사용되는 플롯의 장치이다.[21] 보

---

21 서인숙, 앞의 책, 245쪽.

이스오버는 관객에게 이야기에 대한 신뢰감을 주는 양식으로 사용된다. 대개의 누아르 영화에는 남성인물의 보이스오버가 있고 이것은 이야기 전반을 통제하려는 남성의 욕망을 구현하기 위한 장치이다. 그러다보니 플래시백 구조와 남성의 보이스오버 사이에는 간극이 있어서 남성의 판단과 그 대상이 된 여성의 모습 사이에는 상당한 차이와 간격이 있다. 그러나 〈차이나타운〉에서 보이스오버는 일영에 의해 이루어지고 이것은 여성이 자신의 삶을 주체적으로 통찰하려는 의식의 발현이라는 의의가 있다. 영화의 오프닝에서 일영은 가라앉은 목소리로 자신의 출생에 관해 이야기한다.

> "버려진 아이가 있었다. 역전에 살던 거지가 우연찮게 아이를
> 발견했는데 탯줄도 채 떨어지지 않은 핏덩이가 목이 터져라 울고
> 있었다고 한다. 거지들은 아기를 일영이라 불렀다. 10번 보관함
> 에서 발견돼서 일영. 내 이름이다."

객관적이고 건조한 일영의 목소리는 자신의 과거에 대한 자아성찰을 가능하게 한다. 일영은 자신의 과거를 과장하지도 동정하지도 않으며 남의 일처럼 차분하게 말한다. 이러한 톤다운된 진술은 앞으로 전개될 일영이라는 인물의 역사를 신뢰감을 가지고 바라보게 한다. 나이에 어울리지 않는 거친 일을 하면서 살아가는 일영은 주어진 현실에 충실하고 최선을 다해 살아남으려 했던 치열한 삶의 주인공인 것이다.

누아르 영화에 늘 등장하는 팜므파탈의 섹슈얼리티는 대개 길고 우아한 다리로 기호화된다. 긴 머리, 화장, 보석, 담배 등은 어둡고 비도

덕적인 관능성에 대한 암시다. 무엇보다 중요한 것은 여성의 파멸과 실패보다도 그녀의 강하면서도 위험스럽고 도발적인 섹슈얼리티에 있다.[22] 그러나 이러한 이미지에 의도적으로 반대라도 하듯 엄마와 일영은 둘 다 짧은 머리에 화장기 없는 맨 얼굴이며 일체의 관능성을 배제하고 있다. 이것은 〈차이나타운〉이 누아르 영화에서 재현되는 통상적인 여성의 이미지를 의도적으로 벗어나 새로운 여성 누아르 영화를 만들려 한다는 것을 보여준다. 엄마를 맡은 김혜수는 몸을 부하게 만들어 과장된 체형을 만들었고 맨 얼굴에 잡티가 있는 분장까지 해서 여성적 매력을 없애려고 했다. 일영은 여성이라기보다는 남성 혹은 중성적인 인물로 그려졌다. 심지어 일영의 내적인 심정의 변화를 담은 원피스를 입은 동안에도 점퍼를 덧입혀 여자 옷을 입은 소년처럼 보이게 했다. 이렇게 섹슈얼리티를 배제한 여성인물은 여성이라기보다는 성별을 넘어선 한 인간이라는 존재적 측면이 강조된다. 또한 〈차이나타운〉에는 대개의 영화에 등장하는 헌신적인 어머니나 순종적인 아내, 아름다운 연인 등의 보편적인 여성인물이 거의 등장하지 않는다. 이러한 보편적 인물들과의 대조를 통해 은연중 일어날 수도 있는 선악 구분을 배제함으로써 엄마나 일영에 대한 편견이나 가치판단으로부터 벗어난 영화를 지향한다. 감독의 여성영화로의 방향성을 볼 수 있는 지점이다.

---

22 위의 책, 247쪽.

시네 페미니즘 : 가족은 없다

2) 여성영화의 가능성

여성영화[23]의 정의는 매우 광범위한 탓에 명확하게 단언할 수는 없다. 형식상 여성이 만든 영화, 내용상 여성이 주체가 되는 영화, 수용자 관객에게 여성이란 존재에 대해서 문제의식을 갖고 생각을 하게 하거나 행동으로 나아가게 하는 영화 등으로 요약해볼 수 있다. 결국 영화를 만든 외적 주체가 여성인 영화,[24] 영화의 내적 주체가 여성인 영화, 영화를 수용하는 관객에게 여성의식을 고취하는 영화 등으로 생각할 수 있다. 이 세 가지 요건 중의 한 가지를 갖춘 영화가 여성영화라면, 남성감독이 만들었지만 그 감독이 여성주의적인 의식이 있고 내적으로는 여성인물이 주체적으로 영화를 이끌어가며 여성의 입장에서 무언가 생각할 여지를 준다면 포괄적인 여성영화의 범주에 넣을 수 있을 것이다. 감독의 성별이 중요한 것이 아니라 영화의 전반적인 특성과 영화가 담고 있는 의식이 더 중요하기 때문[25]이다.

---

23 여성영화의 정의는 다양하지만 기본적으로는 영화의 작가, 영화의 내용, 페미니즘의 주창, 페미니즘의 액티비즘, 페미니즘의 소비 등으로 요약할 수 있다. 패트리샤 화이트, 「월드시네마로서의 여성영화」, 이화여자대학교 아시아여성학센터 『학술대회 자료집』, 2008.4, 30쪽.

24 여성이 만든 모든 영화를 여성영화라고 할 수 없다면 결국 감독의 성별이 중요한 것은 아니라고 확대해서 해석할 수 있을 것이다. 곧 감독의 성별 구분이 영화적 특성의 구분과 일치하는 것은 아니라는 의미이다.

25 〈차이나타운〉의 원작 시나리오 〈코인로커 걸〉이 서울여성국제영화제 피칭작으로 선정되어 영화 제작의 길이 열리기 시작했다는 것을 볼 때도 이 작품의 여성의식에 주목할 수 있다.

한국어로는 women's film, women's picture, women's cinema가 모두 '여성영화'라고 번역된다. 그러나 women's film은 1920년대에서 1930년대에 할리우드 고전영화 중 멜로드라마나 로맨틱 코미디를 가리킨다. 그리고 women's picture는 근대화되던 도시를 배경으로 여성을 영화의 주인공으로 한 모든 영화들을 지칭하며 women's cinema는 영화작품, 제도, 비평과 수용 담론만이 아니라 모든 여성영화 개념을 포함한 여성영화 네트워크 전반을 가리키는 용어이다. 여성영화는 여성주의 공동체를 낳기 위해서 형식, 시기, 문화의 경계를 가로지르며 그것을 주목하는 자의 눈에만 존재하는 것이다.[26]

결국 〈차이나타운〉을 women's cinema의 관점에서 여성영화의 범주에 넣을 수 있다. 무엇보다 여성영화의 핵심적인 개념은 여성 주체성이다. 여성 주체성은 성차가 인종, 계급, 성적 선호, 연령과 같은 여러 요소들과 더불어, 주요 구성요소가 되는 권력관계망 속에 놓여 있는 위치로 여겨진다.[27]

본 연구에서는 이 영화가 남성 누아르 영화를 모방하되 단지 여성인물이 주인공인 누아르 영화[28]라기보다는 그 이상의 여성에 대한 특별한 관점이 들어 있다고 본다.

---

26 앨리슨 버틀러, 『여성영화』, 김선아·조혜영 역, 커뮤니케이션북스, 2011, vi~vii 쪽.

27 앨리슨 버틀러, 앞의 책, 29쪽.

28 영화가 젠더 역할의 전도 현상을 다루면서 폭력에 대한 성찰을 시도하기보다 기존의 남성 폭력 패턴을 고스란히 답습하고 있다는 점에서 아쉬움을 남기고 있다는 분석도 있다. 조흡, 앞의 글, 112쪽.

시네 페미니즘 : 가족은 없다

(1) 대모 중심의 가족공동체

일반적으로 누아르의 시공간은 아이들과 가족의 지속성을 위한 공간이 없다. 결혼도 출산도 자연사도 가족 간의 친밀성과 연결성도 여기에는 없다. 이 시공간에 의해 생산된 인물들은 살인이 죽음보다 더 자연스런 세계 속에서 부유하고 배회한다. 이러한 가족에 대한 부정과 거부가 누아르 영화를 다른 장르들과 차별화시키고 페미니스트에게 더 큰 의미를 주는 중요한 요소가 된다.[29] 가족은 모든 관습과 신념을 명확히 드러내는 이데올로기를 재생산하는 초석이 되어왔다. 부르주아 사회에서 가족은 재생산과 사회화의 개념이 미리 다져지는 곳이다. 어머니는 아이를 양육하고 아버지가 리더인 가족 구조 안에는 권위적이고 서열화된 사회구조가 고스란히 압축되어 있다. 그러므로 전통적 가치를 구체화한 가족은 더 큰 사회의 특징인 지배와 종속의 패턴을 그 자체에 담고 있는 소우주이다.[30]

그러나 누아르 영화에는 이러한 전통적 가족제도에 대한 재현이 없다. 자본주의 사회에서 정상적인 것으로 정의되는 가족관계의 부재는 지배 이데올로기를 거부하는 하나의 진공상태를 창조하며 대항 이데올로기를 생산해낼 수 있다. 지배적인 가치에 대항하고 도전하는 시도로 확장되어 해석될 수도 있다는 점에서 누아르 영화의 의의를 찾을 수 있다. 가족의 부재와 해체는 가족 고유의 결핍과 결함에 주목하게 함으로써 사회생활의 재생산을 위한 대안적 제도를 고려하도록 하

---

29 서인숙, 앞의 책, 248~249쪽.
30 실비아 하비, 앞의 글, 203쪽.

는 것이다.[31] 〈차이나타운〉은 전통적인 가족관계 대신 대모 중심의 새로운 가족관계가 있는데 이것은 장구한 세월 동안 정상이라 인식되어 온 가부장제적 가족구조에 대한 비판적 이의제기이며, 비정상적인 가족관계의 형성이라는 의미에서 현 사회를 지배하는 이데올로기에 대한 저항의 표현이라 할 수 있다.

엄마/대모는 특이하게도 조직 내의 서열을 매기는 남성들의 상하의 위계질서보다는 가족공동체로 조직을 운영한다. 그녀의 집이자 일터인 오가사진관에 놓여 있는 6인용 식탁에 앉은 사람들이 그녀의 가족이자 일꾼이며 충실한 조직원들이다. 장기매매를 위해 소위 '수술'을 전문으로 맡아 하는 안 선생을 제외하면 네 명의 자식들로 구성된 '가족'이다. 이 영화가 엄마(적어도 엄마라고 불리는 인물)를 조직의 보스로 설정한 순간 인물 간의 관계는 매우 독특해진다. 비록 혈연관계는 아니지만 그들은 적어도 밥을 같이 먹는 식구로서 가족의 형태를 이룬 조직이다.

더욱이 그 아이들이 어릴 때부터 엄마에 의해 키워졌다는 점에서 이 가족관계는 남다르다. 일영이 지하철 역사에서 노숙자들과 지내다가 어느 날 탁이에 의해 빚 대신으로 엄마에게 던져지듯이 쏭, 우곤, 홍주 등도 그와 유사한 방식으로 끌려와서 앵벌이 노릇을 하면서 엄마에 의해 쓸모 있는 아이들로 선택되어 살아남은 인물들이다. 아주 어릴 때부터 엄마와 살아온 이 아이들의 나이는 10대 후반에서 20대 초반 사이에 있다. 1996년생이라는 오프닝신의 나레이션에 의하면 일영의 나

---

31 위의 글, 209쪽.

이만이 확실하다. 10년 이상을 한 식탁에서 같이 밥을 먹으며 살아온 식구라는 공동체는 혈연이 아닌 입양이라는 방식에 의한다. 엄마와 일영은 불법적인 형태이기는 하지만 입양이라는 형식에 의해 특이한 가족공동체를 이루고 살아왔다. 이러한 시대와 사회의 반영물로서의 영화를 통해 우리 사회의 문제적인 측면을 볼 수 있다.

(2) 모녀관계와 자매애

하나의 평범한 단어나 문장은 때로 영화 안에서 키워드로 사용되면서 막강한 존재감을 갖는 어휘로 재탄생된다. 여기서 '쓸모'라는 단어가 그렇다. 지극히 일상적이고 별다른 매력을 갖지도 않은 '쓸모'라는 단어는 이 영화를 강력하게 이끌어간다.

엄마는 어린 일영과 함께 밤길을 걷다가 죽어가는 개를 보자 냉정하고 단호하게 죽이며 "너도 쓸모없으면 죽일 거야"라고 말한다. 후반부에서 일영은 열심히 일해온 자신을 죽이려는 엄마에게 "나 이제 쓸모없어요?"라고 물으며 홍주는 "엄마가 쓸모없으면 죽인댔어"라며 일영을 죽이려 한다. 그리고 마침내 "이제 내가 쓸모없네"라는 엄마의 독백에서 '쓸모'로 연결된 플롯의 절정을 이룬다. 본질적 가치로서의 인간의 존엄성이 아닌 눈앞의 이익을 중시한 사용가치만을 의미하는 쓸모라는 단어는 물화된 가치관이 세상을 지배하고 폭력과 술수가 난무하는 비정한 공간 차이나타운을 집약한다. 인간의 가치는 오직 엄마의 돈벌이에 얼마나 기여할 수 있고 조직의 유지에 얼마나 도움이 되느냐는 단 하나의 기준에 의해 판가름 난다. 쓸모라는 지극히 평범한 단어가 한 편의 영화를 이토록 강력하게 끌고 갈 수 있다는 점에서 작가/감독의 언어사용법이 돋보인다.

그러나 '쓸모'는 사회적으로 그보다 깊은 의미가 있다. 그동안 여성들이 남성의 부수적인 역할을 수행하면서 장식적인 존재로 살아온 것에 대한 반성적 차원에서 그토록 현실적인 차원의 '쓸모'를 주장한다고 본다. '쓸모'야말로 여성이 이 사회에서 생존의 의미를 완성하는 유일한 가치임을 새삼 강조한다. 사용가치만이 의미가 있는 세상에서 살아가려면 여성은 그러한 사용가치를 스스로 증명해야만 한다는 절박함을 드러낸 것이다.

"이제 내가 쓸모없네"라는 엄마의 독백은 엄마의 죽음을 예고한다. 과거에 자신의 엄마를 죽였던 엄마는 이제 딸 일영에게 죽을 차례이다. 그것을 알고 죽음을 담담하게 준비하는 엄마의 대범함은 최후의 만찬인 양 6인용 식탁을 가득 채운 중국요리들을 여유 있게 먹는 모습에서 잘 나타난다. 일영은 식사를 마친 엄마를 죽이고 자신을 위한 마지막 선물이자 유산이자 인증서인 10번 보관함 열쇠를 받는다. 엄마를 위한 상복이기도 하고 어렵게 쟁취한 보스의 정장이기도 한 검은색 슈트로 차려입은 일영은 삶과 죽음의 경계선상에 놓였던 아기 시절의 첫 장면에 이어 삶과 죽음의 경계에서 다시 살아남아 보관함 앞에 서는 것으로 작품의 수미상관 구조를 마무리한다. 자신을 이미 오래전에 양녀로 입적한 엄마의 가족관계증명서를 보는 것으로 작품은 끝이 난다. 이 엔딩 장면이야말로 이 영화가 단순한 누아르 영화가 아니라 여성영화로 자리매김하는 순간이다. 영화의 주제는 대개 결말 부분에서 판가름이 난다. 남성들의 거친 사회에서 남성적인 방식으로 살아온 두 여자는 모녀관계라는 질긴 유대관계를 '합법적으로' 완성한다.

영화의 전반부에 오뎅 장사 하는 우씨가 일영을 보고 엄마에게 누구냐고 묻는 장면이 있다. 엄마는 "워 더 하이즈"라고 대답한다. 그 중국어 문장의 뜻을 알게 되는 것은 엔딩에 가까워질 무렵이다. 엄마를 죽이고 그 자리를 차지한 일영은 엄마의 일을 이어받는다. 치도 밑에서 일하던 넘버투와 짝패를 이루고 중국인 밀입국자들에게 가짜 신분증을 만들어 주는 일을 한다. 그들을 차에 태워가는 중에 일영은 아이를 동반한 중국인 여자에게서 "워 더 하이즈"라는 말을 듣는다. 관객은 비로소 그 말이 "내 아이입니다"라는 뜻이며 엄마가 이미 영화의 전반부에서 일영을 자기의 딸로 받아들이고 있었다는 사실을 알게 된다. 엄마는 겉으로는 일영을 다른 아이들과 달리 대우한 적이 없지만 자기를 꼭 닮은 강인한 일영이 끝내 살아남아 자기의 후계자가 될 것을 이미 알고 있었던 것이다.

전반부에서 어느 날 일영은 서류봉투를 들고 들어오면서 수신자란에 적힌 이름을 보고 "마우희가 누구야?"라고 묻는다. 우곤이 "엄마 이름도 몰라?"라고 말하는 순간 쏭이 "엄마 이름이 마우희야?"라고 말하면서 크게 웃는다. 엄마를 보스라는 존재로만 알고 살아왔는데 그 엄마가 이름을 가진 보통 사람이라는 것과 더욱이 이름에 평범한 다른 여자들처럼 '계집 희'자가 들어 있다는 사실이 낯설게 느껴졌기 때문이다. 그렇게 웃음으로 지나가는 그 장면의 의미는 일영이 엔딩신에서 10번 보관함을 여는 순간에야 완성된다. 그 날 일영이 들고 들어온 우편물은 엄마가 일영을 자신의 딸로 입양한다는 서류와 새로운 가족관계등록부와 진짜 주민등록증이 들어 있는 봉투였다는 것이 밝혀진다. 엔딩신에서 일영에게 마씨라는 성을 주기 위해서 마우희라는 엄마의 이름이 필요했던 것이다. 이렇게 중요하게 사용될 마우희라는 이름은 쏭의 과도한 웃음에 덮여 교묘하게 지나가버린다.

이렇게 〈차이나타운〉은 영화의 전반부에서 조심스럽게 넣어두고 지나가는 각종의 사건, 대사, 암시, 소도구 등이 후반부에서 명확한 의미를 완성하는 소위 씨뿌리기와 거둬들이기[32]의 장치를 많이 사용하고 있다. 연결 장치들이 반복되면서 영화의 구조는 정교해졌지만 반면 의도적으로 비추어지고 사건을 예측 가능하다는 단점이 있다.

일영은 엄마와 같은/다른 방식으로 차이나타운에서 살아갈 것이다. 홀로서기를 할 것이고 거친 남자들의 세계에서 마일영의 방식으로 살아갈 것이다. 때때로 엄마를 기억하며 제사를 지낼 것이고 위기에 처할 때마다 자기를 죽음으로까지 악착같이 밀어냈던 엄마의 훈육에 담긴 뜻을 이해하게 될 것이다. 그것이 그들에게 허용된 단 하나의 생존 방식이었다. 죽음을 이긴 자만이 살아남는다는 것, 그것은 바로 차이나타운이라는 암흑가에서 쓸모를 인정받는 유일한 삶이다. 엄마를 자기 손으로 죽이는 딸과 딸의 손에 죽어가는 엄마라는 지독하게 비극적인 모녀관계를 통해 권력은 모계중심적으로 이어진다. '쓸모'가 없어진 엄마는 죽어야 하고 차이나타운을 평정함으로써 '쓸모'를 증명한 일영은 끝까지 살아남는다. 대모는 두 명일 수 없고 대모의 자리에 오른 여성은 엄마의 자리에서 후계자를 택하여 새로운 유사 가족을 형성함으

---

32 데이비드 하워드 · 에드워드 마블리, 『시나리오 가이드』, 심산 역, 한겨레신문사, 2003, 121쪽. 한준희 감독의 전작 영화의 제목이 〈시나리오 가이드〉라는 점에서 이 책이 감독에게 큰 영향을 주었음을 알 수 있다.

로써 여가장의 세습이 이루어진다. 엄마와 딸 둘 중 한 사람은 죽어야 하고 살아남은 자는 권력을 가진 자 곧 대모의 자리를 차지한다. 대모에서 밀려난 엄마는 오직 제사의 대상으로만 기억될 뿐 실존해서는 안 된다. 한 사람만이 권력의 주체가 되는 것이 암흑가 차이나타운의 법이다. 남성들의 세계에서 여자가 살아남는 법을 죽음으로 가르치려 했던 엄마의 의도를 사랑이라는 멜로적 단어로는 표현할 수가 없다. 삶의 방식, 생존의 법칙, 야생의 원리, 약육강식의 치열한 생존의 현장, 이런 말들의 근저에 깊이 깔려 있는 자매애로만 그들의 관계를 설명할 수 있다.

(3) 여가장의 계승

엄마가 일영의 목에 칼을 겨누며 "너 왜 태어났니?"라고 묻는 오프닝 신은 자신의 출생지인 보관함 10번 앞에 서서 엄마가 마련해준 삶의 합법적 증명서들을 보는 일영의 뒷모습인 엔딩신과 연결해볼 수 있다. 존재의 근원을 모른 채 내던져진 삶에서 엄마에게 배운 대로 치열한 삶의 주인공이 되어 살아가는 것, 그것이 바로 그 질문에 대한 답이다.

일영이 엄마의 입양으로 진짜 딸이 되었음을 알게 되는 순간은 이미 엄마를 살해한 이후였다. 이러한 생의 아이러니는 일영이 그 척박한 차이나타운에서나마 은밀하게 가족을 꿈꾸었던 소망이 완전히 소멸되게 함으로써 낙관적 인생에 대한 일말의 재고조차 없게 한다. 끝까지 냉혹한 차이나타운의 삶의 방식이다. 엄마는 딸이 새로운 생으로 넘어가는 입사식의 제물로 자신을 던짐으로써 나름의 모성애를 발휘한다. 자신의 목숨을 딸의 양식으로 내줌으로써 자신과 같은 삶을 물려주는 전승과 계승을 보여준다. 일영은 엄마의 공간을 자신의 방식으로 정리하고 엄마를 제사하면서 마일영이라는 존재의 입사식을 완성한다.

엄마는 가부장의 질서를 거부하고 여가장제로의 회귀를 시도한 여성이다. 그녀는 여성의 일로 규정되어온 가사나 임신 출산 육아 대신 남성의 일을 선택한다. 그래서 이런 위험한 여성은 제거되어야만 한다. 남성과의 결혼이나 정상적인 여성 역할을 수행하면서 여성은 가부장제에 수용되고 가족으로 복원될 수 있다. 그러나 그렇게 되지 않는 경우의 여성은 사회적 이탈 때문에 배제, 추방, 혹은 죽음으로 처벌된다.[33]

엄마를 제거하려는 아들 치도의 노력이 무화된 반면 엄마는 자기를 꼭 닮은 딸에게 죽음을 당한다. 엄마를 죽이고 여가장의 자리에 올랐던 엄마는 자기 엄마와 똑같은 운명에 처한다. 이 여성 3대는 이제 잔인한 죽음의 통과의례를 거쳐 확고한 여가장의 자리를 다졌다. 가부장제에 대한 이의제기를 한 엄마를 이 사회에서 축출하는 일이 남성이 아닌 여성에 의해 이루어지는 이 현실의 주인공들은 남성담론에 균열을 가하고 전복적인 역할을 수행했다는 점에서 여성영화로서의 가능성을 보여준다.

이 모녀는 섹슈얼리티로 무장하고 남성을 유혹하는 존재로서 누아르

---

33 Annette Kuhn, Women's Picture, Verso, 1982, pp.34~35, 서인숙, 앞의 책, 256쪽에서 재인용.

영화에 등장하는 부수적 여성인물이 아니라 남성 중심의 가부장제 사회와 억압에 과감하게 도전하는 강인한 여성인물이다. 무력이라는 남성의 방식을 차용한 모계사회의 계승 방식은 여성 누아르 영화를 완성한다. 이러한 양식은 한국 영화에서 거의 처음 보는 여가장제에 대한 고찰이라는 점에서 여성영화로서의 의미를 갖는다. 어떠한 여성감독의 영화도 이러한 방식의 성취를 이룬 바가 없다. 이들은 한국 영화사에서 매우 낯선 여성인물들이며 거의 처음 보는 모녀관계이며 그 결과 전혀 새로운 가족의 탄생을 보여준다는 점에서 주목에 값한다.

누아르 영화에 늘 등장하는 팜므파탈로서의 여성은 섹슈얼리티가 강조됨으로써 남성의 환상을 만족시키는 측면에서의 이상화되는 여성 이미지다. 이런 식의 여성의 재현은 영화제작자들이 돈을 받고 파는 상품이 된다.[34] 그러나 반면 누아르 영화에서의 여성은 페미니즘의 관점에서 주목할 만한 여성상을 보여주기도 한다. 가부장 시스템에 균열을 가하고 이데올로기의 봉합작용을 방해하는 여성이 등장하기 때문이다.[35] 여성 누아르 영화인 경우에는 이 두 가지의 여성상 중에서 후자의 역할이 극대화된다. 엄마와 일영은 여성 섹슈얼리티를 강조하지 않는다. 그렇다고 가사노동을 하고 육아를 하는 또 다른 의미의 여성상을 재현하지도 않는다. 그들은 기존의 가부장제 이데올로기에 침윤된 누아르 영화의 두 가지 상반된 여성상 모두에 속하지 않는다. 그들은 남성이 작품 안에 주체로 서 있는 것과 같은 방식으로 누구의 도움

---

34 아네트 쿤, 『이미지의 힘』, 이형식 역, 동문선, 2001, 25쪽.
35 서인숙, 앞의 책, 244쪽.

도 없이 스스로 주체로 존재한다.

(4) 여성 주체의 성립

영화는 엄마가 일영의 목에 칼을 겨누고 있는 극한의 대립 상황을 오프닝신으로 삼았다. 두 사람이 작품의 주인공이자 라이벌이며 가장 가까운 관계이자 서로를 죽음으로 몰아가는 대척점에 서 있는 관계임을 강렬하게 보여주고 집약한 장면이다. 누아르 영화임을 처음부터 명시하고자 하는 감독의 의도에 의한 오프닝이다. 극단적인 대립 장면으로 시작함으로써 관객을 단박에 집중하게 만드는 효과를 거두었다.

엔딩신은 엄마를 죽이고 엄마의 방에서 엄마의 자리에 앉은 일영의 모습이다. 일영은 보스의 권위를 나타냄과 동시에 엄마의 죽음을 조상하는 상복이기도 한 검정색 슈트를 입고 있다. 짧은 머리에 점퍼를 입던 일영은 원피스를 거쳐 결국 검정색 슈트를 입었다. 이 세 벌의 의상은 일영의 정체성과 독자성을 반영한다. 그러나 의복은 때로 진실을 드러내기보다 감추기도 한다. 의복은 육체와 의복, 진정한 자아, 고정된 이념적 젠더와 위장된 페르소나 사이에 거리가 존재할 수 있음을 보여준다.[36] 검정색 슈트는 일영이 끝내 도달한 곳이 여성 보스의 자리인 동시에 여성성을 감추고 억압하는 남성의 자리임을 암시한다. 한때 원피스를 입고 남성과 사랑에 빠졌던 여성의 열정을 억압하는 남성적 의상임을 고려한다면 검정색 슈트는 일영의 성취와 억압을 동시에 표현하는 의상인 셈이다.

---

36 아네트 쿤, 앞의 책, 75쪽.

일영은 향을 사르고 술 한 잔을 따라 마시는 엄마식의 제사를 지내는 것으로 엄마와의 관계를 청산하고 새로운 보스로서 자리매김한다. 엄마의 6인용 식탁은 사라졌고 거기 앉아 있던 다섯 명은 모두 죽었다. 엄마, 안선생, 우곤, 쏭, 홍주 등 한때 식구로서 밥을 같이 먹던 이들이 서로를 죽이고 죽은 가운데 일영만이 살아남아 마가흥업을 이어간다. 마우희의 딸 마일영이 후계자가 되는 것은 당연한 일이다. 이렇게 엄마와 딸의 극단적 대립으로 시작된 오프닝은 엄마를 죽이고 엄마의 자리를 계승한 딸의 모습으로 끝난다. 남성보다 더 강하고 남성보다 더 잔인하며 남성보다 악한 이 모녀는 남성들에게는 정말 공포스러운 여성상이다.

그럼에도 그들이 주체로 스스로 서 있다는 사실은 이 영화의 모든 악한 요소에도 불구하고 주목할 부분이다. 비로소 이렇게 강한 여성상이 나타난 것이다. 그리고 이러한 강한 여성인물이야말로 누아르 영화의 중요한 요소이며 페미니즘에서 누아르 영화를 주목하는 이유 중의 하나이다. 그러므로 〈차이나타운〉은 여성의 위상이 높아진 한국 사회를 반영하는 영화이기도 하지만, 다른 한편으로는 이러한 처절한 방식이 아니고는 도저히 생존할 수 없는 남성 중심적 한국 사회에 대한 냉소적 알레고리이기도 하다.

3. 결론

누아르 영화는 정상적인 사회질서로 인식되는 것들을 뒤흔드는 일련의 변화이다. 한 사회의 잠재적 토대를 변화시켜 그 사회의 특성과 지배적인 가치 신념체계를 바꿔놓기 시작했던 지각변동과 그것들이 선택했던 움직임들을 포착하고 극대화한다. 누아르 영화가 제시하는 비정상적이고 기괴한 행동들은 세계 안에 묻혀 있던 근본적이고 해결 불가능한 일련의 모순들을 암시한다.[37] 그럼에도 누아르 영화는 여성이 권력에 가장 근접해 있는 영화[38]이며 여성 누아르는 더욱 그러하다는 점에서 〈차이나타운〉은 이미 여성영화로서의 가능성을 가지고 있다.

누아르 영화의 여성상은 어떤 영화 장르보다도 페미니즘의 관점에서 주목할 만한 가치가 있다. 어머니, 아내, 딸이라는 고정된 위치에서 남성이 실행하는 일들의 배경으로만 존재하는 여성상에서 벗어나 가부장제에 균열을 가하기 때문이다. 형님이 아닌 여성 보스로서 엄마가 보여주는 강인함과 카리스마는 어떤 누아르 영화의 남성 주인공에 못지않은 당당함을 지녔다. 불법적 입양이라는 관계를 통해서 맺어진 모녀관계를 대담하게 벗어던지고 그 엄마를 극복하고 나아가는 일영은 기존의 어떤 작품에서도 본 적이 없는 독특한 모녀관계를 보여주었다. 그것은 마치 아들이 아버지를 죽이고 아버지의 자리를 차지하는 숙명적 부자관계를 그대로 보여주는 듯하지만 엔딩신에서 엄마의 깊은 속내를 알게 되는 일영의 모습을 통해 부자관계와는 다른 인간적인 유대 곧 자매애를 보여준다.

남성 욕망의 대상으로서의 섹슈얼리티와 분리되어 남성과 대등한 존

---

37 실비아 하비, 앞의 글, 201쪽.
38 서인숙, 앞의 책, 243쪽.

재로서 직립해 있는 엄마와 일영은 누아르 영화에서의 일반적인 여성 사용법을 넘어선다는 점에서 여성 누아르의 의미를 구현한다. 〈차이나타운〉은 기존의 가부장제도에 대한 균열을 보여주며 여성이 누아르 영화의 팜므파탈처럼 남성의 관음증의 대상으로 전시되는 대신 주체로 일어서는 과정을 그린 영화이다.

정상적이고 안정된 가족관계의 전복은 지배 이데올로기가 보호하려는 결혼과, 가부장제도와 서열과 권위를 바탕으로 하는 가족관계로부터의 일탈을 보여준다. 관습적이고 도덕적인 법칙을 거부함으로써 기존의 사회제도에 대한 대항 이데올로기의 뿌리를 생산한다. 엄마와 일영은 가부장제도의 질서에서 벗어나 여가장제로의 회귀를 모색하고 실천한 인물들이다. 그들은 남성과의 결혼을 통해 가족을 형성하고 기존 질서에 흡수되는 대신 남성의 세계에서 주체로 서는 삶을 선택했다. 여성은 사랑에 빠지거나 남성과 결혼해서 정상적인 여성의 역할을 수행하면서 기존의 가족제도 안으로 복원될 수 있지만 만약 그렇지 않다면 그녀는 배제, 추방, 혹은 죽음으로 처벌된다.[39] 그래서 이런 위험한 여성은 제거되어야만 한다. 그러나 엄마는 남성이 아닌 자기를 꼭 닮은 딸에게 죽음을 당한다. 자신의 엄마를 죽이고 여가장의 자리에 올랐던 엄마는 자기 엄마와 똑같은 운명에 처한다. 이 여성 3대는 잔인한 죽음의 통과의례를 거쳐 확고한 여가장의 자리를 계승한다. 그들이 가부장제에 대한 저항을 보여주며 남성담론에 균열을 가하고 전복적

---

39 Annette Kuhn, *Women's Picture*, Verso, 1982, pp.34~35. 서인숙, 앞의 책, 256쪽에서 재인용.

인 역할을 수행했다는 점에서 〈차이나타운〉은 여성영화로서의 가능성을 보여준다.

여성의 대학 진학률이 남성과 같아졌음에도 불구하고 한국은 여전히 남성 중심적 사회이다. 시험이라는 비교적 공정한 제도가 있는 분야에서는 여성의 합격률이 남성의 합격률을 넘어섰다. 그러나 일반 회사의 임원 비율이나 정치를 비롯한 전문적인 영역에서 여성의 비율은 극히 낮다. 이러한 사회에서 〈차이나타운〉은 남성의 폭력성을 모방하고 남성적 약육강식의 생존방식을 그대로 모방하여 살아남는 법을 익힌 여성상을 보여준다. 그러한 부정적인 생존방식을 택할 수밖에 없는 여성들의 삶은 한국 사회에 대한 비판적 시선의 구현이다. 동시에 이 낯선 여자들의 치열한 삶의 방식은 여전히 남성 중심적인 한국 사회에서 살아가는 여성들의 척박한 삶에 대한 불안과 두려움을 반영하고 있기도 하다.

제4장
타자의 서사에서 주체의 서사로의 이행

⟨성실한 나라의 앨리스⟩

〈성실한 나라의 앨리스〉(2015)는 신자유주의의 영향으로 자본주의가 팽배한 현대 한국 사회의 다양한 문제점을 프롤레타리아 노동자 부부의 비극을 통해 비판적으로 그린 영화이다. '남성/여성'과 '주체/타자'의 이분법적 구도의 타파, 심화되는 자본주의와 여성-노동자의 무한노동, 생계 밀착형 코믹 잔혹극과 슬래셔 영화 등을 중심으로 영화를 분석하였고 그 결과는 다음과 같다. 첫째, 〈성실한 나라의 앨리스〉는 주류의 이데올로기를 거부하고 아버지의 법에 대항하여 싸우는 독립영화이다. 둘째, 〈성실한 나라의 앨리스〉는 신자유주의라는 경제원리가 이끌어가는 사회에서 약자가 어떻게 내몰리는지를 비판적 시선으로 그려냄으로써 영화가 이데올로기의 산물이며 경제적 관계체계의 산물이라는 마르크스주의적인 시각을 보여준다. 셋째, 〈성실한 나라의 앨리스〉는 남성 부르주아 영화에 대항하는 영화로 여성이 주체를 형성하는 새로운 정체성을 보여준다.

결여된 남성을 남편으로 선택하고 식물인간이 된 남편을 지키기 위해 끝까지 최선을 다하는 수남은 가족이 무너져가는 물신주의의 시대에 진정한 사랑을 간직하고 실천하는 진지한 인물로서 물화된 세계에서도 끝까지 삶의 진실이라는 가치를 구현하고 있다. 남성이라는 다수이자 기득권 세력에 비해 소수자에 속하는 여성 주체를 강조하는 이 작품은 새로운 화법으로 기존 영화의 형식과 내용과 표현을 가로지르는 여성영화라 할 것이다.

타자의 서사에서 주체의 서사로의 이행
〈성실한 나라의 앨리스〉

1. 서론

2015년에는 〈베테랑〉 〈암살〉 〈내부자들〉 〈사도〉 〈연평해전〉 〈검은 사제들〉 〈히말라야〉 등의 영화가 전국에서 각각 1천 개 이상의 상영관을 잡고 흥행몰이를 했다. 그 결과 〈베테랑〉과 〈암살〉은 천만 관객을 동원했고 2014년 개봉한 〈국제시장〉은 2015년도에만 천만에 육박하는 기록[1]을 세웠다. 그러한 상황에서 안국진 감독[2]의 〈성실한 나라의 앨

---

1 한국 영화의 역대 흥행기록은 1위 〈명량〉(2014. 17,613,682명), 2위 〈국제시장〉 (2014. 14,257,115명), 3위 〈베테랑(2015. 13,414,009명)의 순이다. 〈국제시장〉의 경우는 2014년 12월 17일 개봉했으며 2014년 관객은 5,345,678명, 2015년의 관객은 8,911,437명이다. 2019년 3월 현재의 순위는 2위 〈극한직업〉, 3위 〈신과 함께-죄와 벌〉, 4위 〈국제시장〉, 5위 〈베테랑〉이다. 영화진흥위원회 입장권통합전산망 통계. www.kobis.or.kr.

2 안국진 감독은 1980년 생으로 단편 영화 〈우리집에 놀러오세요〉(2008)로 데뷔했다. 장편영화로는 〈더블 클러치〉(2011)와 〈성실한 나라의 앨리스〉가 있다.

리스〉는 단 69개의 상영관에서 43,964명의 관객을 동원하면서 매출액 349,482,500원으로 2015년 흥행기록 67위를 차지[3]했다. 영화계에도 자본의 극단적인 자유경쟁을 추동하는 신자유주의의 광풍이 몰아치면서 자본과 흥행의 연결이 영화 제작의 공식처럼 되어버려 저예산 영화들은 더욱 어려운 상황에 처하게 되었다. 그러나 〈성실한 나라의 앨리스〉는 거대자본을 토대로 한 흥행작들과 경쟁해서 청룡영화제 여우주연상을 비롯하여 다수의 영화제에서 수상하는 성과[4]를 거두었다.

본 연구에서는 〈성실한 나라의 앨리스〉를 독립영화라고 보고 논의를 시작하고자 한다. 독립영화는 광의로는 상업 영화 자본에 의지하지 않고 제작되는 영화를 총칭하며 협의로는 자본과 체제에 반발하며 문제적 현실에 대한 저항적 발언을 하는 영화라 할 수 있다. 상업적 목적으로 만들어지지 않기 때문에 자연스럽게 저예산 영화가 되고 결과적으로 예술영화나 아방가르드 영화와 부분적으로 겹칠 수 있다. 그러나 제작 방식이 독립영화라 할지라도 상업적 상영을 목표로 하는 영화들도 있어서 저예산영화와 독립영화가 항상 일치하는 것은 아니다. 이 영화는 일반 영화제와 독립영화제 양측에서 수상함으로써 영화계에서도 관점에 따라서 일반 상업영화로 분류하기도 하고 독립영화로 분류[5]

---

3 영화진흥위원회 입장권통합전산망 통계. www.kobis.or.kr.

4 2015년 제36회 청룡영화상 여우주연상(이정현), 2016년 제7회 올해의 영화상 독립영화상, 2016년 제3회 들꽃영화상 여우주연상(이정현), 2016년 제52회 백상예술대상 영화부문 시나리오상(안국진), 2016년 제16회 디렉터스컷 올해의 독립영화감독상(안국진)

5 박유희의 경우는 「신자유주의시대 한국 영화에 나타난 여성노동자 재현의 지형」

시네 페미니즘 : 가족은 없다

하기도 함을 알 수 있다.

〈성실한 나라의 앨리스〉는 첫째, 한국 영화의 평균 제작비인 40억 원에 비해 순수한 영화 제작비로 2억 원이 들었고 사후작업과 홍보를 포함한 총제작비가 3억 원에 불과한 저예산영화라는 점에서 자본으로부터 독립한 영화이다. 둘째, 이러한 자본으로부터의 독립은 기존 상업 영화의 스타일과 문법으로부터의 독립도 가능하게 했다. 셋째, 이는 남성이 주로 주인공이자 주체로 등장해서 영화를 이끌어가는 한국 영화계에서 여성을 주인공으로 서게 했다. 게다가 기존 영화에서는 거의 본 적이 없는 개성이 강한 여성인물의 창조가 독창적 서사의 구축으로 이어졌다는 점에서 남성[6]으로부터의 독립이라 볼 수 있다. 이렇게 〈성실한 나라의 앨리스〉의 정체성은 기존 영화의 체제와 고정관념으로부터 자유로운 독립영화[7]라는 점과 긴밀한 관계가 있다.

한국 영화에 대기업의 자본이 투입되면서 영화의 지형도는 많이 달라졌다. 메이저 투자배급사의 등장과 멀티플렉스 사업의 확대 그리고 이 두 가지의 수직계열화를 통해 영화배급 시장에서 한국 영화는 할리우드 직배사보다 일정한 힘의 우위를 획득하게 되었지만 제작 자본의

에서 이 영화가 저예산영화이지 독립영화는 아니라고 보고 있다.

6 영화가 상대적으로 남성에게 접근이 용이한 기계의 발명과 조작에서 출발했고 자본의 형성이나 유치도 남성에게 유리한 영역이라는 점에서 영화는 태생부터 남성 중심적이라 할 수 있다.

7 2015년 개봉된 한국 영화 중 제작비 10억 미만의 저예산 · 독립영화는 총 163편이다. 이 중 IPTV 등 부가판권 시장을 목표로 한 성인물 등을 제외하면, 총 73편의 저예산 · 독립영화가 개봉됐다. http://movie.naver.com/movie/magazine/maga-zine.nhn?nid=3276

구조조정, 상영시장의 구조조정을 통해 다양한 영화의 상영기회를 봉쇄하는 결과를 낳았다. 수익 창출을 가장 우선적으로 하는 금융자본의 속성상 상대적으로 덜 상업적인 영화들이 시장에서 쇠퇴하게 되고 독립영화 등 비상업적인 영화들의 시장 개입의 기회는 원천적으로 봉쇄되었다. 또한 상영시장의 구조조정은 작은 규모의 예술영화를 상영하던 극장들의 경영상 어려움을 가중시켰다.[8] 의미있는 영화의 제작은 더욱 어려워졌고 상업영화는 양산되었으며 영화는 점점 빈익빈부익부로 치달았다. 이러한 한국 영화산업의 고질적인 폐해는 90년대 이후 영화계에 불어 닥친 신자유주의의 열풍과 긴밀한 관계가 있다.

이와 같은 자본주의 사회에서는 재현이 시장의 원리로부터 자유롭지 못하다. 특히 영화와 같이 자본의 크기가 외적인 생산물의 수준과 유의미한 관계가 있는 경우는 더욱 그러하다. 영화는 그러한 선상에서 선택을 요구받으며, 독립영화는 자본에 좌우되는 생산이 아닌 의미를 선택한 결과물이라 할 수 있다. 그래서 독립영화에서 재현되는 사회적 현실은 더욱 진정성을 갖는다. 그것은 상대적으로 진실과 가까운 거리에 놓일 가능성이 높기 때문이다.

오늘의 한국 사회에서 '성실한' '나라' '앨리스'라는 세 단어의 조합으로 이루어진 영화의 제목[9]은 시사하는 바가 많다. 한국은 한강의 기적이라 불리는 급속한 경제 발전을 이루었고 국민소득 3만 불 시대를 앞

---

8 원승환, 「한국 영화의 신자유주의화, 독립영화는 무엇을 해야 하나?」, 『독립영화』, 2006, 9, 116쪽.

9 〈성실한 나라의 앨리스〉라는 제목은 루이스 캐롤의 동화 〈이상한 나라의 앨리스〉(1865)와 겹쳐진다.

두고 있는 세계 10위권의 경제대국으로 부상했다. 그런 놀라운 경제적 발전에는 우리 국민 특유의 근면과 '성실'이라는 키워드가 기반이 되었다. 그러나 한국의 산업화 과정에서 가장 중요한 덕목이었던 성실은 이제 과거의 유물이 되어가고 있다. 아무리 성실하게 일해도 최소한의 생계와 인간적인 삶을 유지하기 어려운 현실에 처하게 된 것이다.

다음은 '나라'라는 단어이다. 식민지시대와 전쟁과 군부독재를 넘어 자유민주주의 국가를 건설하기까지 우리 국민은 신산한 삶을 이어왔다. 그런데 '나라'는 국민들을 정치, 경제, 사회, 문화 모든 면에서 위기로 몰아넣는 이상한 나라라는 점에서 극히 부조리하다. 곧 '나라' 안에는 '이상한'이 내포되어 있는 셈이다.

동화 속의 '앨리스'는 현실에서 출발해서 이상한 나라에서 환상적 모험을 펼치고 현실로 되돌아온다. 그러나 동화의 앨리스와 달리 영화의 앨리스 수남(이정현 분)은 출발점과 똑같은 현실로 돌아올 수 없다. 수남에게는 상식과 논리와 이성으로는 이해할 수 없는 이상한 나라의 삶이 계속된다. 수남은 급기야 '목을 쳐라'를 계속 외쳐대는 동화 속 카드 나라 여왕처럼 사람을 여럿 죽이기도 한다. 성실한 수남이 어느새 살인자가 된 것을 보아야 하는 불편함을 통해 영화는 관객들을 환상이 아닌 현실의 진실에 다가가게 한다.

본 연구에서는 〈성실한 나라의 앨리스〉가 자본과 상업성과 남성으로부터 독립성을 확보하고 만들어졌다는 점을 영화 분석의 출발점으로 삼고 다음을 중점적으로 고찰하고자 한다. 첫째, 이 영화가 여주인공이 이끌어가는 서사이며 소박한 행복을 꿈꾸던 평범한 인물 수남이 주체가 되어 세상과 맞서 투쟁해나간다는 점에서 여성영화의 가능성을 타진하고자 한다. 여성영화의 정의는 매우 광범위하지만 우선 여성이 만든 영화라는 감독의 성별적 기준에 의한 관점은 제외하고자 한다. 감독의 성별이 아니라 세상과 여성을 바라보는 감독의 인식과 실천이 더 중요하다고 보기 때문이다. 본 연구에서는 소수집단으로서의 여성 주체를 강조하는 영화, 여성주의 공동체를 낳기 위해서 기존의 형식, 시기, 문화의 경계를 가로지르며 새롭게 영화의 지형을 만드는 영화[10]를 여성영화로 정의하고자 한다.

둘째, 영화의 장르와 표현의 특성을 통해 작품의 의미로 나아가고자 한다. 포스터에서 '생계 밀착형 코믹 잔혹극'을 표방한 이 영화가 공포영화의 특성을 가미한 블랙코미디라는 점을 여성영화의 시각과 연결하여 분석하려 한다. 여성이 공포영화에서 단순한 희생자가 아니라 여성괴물로 재현됨으로써 타자가 아닌 주체로 존재한다는 점에서 여성영화와의 접점이 있기 때문이다. 다만 촬영 기법이나 편집을 포함한 영화 특유의 기술적인 측면보다는 서사와 주제에 대한 내적 탐구에 집중하고자 한다.

셋째, 영화와 현실의 연관성을 고려하고자 한다. 현실을 반영하는 영화는 권력투쟁의 장이며 계급, 인종, 성, 민족과 같은 사회, 역사적 맥락에 따라 다양한 가치가 충돌하는 영역이며 저항의 한 지점[11]이다. 이러한 관점에서 신자유주의가 극대화된 사회에서 노동자계급인 수남

---

10 앨리슨 버틀러, 『여성영화』, 김선아 · 조혜영 역, 커뮤니케이션북스, 2011, 1~2쪽.

11 조안 홀로우크 · 마크 얀코비치, 『왜 대중영화인가』, 문재철 역, 한울, 1999, 8쪽.

부부가 겪어야 하는 삶의 비극성을 고찰하고자 한다. 또한 오랫동안 가부장 사회를 유지해온 한국 사회에 가모장 혹은 여가장이 등장하는 현실을 남성 가부장의 몰락과 연결하여 분석하고 영화라는 현실 반영의 예술에서 그러한 변화가 갖는 의미도 찾아낼 것이다.

2. 가부장의 몰락과 여가장의 등장

1) 거세된 남성과 가부장의 몰락 – 심화되는 자본주의 사회와 노동자의 비극

(1) 타자에서 주체로 이행하는 서사구조

〈성실한 나라의 앨리스〉는 '심리치료, 님과 함께, 신혼여행'이라는 소제목을 가진 3개의 챕터로 구성되는데 수남이 심리치료사를 만나러 가는 것으로 첫 장면이 시작된다. 소형 오토바이의 바퀴, 백미러에 비친 수남의 모습, 낡은 구두, 더러운 면장갑을 낀 손, 계단을 오르는 발 등 파편화된 모습들은 수남의 출구 없는 상황과 복잡한 마음의 시각적 표현이다. 상담사 경숙이 일을 마감하려는 순간 들이닥친 수남은 상담사를 묶어놓고 복어 독에 버무려진 생선을 먹인 후 자신의 이야기를 시작한다. 자기를 죽이러 온 특별한 내담자인 수남의 이야기를 들어주는 것이 불친절한 상담사에게 주어진 마지막 심리상담이자 최초의 진지한 상담이었다.

두 번째 챕터 '님과 함께'는 남편 규정(이해영 분)이 식물인간이 된 이후 더욱 돈이 필요해진 상황에서 수남이 재개발에 모든 희망을 걸고 애쓰는 과정을 그리고 있다. 남편을 존엄사 시키라고 하는 의사와 맞서기 위해서 수남은 돈이 필요하다. 수남이 재개발의 형평성 문제나 부당함 혹은 자기의 거짓된 행위 등에 대해서는 이성적인 판단이 없이 돈에 맹목적이 되고 살인까지 하게 되는 이유는 남편의 생명과 관계되어 있다. 남편을 지키려는 욕망은 육체적·정신적·도덕적 고난에 처한 수남의 유일한 버팀목이다. 그의 진실한 사랑과 성실한 삶의 자세가 오히려 자기가 처한 현실의 문제를 제대로 파악하지 못하게 하고 이기심으로 나아가게 하며 윤리의식마저 사라지게 한다는 점에서 문제적이지만 그 살인이 자기의 생명이 위협받는 상황에서 정당방위로 행해지기 때문에 비난보다는 동정의 시선으로 바라보게 된다.

19세기 이후 부르주아는 끊임없이 남편과 아버지에게는 경제적 부양을, 아내와 어머니에게는 성적 충성과 가정 중심성을, 자녀들에게는 순종을 가르치는 가족주의 이데올로기를 불러일으킴으로써 가족의 도덕적 이상을 옹호해왔다.[12] 그러나 오직 경제 문제에만 몰두하며 현실을 버텨야 하는 프롤레타리아 계급의 이야기인 〈성실한 나라의 앨리스〉는 기존의 가족주의 이데올로기와 반대되는 양상을 보여줌으로써 오래된 여성 억압의 이데올로기를 뒤집는다.

이 영화는 남성-주체와 여성-타자라는 해묵은 틀에 대한 저항인 동시에 현재 노동계급 여성은 가부장제보다는 경제적 계급의 차이에 의해 더 차별받는다는 사실을 강조한다. 노동계급 여성은 가난 때문에

---

12 미셀 바렛 외, 『페미니즘과 계급정치학』, 신현옥 외 편역, 여성사, 1995, 120쪽.

시네 페미니즘 : 가족은 없다

임신과 출산의 권리마저 박탈당하고, 생명의 위협을 받는 폭력 앞에서도 국가의 보호를 받을 수 없고 최소한의 생존권도 보장받을 수 없는 위기 상황에 처해 있음을 보여준다.

수남은 밖에서는 일의 종류를 가리지 않고 여러 가지의 노동을 하는 반면 집에서 요리를 하거나 청소를 하는 등의 일반적인 가사노동은 하지 않는다. 수남에게는 청소할 집이 없고 같이 음식을 먹을 가족이 없기 때문이다. 수남은 노동자로서 돈을 받고 남의 집을 청소할 뿐이다. 수남에게 청소할 집이 없다는 것은 영화의 엔딩에서 길 위에 서 있는 부부의 모습을 통해서 다시 한번 강조된다. 아무리 열심히 일해도 여성-노동자 수남에게는 집이라는 일상의 공간이 허용되지 않는 오늘의 한국 사회와 자본주의에 대한 비판적 시선을 볼 수 있다.

세 번째 챕터 '신혼여행'은 앞의 두 장에 비해서 짧지만 매우 대조적인 삶을 보여준다. 모든 일이 끝난 후, 곧 재개발로 돈을 벌고 방해세력을 모두 살해하고 병원비를 완납하고 수남은 비로소 미루어두었던 신혼여행을 떠난다. 첫 장면에서 작은 오토바이를 타고 혼자 불안하게 등장한 수남은 엔딩장면에서는 보다 안정적인 2인승 오토바이에 남편을 태우고 길 위에 서 있다. 길은 바다를 향해 나 있고 수남은 그동안의 삶에 찌든 모습에서 벗어나 있다.

바다로 난 길을 향해 서서히 달려가는 그들의 뒷모습은 성실하게 살아온 이상한 나라의 앨리스로서 지금-여기를 누릴 권리가 있는 당당한 여가장 수남을 재구한다. 주체-가장으로서 결여된 육체를 가진 남편을 위해 끝까지 헌신하며 가정을 지키려는 모습은 너무 성실해서 이질적으로 보이기도 한다. 그런 점에서 이 영화는 '잔혹'을 넘어 아이러니한 '코믹'을 달성한다. 다섯 명을 살해하고서야 비로소 이상세계인 바다로 신혼여행을 떠날 수 있게 된 수남 부부의 척박한 생은 리얼이라기보다는 코믹이라고 읽는 편이 더 나은데 그것이 실제로 그러한 사회에서 살아가고 있는 우리를 덜 비참하게 하기 때문이다.

영화에서 길은 로드무비와 버디필름으로 정의된다. 대개 남성들이 함께 길을 따라 여행하는 과정에서의 남다른 우정과 모험을 그리는 것이다. 그러나 여성이 길 위에 서는 것은 남성이 길 위에 서는 것과는 다르다. 남성과 가부장제 이데올로기가 바탕이 되는 가정과 집이라는 공간을 떠난 여성에게는 위험이 기다리고 있는 것으로 표현된다. 실제로 수남은 첫 장면에서 아주 작은 오토바이를 타고 길 위에 있다. 길 위에 있는 수남의 생이 불완전하고 위험하게 보이는 것은 남성이 보호하는 공간을 떠난 타자로서의 여성의 위기를 의미하기도 한다. 그러나 수남이 연약한 남편의 보호자로서 길 위에 있는 엔딩 장면은 수많은 고난을 이겨내면서 강인한 자아를 구축함으로써 완전한 주체로 변모한 수남을 보여준다. 타자의 서사에서 주체의 서사로 이동한 수남의 모습으로 영화는 마무리된다.

(2) 거세된 남성과 가부장의 몰락

엘리트로 살기를 기대하면서 고교시절 내내 많은 자격증을 땄지만 막상 컴퓨터를 다룰 줄 모르는 수남은 할 수 없이 컴퓨터가 없는 작은 공장에 취직한다. 거기서 규정을 만나게 되는데 청각장애가 있는 그의 결여된 몸은 가부장의 약화된 권력을 상징한다. 수남은 그와 함께 단란한 가정을 꾸리기를 바라지만 규정은 집장만이 먼저라고 판단하고 돈 버는 일에만 몰두한다. 공장 소음으로 청각이 점점 나빠지자 의사는 고액의 인공와우 삽입수술을 권한다. 수남이 고집을 부려 수술을 강행하지만 규정은 오히려 수술 후 인공와우의 오작동으로 기계소리를 듣지 못해 프레스기에 손가락을 모두 잃게 된다. 이후 수남은 남편의 몫까지 더 열심히 일을 하지만 그에 부담을 느낀 규정은 자살을 기도하고 식물인간이 되어 장기 입원한다.

성실과 근면에도 불구하고 부부의 삶은 점점 어려워지고 그러한 몰락의 과정이 철저한 자본의 논리와 맞물려 있다는 점에서 이 작품의 사회비판적 함의가 드러난다. 수남을 지배하는 결혼과 재개발이라는 두 개의 사건은 신자유주의의 영향으로 자본주의가 점점 심화되어 빈부의 격차는 더욱 벌어지고, 청년들의 경우 사랑과 결혼, 임신과 출산 등을 포함한 기본적인 생존마저 포기할 수밖에 없는 비극적인 한국 사회현실과 연결되어 있다.

몸에는 두 가지가 있다. 힘, 노동, 결단력, 충성심, 용기를 감싸고 있는 표준적인 몸인 하드 바디와 성병, 부도덕성, 불법 화학품, 게으름, 위험에 빠진 태아를 담고 있는 잘못된 몸으로서의 소프트 바디가 그것이다. 하드 바디는 백인과 남성의 몸이고 소프트 바디는 여성이나 흑인과 유색인의 몸이다. 하드 바디는 개인의 자아상을 넘어 영웅적이고 공격적이고 과단성 있는 국가적 성격과 국가 자체를 상징[13]하는데 여기서 '하드/소프트'는 '선/악', '우월함/열등함'과 동의어이다. 수남이 소프트 바디라는 것은 시각적으로도 명백하지만 남성인 규정 또한 소프

---

13 수잔 제퍼드, 『하드 바디』, 이형식 역, 동문선, 2002, 44쪽.

트 바디로 그려진다. 이 영화는 남녀의 성별이 아닌 자본주의에 의해 고통 받고 차별당하고 억압 받는 프롤레타리아 계급의 문제를 통해 신자유주의라는 극대화된 자본주의 사회를 지향하는 사회를 비판한다.

규정은 결여된 육체의 소유자라는 점과 경제력이 부족하다는 점에서 처음부터 한 가정의 가장으로서 든든한 버팀목이 되지 못한다. 규정의 불안한 남성성은 손가락이 모두 절단되는 사고를 당함으로써 더욱 약화된다. 손을 잃은 것은 노동력의 완전한 상실이자 경제력의 상실이고 나아가 가장으로서의 권력과 권위의 상실과도 연결된다. 손가락의 상실은 남성의 실질적인 거세이며 더 이상 가부장의 자리를 유지할 수 없는 위기가 된다. 거세된 남성은 가부장의 자리에서 물러나고 몸의 무용성은 존재의 무용성과 등가가 된다. 인간의 존엄을 유지할 수 없게 된 규정은 자살을 시도하지만 뜻을 이루지 못하고 식물인간이 된다. 규정이 청각 장애자이며 손가락이 잘린 남자이고 식물인간이라는 사실은 그가 상징적으로 거세된 남성이자 현실적으로도 몰락한 가부장이라는 의미다. 이렇게 남성이 육체적으로 무력화되고 심적으로 나약해지면서 오랫동안 남성에게 부과되어온 지배적인 남성 중심성이 허구였음을 드러낸다. 결여된 육체에 새로운 의미를 부과하여 남성주체를 재의미화하고 복구시킬 수도 있지만 이 영화는 그러한 남성 중심성을 옹호하거나 미화하지 않고 끝까지 냉정함을 유지한다.

그렇게 함으로써 이 영화는 남성 주체성과 여성 주체성으로 이분화해두었던 문화적 경계를 뛰어넘는다. 비로소 남성은 그동안 수동적인 희생자이자 피해자의 자리에 놓였던 여성을 공감할 수 있는 자리로 나아간다. 비록 남성이 식물인간이라는 대가를 치른다 할지라도 그 고통을 통해 주변부에 자리하게 되고 기존의 특권과 힘을 포기하는 남성의 새로운 이미지를 구현하며 결과적으로 남성과 여성의 이분화된 고정관념과 문화적 구현방식에 도전하는 영화로서 의미를 갖게 된다.

그동안 가부장제는 세상을 지배하는 절대적 원리로 군림해왔고 남성과 여성은 '능동적/수동적', '주체/타자'라는 대립 관계로 규정되어왔다. 영화는 여기서 더 나아가 남성을 가학적이며 관음증적인 존재로, 여성을 피학적이고 누군가에게 보여지는 존재로 재현해왔다. 그러나 〈성실한 나라의 앨리스〉는 수남의 남편 규정을 통해 남성 주체성의 중심에 놓인 '결여'를 강조하면서 남근적인 남성성이 허구임을 폭로한다.

사회는 급변하고 오랫동안 지배적이던 남성성이라는 확고부동한 관념은 위기의 남성성이라는 개념에 의해 잠식당하기 시작했다. 권력의 주체로서 여성을 억압하고 그 위에 군림하던 남성은 이제 달라진 사회에서 변화를 맞았다. 남성/여성이라는 이분화 된 개념은 계급과 인종, 섹슈얼리티, 나이 등 제도와 권력의 담론에 영향을 받아 변화된 남성성의 존재를 인정[14]하게 된 것이다. 어떤 점에서는 기존의 남성성의 위기가 도래한 것인데 이러한 위기는 우리가 이데올로기와 맺는 관계를 재고하게 한다. 곧 남성이 가족을 지배하는 전통적인 모델이라는 점이나 남성 주체에 대한 확고한 믿음이 해체되어 간다는 점에서 남성성의 위기는 오늘의 현실을 반영하고 재해석하게 한다.

---

14 쇼히니 초두리, 『페미니즘 영화이론』, 노지승 역, 앨피, 2012, 206쪽.

2) 여가장의 등장과 거세하는 여성/괴물
— 언술/행위의 주체가 된 여성

(1) 여가장의 등장과 거세하는 여성/괴물

수남은 규정과 결혼하면서 어렵지만 행복한 미래를 꿈꾼다. 그러나 수남은 규정의 결여된 육체에서 시작되어 점차 증폭되어가는 생활/생계의 고통을 짊어지고 살아야 하는 여가장, 곧 가부장(patriarch)에 대립되는 가모장(matriarch)이 된다. 수남에게 남은 것은 식물인간이 되어 장기 입원한 남편, 전세를 주고 자신은 살지도 못하는 집, 엄청난 양의 노동에도 줄지 않는 대출금과 암울한 미래뿐이다. 결국 마지막 희망인 재개발을 둘러싼 일에 얽히다가 살인자가 되기에 이른다. 수남은 왜 가모장이 되었나, 그리고 왜 성공적인 가모장이 될 수 없는가, 왜 살인자가 되었나 등의 질문에 답하기 위해서는 수남이 자기도 모르는 사이에 여성/괴물이 되어버렸다는 점과 이 영화가 코믹 잔혹 공포영화라는 장르적 특성을 연결해서 보아야 한다.

로빈 우드에 의하면 공포영화는 문명들이 억압하고 탄압한 모든 것의 귀환[15]이다. 공포영화에서 억압된 것은 괴물의 형태로 돌아오는데 괴물은 사회의 지배적 규율을 전복시킬 뿐만 아니라 우리 안에 억압된 것을 구현하기도 한다. 괴물은 우리 자신의 타자이자 사회의 타자이기도 하다. 특히 사회적 타자로서 상징화되는 범주들은 여성, 노동자 계급, 소수민족, 대안적 섹슈얼리티 등이다.

---

15 쇼히니 초두리, 앞의 책, 178쪽.

시네 페미니즘 : 가족은 없다

수남은 여성–노동자로서 사회적 타자에 속하는 인물이다. 그러나 현실에서 타자인 수남은 거세하는 여성–괴물이 되면서 공포영화의 주체가 된다. 거세하는 여성은 능동적인데 이는 여성이 본질적으로 수동적이며 희생자이며 피해자라는 가부장제적 고정관념에 도전한다는 점에서 의의가 있다. 거세하는 여성은 공포영화 중에서도 슬래셔 영화와 긴밀한 관계가 있다. 수남은 날카로운 칼을 들고 사람을 위협하고 죽이기도 한다. 피와 오물이 낭자한 화면의 중심에 있는 수남은 강인한 여성 주체로서 영화 내러티브를 이끌어간다. 여성영화를 정의함에 있어서 여성 주체성이야말로 가장 핵심적인 개념이라는 점을 고려할 때 수남이 여성괴물로 변해가는 과정이 여성으로서의 주체성을 세우고 강화해가는 과정과 동일하게 진행된다는 것은 주목해야 할 지점이다.

영화에서는 전통적으로 남성은 움직이고 여성은 정지한다는 '운동과 정지'라는 이항대립으로 남성의 우월성을 확립시켜왔다.[16] 그러나 여기서는 처음부터 끝까지 여성이 남성에 비해 육체적으로 우월하다는 것을 보여준다. 여성의 기동성과 힘과 자유를 강조함으로써 여성은 남성 응시의 수동적 대상에서 벗어난다. 여가장이 된 수남은 점차 자신에게 위험한 존재로 다가오는 주변 사람들을 살해하는 여성–괴물이 되어간다. 공포영화에서 여성–괴물의 긍정적 의미를 구현하는 인물로서 한국 영화에서 새로운 여성인물을 보여준다.

수남의 주위에는 그녀의 생존을 위협하다 못해 살인자로 만들고 그 희생자가 되는 다섯 명의 인물들이 있다. 그들은 모두 수남보다 힘의

---

16 타니아 모듈스키, 『너무 많이 알았던 히치콕』, 임옥희 역, 여이연, 2007, 164쪽.

우위에 있던 인물들이며 수남을 위협하며 고통을 주던 사람들이다. 남편의 병원비를 내기 위해 돈이 필요한 수남에게 유일한 출구였던 재개발이라는 이슈는 그것에 내재된 경제적·사회적 의미나 공정성 같은 것은 무의미했다. 존엄사의 위기에 처한 남편의 목숨을 구할 돈이 필요한 수남에게 있어서 재개발은 무조건 이루어져야만 하는 당위성을 가진 절대선이었다.

그 목표를 향해 나아가는 수남에게 적대세력은 시위를 주도하는 도철(명계남 분)과 경숙(서영화 분)과 그의 하수인 노릇을 하는 형석(이주혁 분)이다. 군복을 입은 원사로 등장하는 도철은 시위로 먹고사는 인물로서 정의를 빙자하여 자신의 이익만 추구하는 우리 사회의 일부 폭력적인 세력을 대표한다. 어렵게 동네 주민들에게서 서명을 받은 종이가 그에 의해 모두 사라지는 순간 수남은 분노한다. 이때까지만 해도 수남은 자신에게 그를 대적할 힘이 있다는 것을 깨닫지 못했다. 우연한 화재와 그의 사망을 통해 수남은 자신을 괴롭히는 사람에게 대항할 수 있다는 것을 어렴풋이 알게 된다. 폭력적인 세력의 대표자가 죽는 이 사건은 연약해 보이는 여성 수남에게 내재한 힘을 일깨워준다.

분노조절장애를 가진 세탁소의 형석은 도철보다 더 폭력적인데 수남을 가두고 다리미로 고문하고 세탁기에 넣어 돌리는 등의 무자비한 폭력을 행사한다. 생명의 위협을 느낀 수남은 어쩔 수 없이 두 번째 살인을 하고 세탁소에서 탈출한다. 고시원에 도착한 수남은 자신을 기다리던 두 명의 형사도 할 수 없이 죽이게 된다. 식물인간이 된 남편을 지키기 위해서 수남은 어떻게든 살아남아야 하는 것이다.

시간 순서로는 마지막 살인인 주민 시위의 배후자인 상담사 경숙을 찾아가는 것이 영화의 첫 장면이다. 수남은 경숙에게 복어 독을 먹이고 죽어가는 그녀 앞에서 왜 자기가 이렇게 살인까지 하게 되었는지 자기의 일생을 경숙에게 털어놓는다. 수남의 자연스럽고 때로 간절한 화법 때문에 실제로 경숙과 상담을 하고 있는 것처럼 보인다. 불친절하고 불성실한 무료 상담사 경숙이 유일하게 진실한 태도로 내담자의 말을 들어주는 상황이 죽음을 앞에 두고서야 가능함을 보여주는 이 장면은 심리치료라는 제목에 담긴 인간과 인간 사이의 교감과 공감의 불가능성을 보여준다. 자본을 동반하지 않은 '무료'라는 방식은 노동의 성실성과 연결되지 않는 것이다.

수남이 자기 이야기를 고백하는 형식의 내러티브는 수남이라는 인물의 진정성을 드러내 보임으로써 관객에게 동정과 공감을 불러일으킨다. 일인칭 주인공 시점으로 이야기를 들려주는 이 서사는 삭막한 도시에서 살아가는 한국의 N포세대의 비극을 잘 보여준다. 수남은 사람을 다섯 명이나 죽인 살인자가 아니라 아무리 노력해도 가난을 벗어날 수 없는 자본주의 사회의 절망적인 젊은이로 다가온다. 살인자와 피해자의 경계선상에서 수남은 아브젝트한 여성으로 구현되며 공포영화의 주인공이면서도 친근감을 주는 이상한 인물이 된다.

수남이 언술의 주체이며 행위의 주체가 된다는 점에서 이 영화는 여성영화로 자리매김한다. 수남은 경숙을 살해하는 주체이며 자신의 이야기를 하는 언술의 주체이며 과거 속에서도 역시 행위의 주체로 서 있다. 대개의 영화에서 여성은 행위의 주체도 언술의 주체도 되기 어렵다. 영화를 찍는 주체는 여성보다 남성이 많고 그들은 자신이 주체가 되는 삶에 관해 언술하기 때문이다. 결국 남성은 행위의 주체이자 언술의 주체가 되는 내러티브의 총괄적 주체로서 영화를 만드는 것이다. 그런 영화에서 여성은 남성의 시선과 응시에 의해 소유되고 시선의 교환에서 통제된다.[17] 그런 경우의 여성은 현실이나 사회와 어떠한 갈등이나 마찰도 빚지 않는다. 그녀는 힘을 소유할 필요성이 없기 때문에 갈등도 없다. 오직 힘의 소유자인 남성을 찾음으로써 그녀의 목적은 달성된다는 남성 중심적 이데올로기가 드러나는 것이다. 이렇게 볼 때 수남이 언술과 행위의 주체가 되는 것은 새로운 가치를 구현하는 지점이 된다.

영화에서 세 가지의 시선―카메라, 남자주인공, 남자 관객―은 여성을 하나의 동일한 대상으로 하고 이 시선의 릴레이를 통해 남자 관객은 여성을 대상으로 소유하게 된다.[18] 시선의 주체인 남자주인공은 내러티브를 진행시키고 영화의 시선을 통제한다. 남자 관객은 남자 주인공과 동일시됨으로써 카메라의 시선과 일치된다. 그러나 이 영화에서 내러티브를 이끌어가는 사람은 수남이며 카메라의 시선은 상당 부분 수남의 시선과 일치된다. 이와 같이 주인공, 카메라, 관객에게 일어나는 시선의 불일치는 영화의 몰입보다는 외부의 시선을 가능케 함으로써 영화가 보여주는 사건을 문제적으로 보게 한다. 무비판적인 동화가 아니라 소외효과를 이용한 현실 비판적 시각으로 나아가도록 하는 것이다.

---

17 서인숙, 『영화 분석과 기호학』, 집문당, 1998, 184쪽.
18 이수연, 『메두사의 웃음』, 커뮤니케이션북스, 2004, 88쪽.

(2) 공포영화의 주체이자 언술/행위의 주체

이 영화는 포스터에 '생계 밀착형 코믹 잔혹극'이라고 영화의 장르를 명시하고 있다. 평범한 여자 수남이 무려 다섯 명을 살해하는 살인자가 되는 과정은 오늘의 한국 사회의 현실을 잘 반영하고 있다는 점에서 사실적이지만, 살인의 방식이나 과정이 낯설다는 점에서 코믹에 가까운 의외성을 볼 수 있다. 날카로운 칼이 중요한 소도구로 등장하는데 칼은 사람을 죽이기 위한 독을 얻기 위해 복어를 다듬는 데 쓰이고 사람을 위협하거나 죽이는 데도 사용된다. 그 칼이 집에서 사용하는 식칼이나 과도라는 점에서 살인의 무기가 극히 일상적인 우리의 삶 속에 공존하는 비극적 기호가 된다. 반복되는 칼과 낭자한 피는 슬래셔 영화의 스타일을 떠올리게 한다.

슬래셔 영화는 미치광이 살인마가 칼이나 다른 절단의 도구들을 사용해서 많은 사람을 살해하는 영화[19]로 정의된다. 사이코패스로 등장하는 살인자, 희생자들이 갇히는 집이나 터널 같은 무서운 장소, 살인자를 차례로 죽이는 이야기, 공포를 견디고 살아남는 최후의 여성 등이 주요 특징이다. 그 최후의 여성은 남성에게만 허용되는 능동적인 탐구의 시선을 갖고 있으며 지략이 있고 지적이며 치명적인 여성 거세자이다.

여가장 수남은 남편을 제외한 주요 등장인물들을 차례대로 모두 죽이고 마지막까지 남은 최후의 여자로서 거세하는 여성/괴물이 된다. 여성이 비폭력적이며 평화적이라는 생각은 오랫동안 가부장제 이데올

---

19 바바라 크리드, 『여성괴물』, 손희정 역, 여이연, 2008, 235쪽.

로기가 여성을 지배하는 데 사용되었으며[20] 공포영화는 이러한 관념에 도전한다는 점에서 페미니즘과 연결된다.

공포영화는 처음에는 무기력한 희생자로서의 여성, 비명을 지르는 백인 여성이 주는 아름다움 등에 초점을 맞춤으로써 여성을 언제나 나약한 타자로 규정해왔다. 그러나 슬래셔 영화에서 여성은 남성적 여주인공으로서 강인한 주체로 설정되었으며 나아가 여성/괴물로서 남성을 두려움에 떨게 하는 남성 거세자로서의 여성으로까지 변모해왔다. 바바라 크리드는 줄리아 크리스테바가 제시한 아브젝션이라는 개념을 공포영화에 접목시켜 이것이 여성 섹슈얼리티를 괴기스럽게 재현하는 가부장적 담론을 드러낼 수 있는 토대가 된다[21]고 지적한다.

첫째, 〈성실한 나라의 앨리스〉에는 아브젝션의 이미지가 풍부하게 나타난다. 시체, 피, 구토, 땀, 침 등의 배설물이 즐비해서 역겨움과 더러움의 효과를 준다. 수남이 다섯 명을 잔인하게 살해하는 장면들, 규정이 공장에서 손가락이 모두 절단되는 상해를 입는 장면, 수남이 세탁소 김사장에게 잡혀가서 고문을 당하는 장면, 규정의 귀 수술 장면과 자살 시도 장면, 수남이 주머니에서 규정의 손가락을 꺼내는 장면 등 영화에는 시체가 즐비하고 피와 침이 흘러넘치며 관객에게 시각적 고통을 준다. 이 장면들은 역겹고 두렵지만 그 끔찍한 현실 안에서 살아가는 수남이라는 인물의 최선을 다하는 진지함과 성실함 때문에 외면할 수 없는 일종의 외경심을 동반한다.

---

20 쇼히니 초두리, 앞의 책, 198쪽.
21 서인숙, 『씨네 페미니즘의 이론과 비평』, 책과길, 2003, 187쪽.

둘째, 공포영화에서는 괴기성을 구성하는 데 경계선 개념이 중심이 되는데 경계선을 위협하거나 건너뜀으로써 아브젝트가 나타난다. 수남은 선한 것과 악한 것 사이의 경계에 있다. 중학교를 졸업할 때 여공과 엘리트 사이의 경계에 있던 수남은 엘리트를 선택하여 고등학교에 진학하고 열심히 자격증을 따지만 엘리트가 되지 못하고 저임금 노동자가 된다. 결혼을 했지만 결혼생활을 정상적으로 하지 못하고 식물인간인 남편을 병원에 둔 채 그 뒷바라지만 하며 살아간다. 결국 수남은 결혼과 비혼의 경계에 있으며 여성과 남성의 경계에 있고 가장과 여가장의 경계에 있으며 주체와 타자의 경계에 있다. 이렇게 수남이라는 인물은 어느 한쪽에 완전히 속해 있지 않고 경계선상에 있으며 경계를 모호하게 만드는 존재라는 점에서 문제적인 인물이다.

인간사회가 규정하는 정상과 비정상을 구분 짓고 경계 지음으로써 발생하는 두 영역 간의 충돌과 대립에서 공포가 유발[22]된다. 공포영화는 신체를 중심으로 아브젝트한 신체를 구분하는 데 상징적인 남성 신체보다 모성적 기능으로 인해 자연적 신체에 가깝다고 인식되는 여성의 신체가 더 아브젝트한 신체로 간주된다. 그러나 수남의 신체는 모성성으로 드러나지는 않는다. 대출받아 마련한 집에 살지도 못하고 전세를 준 수남이 전세금을 올려 받으러 방문했을 때 세입자는 아기가 있으면서도 또 임신 중인 몸으로 수남을 맞이한다. 수남의 불행한 결혼은 자기 집을 차지하고 살면서 임신까지 한 세입자의 몸을 통해 상대적인 박탈감을 드러내는 몸으로 구현된다.

22 위의 책, 188쪽.

고등학교 시절 선생님은 수남의 예쁜 몸이야말로 자격증보다도 더이 사회에서 차별화되는 유용한 자산이 될 수 있음을 일깨워준 바 있다. 그러나 성실한 수남은 자신의 몸에 관심을 기울이는 대신 여성적인 몸을 남성적인 몸으로 여기고 성적인 몸이 아닌 극한의 노동하는 몸으로 길들인다. 여성의 몸이 모성적 몸을 거부하고 남성적 노동자의 몸이 되었다는 것은 정상에서 비정상으로 넘어가는 경계에 존재하는 몸이라는 의미에서 아브젝트한 신체라 할 수 있다. 아무리 열심히 일해도 계속 부족한 돈을 벌기위해 남편을 부양하기 위해 약한 몸을 가졌지만 두 사람 몫의 노동을 한다. 그래서 수남은 '불쌍한' 여자가 되지만 그래서 또 '위험한' 여자가 된다.

실제로 수남은 재개발이 되어 집값이 올라야만 남편의 병원비를 낼수 있고 남편을 의사와 자본이 권하는 허울 좋은 존엄사로부터 지켜낼수 있다. 그 유일한 목표와 희망을 지키기 위해서 살인자가 되어야 하는 수남은 남성을 거세하는 여자가 되고 위험한 여성/괴물이 된다. 영화의 공포는 수남이 선과 악의 경계를 허물고 정상과 비정상의 경계를허물고 여성/타자와 남성/주체의 경계를 허물어가는 강력한 힘을 보여준다는 점에서 발생한다. 수남은 이 사회를 정상적으로 유지하려는 기득권 세력에게 위기의식을 불어넣는 위험한 인물인 것이다. 〈성실한나라의 앨리스〉가 생활 밀착형/코믹/잔혹극이 되는 이유가 바로 이 지점에서 설명된다.

3. 결론

〈성실한 나라의 앨리스〉는 신자유주의의 영향으로 자본주의가 팽배한 현대 한국 사회의 다양한 문제점을 비판적으로 보는 독립영화이다. 특히 본 연구에서는 이 영화의 주인공 수남이 여성/타자에서 가장/주체로 이행하는 것을 중요한 특성으로 보았다. 여성과 남성을 이분화 하는 관점을 타파하는 과정과 이유를 분석하고 영화의 내적 원리와 외적 요인을 종합적인 시선으로 통합하는 가운데 내린 결론은 다음과 같다.

첫째, 〈성실한 나라의 앨리스〉는 주류의 이데올로기를 거부하고 아버지의 법에 대항하여 싸우는 독립영화이다. 상업영화는 라캉식으로 말하자면 아버지의 법을 따르는 영화다. 은연중에 사회를 지배하고 이끌어가는 기존의 제도, 법률, 체제 등과 같은 규범세계로 진입시켜 보편적인 의식을 유지하도록 한다. 반면 독립영화는 자유로운 상상력으로 기존의 사고에 얽매이지 않고 탈중심적인 내용과 주제와 표현을 선택한다. 그래서 많은 관객을 동원하는 대신 문제적인 시각을 드러낸다. 관습적인 영화는 대중들의 고정관념을 흔들어주지 못하기 때문에 새로운 충격과 각성으로 다가설 수 있는 예술적 책무를 수행하기 어렵다.[23] 독립영화의 실험적 가치는 대타자에 대한 거부감과 혐오를 통해 당대의 삶의 질서에 놓인 부정성을 표출하지만 이를 통해 삶의 진정성에 대한 성찰을 강조한다. 〈성실한 나라의 앨리스〉의 정체성은 기존 영화의

---

23 안상혁 · 한성구, 『중국 6세대 영화, 삶의 본질을 말하다』, 성균관대학교 출판부, 2008, 24쪽.

체제와 고정관념으로부터 자유로운 독립영화라는 점에서 비롯된다.

둘째, 〈성실한 나라의 앨리스〉는 신자유주의라는 경제원리가 이끌어가는 사회에서 약자가 어떻게 내몰리는지를 비판적 시선으로 그려낸다. 신자유주의는 삶의 모든 영역에서 시장적 가치를 강조한다. 신자유주의의 무한 자유 경쟁에 기반하는 경제원리는 윤리와 도덕보다는 자본을 극대화하여 자본주의를 확산시킨다. 이윤의 확대라는 정당성에도 불구하고 이것은 빈부의 격차를 심화하고 약자의 최소한의 평등권도 보호하지 못함으로써 많은 문제를 야기한다. 이 영화는 '자본주의 경제는 규제가 없으면 제대로 작동하지 못하며, 우리에게는 착한 행동을 강요할 누군가가 필요하다. 왜냐하면 모두가 선의를 갖고 있는 것도 아니고 모두가 공익 정신을 갖고 있는 것도 아니기 때문이다. 따라서 우리에게는 사람들의 행동을 제한할 규칙이 있어야 한다.'[24]는 신자유주의에 대한 비판을 되새기도록 한다.

또한 영화가 현실과 분리된 예술이 아니라 이데올로기의 산물이며 경제적 관계체계의 산물이라는 마르크스주의적인 시각[25]을 보여준다. 선량하게 법과 질서를 지키며 살아가려는 사람이 범법자가 되고, 평범한 여성이 혐오감과 공포를 주는 존재로 바뀌며 가해자와 피해자의 경계가 무너지는 양가성을 보여주는 이 영화는 오늘의 한국 사회 곧 모순적이고 복잡하며 이상한 나라인 '성실한 나라'에서 살아가는 '앨리스'

---

24 로버트 쉴러, 〈부동산 거품의 역습 서브프라임 위기〉, KBS스페셜, KBS 1TV, 2008.1.27.

25 유지나 · 변재란, 『페미니즘/영화/여성』, 여성사, 1993, 15쪽.

인 수남을 통해 비판적인 시선을 요구한다. 영화와 주인공은 더 이상 환상의 세계를 반사하는 비현실적인 세계가 아니라 현실의 문제를 비판적으로 응시하는 주체가 되어야 함을 시사하고 있다.

셋째, 〈성실한 나라의 앨리스〉는 남성 부르주아 영화에 대항하는 영화이다. 여성을 관음증의 대상과 물신 숭배적 대상으로 타자화하는 기존의 영화의 모순을 극복하고 여성의 새로운 정체성을 보여준다. 그동안 영화에서 그려지던 왜곡된 여성상과 거짓된 정체성에서 벗어나 있다. 영화 속 여성은 남성보다 열등하고 남성에 의해 가치 평가되며 감정적이고 주체가 되지 못하며 생물학적인 성에 의해 구속되고 섹스여신, 매춘부, 사랑받는 부인, 탕녀 등의 정형화된 존재로 그려지는 것에서 벗어나 공포영화의 주인공인 여성/괴물로서 카리스마를 가진 주체로 그려졌다. 진정한 여성 이미지의 부재를 극복하고 진실하고 치열하고 성실한 삶을 이끌어가는 여성상의 재현을 보여주는 영화로서 의미가 있다.

경제적으로 어려운 상황에서도 결여된 남성인 규정을 남편으로 선택하고 식물인간이 된 남편을 지키기 위해 끝까지 최선을 다하는 수남은 가족이 무너져가는 물신주의의 시대에 진정한 사랑을 간직하고 실천하는 진실한 인물로서 물화된 세계에서도 끝까지 삶의 진실이라는 가치를 구현하고 있다. 타자에서 주체로 이행하는 기본적인 힘은 바로 이러한 지점에서 오는 것이다. 이러한 가치의 추구를 영화의 장점으로 보고 본 연구에서는 이 작품을 '여성/타자에서 가장/주체로 이행하는 여성영화'로 요약하고자 한다. 남성이라는 다수이자 기득권 세력에 비해 소수자에 속하는 여성 주체를 강조하는 영화, 기존 영화의 형식과 내용과 표현을 가로지르는 새로운 화법을 지닌 여성영화라 할 것이다.

제2부 그럼에도, 가족은 있다

제5장
낯선 타자와의 조우와 정동의 힘

〈미씽 : 사라진 여자〉

〈미씽 : 사라진 여자〉는 낯선 타자와의 조우를 통한 관계 맺음의 과정과 미래적 비전을 내포한 정동의 힘을 보여준다. 남성 중심적이고 가부장적이며 물신주의적이고 계급사회적인 타락한 세상과 대적하여 온몸으로 맞서는 두 여자의 힘은 내면 깊은 곳에 자리한 인간으로서의 진실에서 온다. 그들은 처음에는 거주민과 이주자로서 고용주와 고용인으로서 주체와 타자로서 만나지만 아기를 찾으려는 추적 과정을 통해서 서로가 똑같은 엄마이고 여성이며 타자이고 정동 소외자였음을 알게 된다. 그들은 이주자에 대한 편견 없는 태도와 자매애와 모성을 통해서 타자에 대한 동정이나 연민이 아닌 진실의 접점을 구현한다. 타인의 고통에 깊이 정동되고 타인의 슬픔을 정동하는 관계의 형성을 통해 더불어 살아가는 비전을 제시했고 고결한 주체로 서게 된다. 두 여성을 통해서 보다 긍정적인 방향으로의 이동이라는 '되기'가 구현되었고 현재의 이주자문제에 내포된 비극성이 점진적인 낙관의 방향성을 가질 수 있다는 가능성도 보여주었다.

낯선 타자와의 조우와 정동의 힘
〈미씽 : 사라진 여자〉

1. 서론

한국 영화에서 여성이 주인공으로 등장하는 경우는 매우 드물다. 2016년 관객 수 기준으로 20위 안에 든 영화 중 여성이 주인공으로 등장하는 작품은 〈덕혜옹주〉, 〈아가씨〉, 〈귀향〉 세 편이고 2017년에는 〈아이 캔 스피크〉 한 편뿐이다. 이 네 편의 영화 중 〈덕혜옹주〉, 〈귀향〉, 〈아이 캔 스피크〉는 각기 덕혜옹주와 위안부라는 역사적 소재를 다루고 있고 〈아가씨〉[1]는 외국 소설을 각색한 영화인데 네 편 모두 일제강점기와 연관되거나 배경으로 삼고 있다. 오늘 여기의 평범한 여성의 삶을 반영한 영화는 거의 없는 셈이다. 여성은 과도한 비극적 역사의 희생양으로 등장하거나 극히 특수한 인물일 경우에만 주인공으로 설 수 있는 영화계의 현실을 보여준다.

1 　세라 워터스, 『핑거스미스』, 최용준 역, 열린책들, 2006.

이러한 맥락에서 '복수'가 핵심 모티프이면서 여성이 주인공으로 등장하는 작품들이 있다. 박찬욱의 〈친절한 금자씨〉(2005), 방은진의 〈오로라 공주〉(2005), 장철수의 〈김복남 살인사건의 전말〉(2010)에 이어 최근의 영화로는 이경미의 〈비밀은 없다〉(2016), 이언희의 〈미씽 : 사라진 여자〉(2016)[2], 정병길의 〈악녀〉(2017), 이안규의 〈미옥〉(2017) 등을 들 수 있다.

여성은 왜 이토록 잔혹한 복수의 주체로 나서는가. 우선 여성에게 강렬한 역할을 부여함으로써 상업성을 담보하고자 하는 영화산업적인 측면에서 그 이유를 찾을 수 있다. 이는 여성인물도 남성에 버금가는 강한 주인공이어야만 흥행에 성공할 수 있다는 한국 영화의 고정관념에 기인한 것이다. 또한 남성 중심적 사회에서 여성이 피해자의 자리에 처하게 되었을 때 공정한 심판이 어렵기 때문에 여성이 스스로 자신의 문제를 해결하려 하는 현실도 이러한 여성인물의 등장을 뒷받침한다. 또한 이 여성 복수극들은 모두 모성성과 연계되어 있다는 공통점이 있다. 그러나 여성인물의 구축에 있어서 모성성에 대한 과도한 집착은 여성에 대한 그릇된 인식으로 이어질 수 있다는 점에서 문제적이다. 여성인물의 가장 큰 동력이 모성성이라는 인식은 여성을 획일화된 남성 중심적 시선 안에 가두는 동시에 개별적 존재로서의 여성인물을 몰개성화 할 우려가 있다. 흔히 생각하듯 모성성은 자녀와 어머니의 관계가 아니라 오히려 여성과 남성의 힘의 논리에 기반을 둔 정치적인 관계일 수도 있는 것이다.

---

2 홍은미 각본, 이언희 감독. 1,153,201명 관람.

여성 복수영화의 일반적인 흐름 안에서도 복수의 주체로서의 여성 인물들은 조금씩 다른 양상을 보여준다. 특히 본 연구에서는 확연하게 달라진 여성/관계를 보여주는 〈미씽〉에 나타난 여성들의 진실을 규명하고자 한다. 〈미씽〉은 두 여자 지선(엄지원 분)과 한매(공효진 분)의 이야기다. 홍보회사에서 일하는 커리어 우먼 지선은 어린 딸을 둔 중산층 여성으로 의사인 남편과 이혼한 후 양육권 문제로 위기에 처해 있다. 아기를 키우는 일도 어렵고 남편과의 관계도 원만하지 못하며 그 모든 희생을 무릅쓰고 하는 업무에서도 자신의 존재감을 구현하기는커녕 모멸감에 시달린다. 영화는 한국 사회에서 어린 아기를 가진 여성이 일을 갖고 자신의 능력을 발휘하며 살아가는 것이 얼마나 힘겨운지를 비판적으로 보여준다.

지선은 보모 할머니가 사고로 아이를 돌보지 못하게 되자 급히 사람을 구하게 된다. 미처 신원을 확인하지도 못하고 고용한 중국인 이주 여성 한매는 기대 이상으로 충실한 보모가 되어 지선을 안심시킨다. 그러던 어느 날 한매가 딸과 함께 홀연히 사라진다. 영화는 '사라진 여자' 한매가 집을 나간 목요일부터 그들이 다시 만나는 월요일까지 이들을 찾기 위한 지선의 5일 간의 여정을 그린다. 이 과정에서 국적과 직업과 지위와 학력과 경제력과 가족관계 등 모든 면에서 상반된 위치에 있는 듯 보였던 두 여자가 실은 엄마로서 아내로서 나아가 여자로서 똑같은 고통에 처해 있음을 깨닫게 된다. 두 여자는 서로 거울관계였던 것이다. 본 연구에서는 이 영화를 '정동'을 토대로 하여 분석하고자 한다.

정동은 오랫동안 실존주의와 구조주의를 중심으로 전개되어온 현란한 서구 이론들의 범람이 서서히 잦아든 자리에 들어서기 시작했다. 단일하게 정의하기 어려운 다양성을 내포한 개념이지만 그간 학문의 영역을 지배해오던 정신과 이론의 자리를 대신할 수 있는 몸과 정서의 측면이 강조된다는 것이 특성이다. 가장 유사한 단어로는 감정을 들 수 있지만 이와 구별하여 굳이 정동이라는 용어를 사용하는 것은 몸의 용어인 정동을 강조하려는 것이다. 기본적으로 몸에 속하는 정동은 '정신에 대한 몸의 반란'[3]이라고 요약할 수 있다. 정동은 이분화 된 기존의 세계관에서 벗어날 수 있는 새로운 사고방식을 제공할 뿐 아니라, 기분과 정서와 몸과 같은, 기존에 폄하되었던 여성의 젠더적 특성과도 연결된다는 점[4]에서 페미니즘에서 중요한 관점이기도 하다.

들뢰즈에 의하면 정동이라는 용어는 스피노자의 『에티카』에서 연원하는 철학적 혹은 윤리적 개념어이다. 들뢰즈는 정동을 정서로부터 구분하는 동시에 사유의 재현적인 양식인 관념과도 구분해 그것을 비재현적인 모든 사유양식이자 관념들에 의해 결정되는 존재 능력의 연속적인 변이로 규정한다. 즉 정동은 이성의 산물인 언어로 재현될 수 없거나 언어적 재현을 초과한 사유양식으로서 이를 통해 행동의 변화가 촉발되는 것이 핵심이다. 인간은 환경/세계와 타자와의 마주침(조우, encounter) 속에서 끊임없이 관계성을 형성[5]하고 이에 의한 정서적 반응에 의해 존재 능력은 변화한다. 정동은 개인의 주관적인 정서이자

---

3 김지영, 「오늘날의 정동이론」, 『오늘의 문예비평』, 낯선청춘, 2016.3, 363쪽.
4 이는 여성이 좀 더 열등하다는 생각과 성의 차이가 기존의 사상에서 중심이 되어 온 일련의 이분법적 차이들을 통해 강조되어왔다는 점과 연결된다.
5 질 들뢰즈 외, 『비물질 노동과 다중』, 서창현 외 역, 갈무리, 2014, 23쪽.

이에 머무는 것이 아니라 운동적 이행적 측면을 갖는 것으로 자아와 타자 간의 상호 영향 관계를 전제[6]한다.

　결국 들뢰즈의 재해석은 스피노자를 기본으로 하면서 몇 가지 중요한 사항을 환기시킨다. 첫째, 정동은 신체들이 영향을 주고 받는 관계를 말한다. 신체들은 끝없이 정동하고 정동 받는다. 둘째, 정동이 상태의 이행 곧 '되기'에 관한 것이라는 점이다. 예를 들어 'a → b → c'에서 항과 항 사이의 화살표는 연속적인 지속, 사이, 이행, 차이를 표현한다. 셋째, 정동의 윤리학에 관한 것이다. 특히 스피노자의 윤리학은 우리의 행동 능력과 존재 능력을 증대하는 방향으로 향할 것과 그리하여 삶을 번창시킬 것을 명한다. 정동은 개인이건 사회건 삶 그 자체가 언제나 변화와 가능성을 향해 열려 있다는 것을 시사하는 미래로 열린 존재론을 가진다는 점에서 잠재성과 가능성의 용어[7]이다.

　〈미씽〉의 두 여성은 처음에는 주체와 타자로서 만나게 되지만 그 조우를 통해서 예상치 못했던 새로운 관계를 형성하게 되고 이는 막힌 세계 안에서의 출구를 보여주는 가능성으로 나아간다. 두 여성의 조우는 기존의 만남 곧 사람과 사람의 무심한 스쳐 지나감을 비판하고 하나의 매듭을 형성하면서 신자유주의라는 극대화된 자본주의에 내몰리던 척박한 땅에서 정동의 힘을 보여준다. 본론에서는 프레카리아트와 타자라는 개념 안에서 두 여성을 분석하고 이들의 조우를 통해 정동의 윤리학이라는 긍정적 가능성을 모색하려 한다. 이를 통해 오늘날 여성

6　정미숙, 「정동과 기억의 관계시학」, 『현대소설연구』 64호, 2016, 108쪽.
7　김지영, 앞의 글, 364~366쪽.

에 내재된 정동의 힘과 그 의미와 가치를 추출하고자 한다. 이 과정에서 영화 〈미씽〉의 새로운 의의도 찾을 수 있을 것이다.

2. 행동하는 주체와 정동의 윤리학

1) 불안정한 프레카리아트, 지선

(1) 신자유주의와 프레카리아트

이 작품은 목요일 아침부터 월요일까지 지선과 한매를 중심으로 한 5일 간의 사건을 다루고 있다. 이혼 소송 중인 지선은 직장이 없으면 양육권을 가질 수 없다. 아이를 지키기 위해서 지선은 반드시 돈을 벌어야 하고 그러려면 아이를 돌볼 사람이 필요하다. 그런 지선에게 보모라는 존재는 절대적이다. 당장 출근해야 하는 지선은 아무것도 모르는 상태에서 한매를 즉시 고용해버린다. 육아 문제를 회사일보다 소홀하게 처리할 수밖에 없는 상황은 워킹맘의 급박한 현실을 반영한다. 한매에 대해서 잘 모르고 우리말도 어눌하지만 아이를 정성껏 돌보는 것으로 족하다고 생각한다. 지선이 한매를 보모로 선택하는 데 있어서의 기준은 한매의 개인적 정체성이 아니라 보모라는 직업적 차원에서 도구적 존재로서의 기능성을 중시한 것이다.

목요일 아침에 한매는 바삐 출근하는 지선에게 감기에 걸린 다은이를 병원에 데려가겠다고 말한다. 금요일로 이어지면서 영화는 정신없이 바쁜 일과 속에서 지선을 억압하는 남성들과의 관계를 집약적으로 보여준다. 지선은 일하는 현장에서 남성 상사에게 여성이며 애엄마라는 이유로 멸시의 대상이 된다. 지선이 홍보 중인 〈우리가 이혼할 수 있을까〉라는 영화의 제목은 이혼 소송 중인 지선의 상황과 오버랩된다. 직장 상사는 지선을 한 개인으로서 존중하는 것이 아니라 회사에서 맡은 업무를 얼마나 유능하게 처리하는가 하는 도구적 차원에서만 평가한다. 그녀의 개인적 정체성이나 상황이나 감정 등은 전혀 그의 관심사가 아니다. 지선은 그런 남성 상사에 대해서 불만을 갖지만 그것을 표출하거나 비난할 여유조차 없을 정도로 시간과 일에 쫓긴다.

여기서 주체와 타자로서의 남성 상사와 지선의 관계가 지선과 한매의 관계로 반복된다. 지선에게 부과된 이중적 지위를 통해서 지선은 주체의 자리와 타자의 자리를 동시에 경험하게 된다. 이렇게 본다면 지선과 한매는 결코 멀리 있지 않다. 그들은 신자유주의의 속도경쟁과 물질중심주의의 세계 안에서 똑같이 소모품으로 기능하는 프레카리아트인 것이다.

프레카리아트란 위태로움과 불안정성을 뜻하는 형용사 precarious의 명사형인 precarity와 프롤레타리아(proletariat)의 합성어이다. 프레카리아트는 신자유주의 시대를 대표하는 계급으로 고용 불안정성이 확대되는 가운데 경제적 궁핍과 미래에 대한 불안과 공포, 좌절로 고통 받는 이들을 뜻한다.[8] 두 여자는 국적, 계급, 지위가 다름에도 불구하고 동일하게 고용에 대한 불안정성과 경제적 궁핍과 현실과 미래에 대한 불안과 공포에 휩싸여 있다.

---

8 이윤종, 「좀비는 정동될 수 있는가?」, 『여성문학연구』 39호, 2016, 69쪽.

지선의 일은 언제든 남성에 의해 대체될 수 있는 아슬아슬한 자리에 있고 과중한 업무를 완전하게 수행하지 못하면 도태될 수 있는 상황에 처해 있다. 그래서 지선은 목요일 밤 퇴근했을 때 아이가 없다는 것을 알았지만 이에 대처하지 못했고 금요일에도 아이의 부재를 확인하지 못하고 하루 일정에 사정없이 쫓긴다. 겨우 밤이 되어서야 아이 찾기를 시작하게 되는 것이다. 엄마로서 가장 소중한 아이가 없어졌다는 사실을 아무에게도 말하지 못하고 도움을 받을 수 없는 비상식적이고 기형적인 사회에서 지선은 불안한 프레카리아트로서 밀려다니고 있다.

금요일에 지선은 업무 외에도 남편과의 이혼 건으로 법원에 가서 판사와 변호사를 만나야 했다. 남성 변호사는 응당 지선을 도와야 하지만 지선의 상황을 이해하기보다는 오히려 남편의 대변인처럼 지선을 공격적으로 대한다. 공정한 판결을 통해 정의를 구현해야 하는 판사가 남성 중심적 사회에서 권력의 상징인 것은 물론이다. 결국 남편이라는 보호막을 잃은 여성 지선에게 있어서 집밖의 세상은 온통 남편을 대변하는 남성들의 세계이고 그 누구의 도움도 받을 수 없다. 남성들은 저마다의 이유로 지선을 수직적인 상하관계로 설정하고 위에서 아래로 압박하고 있다. 결국 이러한 상황의 제시를 통해서 이 영화는 지선의 문제를 개인의 차원이 아니라 남성과 여성이 대립하는 사회, 절대적으로 남녀가 불평등한 사회의 문제로 제기한다.

(2) 정동 소외자로서의 여성

가정은 기쁨과 행복과 희망 같은 긍정적인 정동의 가치를 축적하는 공간 혹은 그러한 지향성을 갖거나 기대하는 공간이다. 그러나 현실에서는 오히려 슬픔과 고통 같은 부정적인 정동들이 가득한 공간으로 기능하는 경우가 많다. 더욱이 가족 구성원들의 마주침 속에서 서로 긍정적인 정동을 주고받지 못하고 일탈되거나 왜곡됨으로써 좋은 것으로 여겨지는 어떤 것들을 향한 정향을 공유하지 못하는 것이다.

지선은 우리 사회에서 부의 상징으로 인정받고 많은 이들이 결혼 상대자로서 원하는 의사를 남편으로 두었지만 정작 그 가정은 긍정적인 정동의 공간이 되지 못했다. 가장 긴밀한 관계이기도 한 부부 관계에서 발생할 수 있는 미세하고 소소한 정동은 하나의 결을 이루며 부정적으로 쌓여간다. 우리를 행복하게 해줄 것이라고 생각되었던 대상이 실망의 원인이 되는 경우 우리에게 행복을 약속했던 사람들에 대한 분노로 이어질 수 있는데 그런 순간에 우리는 이방인 혹은 정동 소외자가 된다.[9] 여성들은 남성에 비해 더 흔히 이런 상황에 놓이게 되고 특히 페미니스트들은 더 자주 이러한 상황에 놓이게 된다.

토요일에는 급기야 시어머니가 아이를 데리러 온다. 지선은 그제야 아기가 다니는 병원에 연락을 하고 한매가 목요일에 이미 한 달 치 아기 약을 처방해갔음을 알게 된다. 시어머니는 지선이 아이를 빼돌렸다고 몰아붙이고 지선은 한매의 흔적을 찾으려 한다. 그 때 삼천만 원의 돈을 보내라는 낯선 남자의 전화를 받게 되지만 지선의 수중에는 마이너스 통장을 모두 털어도 오백칠십만 원밖에는 없다. 아이 유괴범으로

---

9 멜리사 그레그 · 그레고리 시그워스, 『정동 이론』, 최성희 외 역, 갈무리, 2015, 72쪽.

추측되는 상대방 남자가 비웃을 정도의 금액이다. 남편의 직업으로 보아 경제적으로 여유가 있을 거라고 추측하지만 이혼한 여자의 경제적 수준은 참으로 남루하다. 그 돈을 몽땅 송금하고 지선은 미친 여자처럼 한매의 흔적을 찾아다닌다. 가족이라는 공동체가 금융화 되고 경제 원리가 지배하는 구조로 변화하고 있는 오늘의 현실에서 이혼을 앞둔 남편은 아내와 아이를 위한 최소한의 안정을 위한 경제적 지원조차 하지 않는 냉혹함을 보여준다. 워킹맘의 경제수준은 의사 아내일 때와는 전혀 다른 차원의 것이다. 가족이 경제원리에 의해 와해되는 상황에서 겪게 되는 불안과 원망은 바로 금융화 된 가족생활의 핵심적인 정동[10]이라 할 수 있다.

시어머니는 같은 여자로서 지선의 처지를 조금도 이해하지 않으며 오직 지선의 남편을 대리하는 역할만을 수행한다. 같은 여성이지만 한국 사회에서 시어머니라는 역할은 아들과 집안을 대변하는 무성적 존재로만 기능한다. 가부장제 사회 안에서 어머니는 개성을 가진 개인으로서 존재하는 것이 아니라 한 집안의 규율과 전통을 이끌어가는 가문의 수호자와 같은 존재로서 며느리를 적대적으로 대하고 공격하는 등 폭력적인 역할을 수행하는 것으로 그려진다. 남편과 시어머니로 구성된 가족은 지선을 억압하고 공격하며 그 관계 속에서 지선은 정동 소외자가 된다. 그러나 그것은 비관적인 의미만 갖는 것은 아니다. 지선이 미래를 향한 에너지를 내재하고 있는 '되기'의 지향성을 가진 새로

---

10 서동진, 「우울한 가족 : 금융화된 세계에서의 가족과 정동」, 『한국고전여성문학연구』 31호, 2015, 280쪽.

운 존재로서의 가능성을 자신의 내면에 깊이 간직하고 있다는 의미이다.

(3) 타자에 대한 주체의 책임

영화는 '지선의 한매 찾기' 과정이며 한매를 찾는다는 것은 딸 다은이를 찾는 일이다. 그러나 어느 순간부터 한매는 다은이와 동일시되고 다은이는 한매의 딸 재인이와 동일시되며 결국 지선은 한매와 동일시된다. 다은이는 지선의, 재인이는 한매의 분신이자 그녀들 자신의 생명 자체라는 점에서 한 몸과 같다. 결국 이렇게 네 명의 여성들은 한 덩어리가 되어 이 사람 저 사람의 발에 차이는 공처럼 굴러다니며 영화를 이끌어간다. 예상치 못한 방향으로 굴러가지만 그럼에도 여자들은 그 모든 비극적 상황에 온몸으로 대항하고 처절하게 최선을 다한다. 이것은 바로 정동을 규정할 때 거론되는 대표적인 단어인 '내장을 건드리는/내장의(visceral)'와 '끈질기게 한다(persist)'와 '달라붙는(sticky)'[11]을 떠올리게 한다. 지선과 한매의 정동은 정신과 몸의 이분법보다도 더 아래에서 작용하는 강렬한 힘이며 지속적으로 끈질기게 발산되는 힘이고 서로에게 결합되어 작용하는 힘이라는 의미를 확인시킨다. 두 여자의 정동은 온몸과 마음을 모두 집중한 놀랄 만큼의 강력한 힘으로 이끌어가고 있으며 그것이 이 영화를 이끌어가는 원동력이기도 하다.

지선은 아기를 찾기 위해 한매를 추적하는 동안 경찰과 법원과 같은 제도권 내의 공권력을 믿거나 의지하지 않는다. 유괴범인 줄 알았지만

---

11 멜리사 그레그 · 그레고리 시그워스, 앞의 책, 588쪽.

후에 보이스피싱으로 밝혀지는 낯선 남자에게 가진 돈을 모두 보내고 수중에 돈 한 푼 없는 여자가 혼자 아이를 찾아 나선다. 공권력은 지선을 돕기는커녕 감치명령을 받은 여자라며 그녀의 정신 상태를 의심하고 남편의 편에 선다. 처음부터 끝까지 공권력은 가부장제도 내의 남성적 세력일 뿐 지선에게 아무런 도움을 주지 않는다. 지선의 외로운 행보는 이 땅의 소수자로서의 여성의 삶이자 타자로서의 홀로 서기의 과정이다. 이때 지선을 지탱하는 힘은 강인한 모성성이다.

지선은 아기를 찾아다니면서 그동안 전혀 몰랐던 한매의 불행한 과거사를 알게 된다. 그리고 지선의 내부에서 한매는 자신이 고용했던 이주자 보모에서 책임을 느껴야 하는 타자로 재구성되며 그 과정에서 지선은 윤리적 주체로 거듭나게 된다. 정치적 사회적 불의에 의해 짓밟히고 고통 받는 자의 모습으로 타인이 호소할 때 그를 수용하고 받아들이며 책임지고, 그를 대신해서 그의 짐을 지고 사랑하고 섬기는 가운데 주체의 주체됨의 의미가 있다.[12] 타인은 내가 개념적으로 구성해내기 이전에 이미 존재하며 나의 욕구대상으로서가 아니라 자신의 고유성으로 존재한다. 그러므로 타인을 일방적으로 자아에 통합시킨다는 것은 타인에 대한 폭력이 되는 셈이다. 나와는 전적으로 다른 존재인 타자는 낮고 비천함 속에서 나에게 간청하고 호소하는 타인의 얼굴로 나타난다. 이 고통 받는 타인의 얼굴은 죄책감을 일깨우고 윤리적 책임감을 갖게 한다. 이 때 비로소 자아는 책임의 주체로 변화하며 타인에 대한 책임감도 커진다. 여기서 타자에 대한 책임이란 개개인이

---

12 강영안, 『타인의 얼굴』, 문학과지성사, 2005, 33쪽.

서로의 고유성이 실현될 수 있도록 서로를 지원하는 상호적 인간관계를 함축[13]한다. 지선은 타자로서의 한매를 자신과 대립적인 존재로 여기고 추적하는 것이 아니라 자신과 똑같이 아기를 소중히 여기고 아기를 위해 목숨도 바칠 수 있는 엄마로 여기고 동질감을 갖게 된다. 그 순간 주체/타자의 이분법은 사라지고 남성 중심적 사회에서 똑같은 타자이자 이방인이자 정동 소외자로 서로를 인식하게 되는 내적 변화를 경험하게 된다.

2) 낯선 타자로서의 디아스포라, 한매

(1) 이름과 정체성의 변이과정

지선의 추적을 통해 시간을 거꾸로 되짚어가면서 한매가 사라진 사건은 한매가 이 땅에 처음 들어오게 된 결혼까지 거슬러 올라간다. 보모 '한매', 퇴폐업소에서 일하는 여성 '목련', 그 이전에는 한국인 남성과 결혼해서 이주해온 여성 '김연' 등 한매는 자그마치 세 개의 이름을 가진 여성이었다. 이름은 정체성의 가장 기본적인 요건이라 할 때 '김연 → 목련 → 한매'로의 변화는 한 인간의 정체성의 변이과정을 고스란히 담고 있다.

김연은 김이라는 성과 연이라는 이름으로 구성되어 있다. 김은 하나의 가문 혹은 집안을 의미하며 적어도 김씨 성을 가진 사람을 아버지

---

13 문성훈, 「타자에 대한 책임, 관용, 환대, 그리고 인정」, 『사회와 철학』 21집, 2011, 401~403쪽.

로 둔 사람이라는 의미이다. 결국 김연이라는 이름은 그녀에게 한 가족의 구성원이었던 어떤 과거가 있었음을 상정한다. 이후 김연은 한석호라는 남자와 결혼해서 한국으로 왔다. 김연은 결혼을 통해서 행복한 생활, 적어도 중국에서보다는 나은 생활을 꿈꾸며 이주해왔을 것이다.

그러나 김연의 한국에서의 생은 원래의 평범한 이름을 버리고 '목련'이라는 가명으로 살아가도록 했다. 목련은 퇴폐업소에서 일하지만 실제로 어떤 일을 하는지는 나오지 않으며 같이 일하는 여자들도 '착한 사람'이라는 의견 외에는 그녀에 관해서 아는 바가 없다. 흰색의 고상한 꽃을 떠올리게 하는 목련이라는 이름은 비록 그런 업소에서 어쩔 수 없이 일을 하여 돈을 벌지만 인간으로서의 최소한의 품위를 지키려고 노력했음을 암시한다. 한편으로는 그녀의 생의 지향성을 암시하는 이름이지만 동시에 정체를 알 수 없는 이름이기도 하다.

이후 한매는 자기 아기의 죽음의 원인이라고 여기는 의사의 집 곧 지선의 집에 보모로 들어가 복수의 기회를 노린다. 아기를 유괴함으로써 의사에게 복수할 수 있고 돈을 받아 남편의 청부살해범에게 대가를 지불할 수 있다는 점에서 한매는 두 가지의 복수를 동시에 실현할 수 있다. 이때 사용하는 이름 '한매'는 추운 계절에 피는 매화라는 뜻이며 목련과 같은 꽃이름으로 역시 실명이 아니다. 한국 사회에서 살아가면서 본래의 이름을 잃고 한국인의 이름도 갖지 못한 채 가명으로만 살아가는 한매의 삶은 이 땅에서 디아스포라로서 살아가는 일의 지난함을 함축한다.

시간상으로는 '김연 → 목련 → 한매'이지만 영화에서는 지선의 추적을 통해서 거꾸로 '한매 → 목련 → 김연'으로의 전개과정을 보여준다.

이러한 전개는 본래의 정체성을 향해서 되돌아가는 과정이라고 볼 수 있고 이 땅에 이주자로 들어온 여성 김연에서 죽음을 통해서 그보다 더 이전의 세계 곧 궁극의 자아의 기원이었던 절대적인 시간으로 되돌아간다는 점에서 또 다른 김연을 향하고 있다고 볼 수 있다. 즉 한국에 처음 들어온 출발점의 김연과 영화의 엔딩에 자리한 김연은 같은 사람이면서도 전혀 다른 사람이다. 출발점의 김연이 이주자로서 불행한 결혼생활을 하는 인물이라면 엔딩의 김연은 모든 고통을 겪고 죽음을 통해서 다시 태어나는 인물이다.

영화의 전 과정에서 김연은 비극적인 자기의 생에 나름의 방식으로 충실했고 밀려다니는 중에도 소신을 갖고 최선을 다한 삶을 선택했으며 타자의 자리에 있었으나 주체로 서있었다. 그동안의 주체라는 개념은 이성과 합리에 기반한 투철한 자아의식을 기반으로 한 것이었다면 여기서의 주체라는 개념은 정동을 기반으로 한 감정과 몸에 투철한 주체라는 점에서 변화된 것이다.

(2) 이주자 여성의 훼손된 육체와 정동의 힘

한국에 온 이후 한매의 육체는 사정없이 훼손된다. 남편과 시어머니에 의한 폭력의 대상이 되고 남편을 포함한 뭇 남성들의 성욕의 대상이 되며 강간과 다를 바 없는 일방적인 성교의 결과로 임신하고 출산하는 몸이 되고 종국에는 장기밀매로 인한 커다란 상흔마저 지니게 된다. 이런저런 이유로 늘 피를 흘리는 한매의 몸은 인간이 이성으로 사고하는 합리적 주체라는 그간의 인식에 온몸으로 도전하는 몸이다. 이렇게 극도로 훼손된 몸이 정신과 이성으로 자신을 제어할 수 있는 주체로 서는 것은 불가능하다. 확고하고 단단한 의지적 주체는 더 이상 존재하지 않으며 몸과 정신이 분리될 수 없는 하나이며 오히려 몸이야 말로 가장 극명하게 자신을 드러내는 주체의 근본임을 확인하게 되는 바로 이 지점에서 정동을 인식하게 된다.

한매는 폭력으로 얼룩진 피폐한 결혼생활을 한다. 폐가와 다름없는 가난한 집에서 외부와는 일체 단절된 채 정신이 온전하지 못한 남편과 무지한 시어머니와 살아가는 생활은 고통스럽고 불행하다. 시어머니는 한매를 돈을 주고 샀다며 물건 취급하고 인권을 인정하지 않는다. 이웃에 사는 주민들이 이주자를 위한 언어교육 등을 권하지만 한매는 인간으로서의 존엄을 위한 일체의 과정을 차단당한 채 오직 남편의 성욕의 대상이 되고 가족 재생산이라는 목적을 위한 용도로만 도구화된다.

한국에서 국제결혼을 선택할 수밖에 없는 주변부 남성들은 자존감이 낮고 여성관도 성적이며 무책임하기 때문에 결혼이주여성을 동등한 인간으로 대해야 한다는 의식이 부족하다.[14] 이주자 아내에게 한국어를 배우지 못하게 함으로써 이 땅에 소속된 존재로서의 발화를 거세시키고 단지 침묵하는 사물처럼 방치하려는 폭력을 행사한다. 이주여성을 한국남성의 배우자라는 편협한 범주 안에 놓고 효를 실현하고 재생산 노동을 묵묵히 수행해줄 여성으로만 구성하는 것은 가부장적 훈

---

14 이채원, 「젠더정치학의 관점에서 본 다문화서사」, 『여성문학연구』 41호, 2017, 358쪽.

육체계 안에서 이주여성을 개조 적응시키려는 것[15]이다.

결혼이주자는 한국 가족의 아이를 낳고 한국 가족으로 수용된다는 이유로 한국 국민으로 편입되는 것이 허용된다. 이들은 최초의 정착형 이민자로 국가의 적극적인 통합의 대상이었고 국제결혼 가족은 다문화 가족이라고 명명되었다. 정부는 이러한 가족 만들기와 저임금 생산과 돌봄을 위한 재생산 영역의 노동력 관리라는 틀에서 이주자를 불러들였고 2006년 다인종·다문화 사회로의 전환을 선언하였다.[16] 그러나 이주자에 대한 이해 없이 이루어진 우리 위주의 다문화 정책은 이주자들을 은연중에 한국 사회의 하층계층으로 만들거나 소외계층으로 몰아가는 문제를 내포하고 있다. 낯선 이주국에서 성욕, 돌봄, 2세 생산, 노동 등을 담당하는 여성 타자는 오직 수단으로만 간주된다.[17] 이렇게 한국의 저출산 문제를 해결하고 기피업종에서의 노동력을 제공하는 영역에서 이주자들의 유입은 급속도로 진행되었다.

한매에게 찾아온 유일한 행복은 임신이었고 그녀는 아기에게 고운 것만 보여주고 좋은 것만 주겠다고 맹세한다. 세상에서 가장 행복한 아기가 되게 하겠다고 약속한다. 그러나 그 약속을 지킬 수가 없다. 보잘것없는 집안에서도 시어머니는 대를 이을 아들을 원했고 한매가 딸을 낳은 것에 분노한다. 그런 상황에서 아기가 아프자 쓸모없는 딸이라며 치료조차 해주지 않는다. 한매는 아기를 치료하기 위해 가출해서

---

15 김숙현, 「다문화 결혼이주여성, 그녀들 공연의 의미와 과제」, 『한국연극학』 62호, 2017, 40쪽.

16 김현미, 「누가 모범적인 이주자인가?」, 『문화연구』 4권 2호, 59-6

17 이미림, 『21세기 한국소설의 다문화와 이방인들』, 푸른사상사, 2014, 365쪽.

서울로 간다. 그러나 치료과정은 전적으로 그녀의 능력 밖에 있었다.

이 땅에서 이주자 여성은 비록 엄마라고 할지라도 아이에 대한 아무런 권한이 없다. 아이의 입퇴원과 수술은 오직 한국인 남편만이 결정할 수 있고 그의 보증이 있어야만 가능하다. 그녀는 남편에게 큰돈을 주면서 보증을 요청하고 자동차 안에서 그의 성적 대상이 되어주는 대가를 치르고서야 겨우 아기를 입원시킬 수 있었다. 한국어를 제대로 배우지 못한 언어 소외자임에도 불구하고 그녀는 병원의 모든 아이들을 재울 정도로 고운 자장가를 부르곤 해서 노래하는 중국 여자로 불리게 된다. 밀린 병원비를 감당하기 위해 급기야 한매는 목숨을 건 불법 장기매매까지 한다. 그러나 돈이 늦게 도착하고 그동안 병원비가 밀렸다는 이유로 아기는 다른 아이의 입원을 위해 병실에서 밀려난다. 대신 병실을 차지한 아이가 바로 지선의 아기 다은이였다. 쫓겨난 아기를 데리고 남루한 방으로 돌아온 그녀는 아기가 위독하자 119에 전화를 한다. 하지만 한국어가 미숙한 탓에 소통의 어려움을 겪고 공적인 도움을 받지 못한 채 아기는 죽고 만다. 그러자 한매는 이주자 전문 브로커인 박현식에게 남편 살해를 부탁하고 그 대가로 몸값을 받아낼 수 있도록 의사와 지선의 아기 다은을 납치해서 넘겨주기로 약속했던 것이다.

스피노자에 의하면 인간의 기본적인 정동은 욕망과 슬픔과 기쁨이다. 욕망을 인간의 모든 노력, 본능, 충동, 의지 작용으로 이해했고 자기 보존과 관계되는 인간의 본질 자체로 보았다. 또한 기본적으로 정동은 기쁨이나 슬픔의 관념으로 상상되는데 기쁨은 인간의 더 작은 완전성에서 더 큰 완전성으로 이행하는 것이며, 슬픔은 인간의 더 큰 완전성에서 더 작은 완전성으로 이행하는 것[18]으로 정의된다.

유일한 행복인 아기를 잃은 한매는 기쁨의 정동에서 슬픔의 정동으로 이행한다. 걷잡을 수 없는 슬픔은 남의 아기를 유괴하는 데까지 나아가는 광기로 변해가고 결국 유괴범으로 쫓기는 신세가 되어 파국을 향해 치닫는다. 한매의 정동을 억압하는 외적인 힘은 겉으로는 다문화 사회를 표방하면서도 실제로는 이주자를 진정으로 더불어 사는 사람으로 포용하지 않고 효용가치만을 원하고 타자로서 끝없이 배제하는 오늘의 한국 사회에서 오는 것이다.

그럼에도 이러한 정동 소외자는 나쁜 감정들을 한쪽에 쌓아두기를 거절함으로써 뭔가를 할 수 있다. 그래서 상처에 대한 관심은 퇴행적인 정향이 아니라 사회적 선의 대안적 모델이 될 수 있다.[19] 한매는 처음에 슬픔의 감정들을 복수라는 행위의 기반으로 삼았지만 엔딩에 가면 도리어 화해의 지평을 여는 정동의 힘을 보여주게 된다.

(3) 탈주하는 디아스포라

이주자 한매의 삶은 오늘의 한국이 디아스포라를 대하는 방식을 그대로 드러낸다. 오늘날의 세계는 광범위한 세계화를 통해 하나의 국가처럼 가까워졌고 서로 다른 나라의 국적과 인종의 사람들이 더불어 살아가고 있다. 그러나 전지구가 소통하고 왕래하는 오늘 한국의 변방에는 폭력과 냉대와 멸시의 대상으로 전락하여 인간으로서의 존엄을 잃

---

18 이영배, 「정동의 힘과 강도의 문턱」, 『감성연구』 14집, 6~7쪽.
19 멜리사 그레그·그레고리 시그워스, 앞의 책, 95쪽.

어버린 디아스포라 곧 이주자들의 삶이 있다.

　이주자는 말투, 얼굴색, 화장과 옷 입는 스타일, 특정 국가 출신이라는 문화적 표지 때문에 쉽게 가시화된다. 그리고 이주자가 된다는 것은 이러한 문화적 표식을 하나씩 지워나가는 의무와 실행을 동반한다. 이주자는 오랫동안 축적해온 자신의 총체적 정체성이 무시되고 단순화되는 상황들과 마주해야 한다. 이주자의 감정은 늘 긴장되어 있고 이들은 모방을 통해 생존의 규칙을 배워나간다. 이주자들은 다른 이의 정동과 감정을 주의 깊게 살피고 유입국 거주민의 인종적 에티켓을 배우거나 받아들이면서 복잡한 인종 구성에 참여[20]한다.

　한매는 보다 나은 삶을 위해 한국으로 이주해왔지만 불행한 집에서 탈출한 그녀가 할 수 있는 일은 윤락여성이 되는 것뿐이었다. 남편을 거부하고 집을 나간 이주여성, 아무도 신분을 보증해주지 않는 이주여성이 할 일이 윤락뿐이라는 현실은 궁지로 내몰리는 여성이 갈 곳은 과거에도 현재에도 여전히 몸을 파는 일뿐임을 보여준다. 여성의 최후의 보루는 여성이라는 이유로 억압당하게 하는 바로 그 몸이라는 이율배반적인 사실을 다시 확인시킨다. 그럼에도 '천상여인'이라는 퇴폐업소는 정체를 밝히기 어려운 여성이 숨을 수 있는 곳이라는 점에서 한매에게 유일한 생의 공간이 된다.

　남편으로 대표되는 가부장제의 시선으로부터 벗어날 수 있는 이 공간은 비록 또 다른 남성들의 시선에 자신을 노출시켜야 하는 곳임에도 불구하고 일단은 감시체계로서의 가부장제적 판옵티콘을 교란시키는

---

20 김현미, 앞의 글, 52쪽.

행위라는 점에서 의미가 있다. 그녀는 남편과 집이라는 공간에서 벗어남으로써 남성의 폭력에 대한 저항의식과 의지를 보여주었으며 새로운 공간으로의 이동을 통해 일종의 탈주를 감행한 것이다.

업소에서 일하면서 아기를 돌보던 한매는 아기가 죽은 후 지선의 아기를 돌보는 보모할머니에게 접근해서 일부러 사고를 일으키고 대신 보모가 된다. 영화의 첫 장면에서 한매는 출근하는 지선에게 녹즙을 주고 다은이의 콧물을 더러워하는 기색 없이 빨아 먹는다. 이 두 가지 행동은 한매가 아이를 진심으로 사랑하며 친근하고 자상한 사람 곧 좋은 사람이라는 표지로 기능한다. 정체를 모르는 위험하고 낯선 이주자는 이러한 정동을 통해 우리 사회에서 수용 가능한 안전한 이주자로서 받아들여진다.

낯선 이주자는 흔히 감정적인 부적절함, 불충분함을 내포한 존재로 위협과 공포의 대상이 된다. 이주자는 유입국에 오면서 감정의 규칙들을 배우고 실행하면서 주류 선주민의 감정체제의 위계구조 안에 편입된다. 이상적인 이주자는 고용주나 선주민의 감정문화 체계를 이해하고 자신의 신분에 맞는 감성지능을 회복하여 감정을 실행하여야 한다. 이주자가 자신의 감성지능을 제대로 행사하여 통제 가능한 대상으로 만들어지는지 여부에 따라 적대와 환대의 대상으로 분리된다. 이주자가 얼마나 정동적 적절함을 갖춘 존재인가에 따라 적응을 잘한 이주자[21]로 수용되는 것이다.

한매가 아기를 잃는 과정은 이 땅에 사는 이주자의 비극적 현실을 집

---

21 위의 글, 57~58쪽.

약한다. 첫째, 한매는 엄연한 성인 여성임에도 불구하고 한국 남편의 소유물로 여겨진다. 언제든 도망갈 수도 있는 위험한 이주자로 간주되고 독립적인 개인으로 사회생활을 할 수 있는 존재로 인정받지 못한다. 이 땅에서 살아가기 위한 언어교육의 기회와 대인관계를 차단당하고 침묵 속에서 오직 도구적 존재로만 기능하도록 구속받는다.

둘째, 병원은 사회적 공익성을 저버리고 오직 돈만으로 입퇴원을 결정하는 물질주의적 행태를 보여준다. 또한 의사의 아기가 누구보다도 먼저 입원할 권리를 갖는다는 특권의식도 있다. 강제로 퇴원해야 하는 아기의 생명이 위험할 수도 있다는 생각은 물질주의와 계급의식에 무력하게 밀려난다.

셋째, 이주자들의 언어소통의 문제와 사회의 공적 안전망과 기능이 문제가 된다. 119에 전화를 걸었지만 언어소통에 자유롭지 못한 탓에 결국 도움을 받지 못하게 되는 현실은 주류 언어에 미처 완벽하게 적응하지 못한 이주자의 탓이 되어버린다. 이주자는 이 땅에서 살아가기 위해서 언어와 사회적 특성을 완벽하게 체화해야 할 의무가 있고 그렇지 못한 결과로 일어나는 일들은 완전히 자기가 책임을 져야 한다. 곧 이 땅의 모든 사람을 보호할 국가와 사회의 구조적인 문제를 이주자 개인의 문제로 약화시킴으로써 사회적 책임을 회피해버리는 것이다.

넷째, 사적 복수의 영역으로 넘어갈 수밖에 없는 사회적 제도의 문제를 볼 수 있다. 이상에서 제시한 사회적이고 국가적이고 제도적인 문제를 한매는 의사와 지선의 탓으로 약화시켜버린다. 그래서 자기 아이가 병원에서 쫓겨난 것을 오직 의사의 탓으로 보고 지선의 집에 보모로 들어와 사적 복수를 결행하려는 것이다. 이러한 문제 해결방식은 사적 영역에서의 정의의 실현이며 디아스포라 여성에게 절실한 야생의 복수의 실천행위이다. 결국 공적인 차원의 디아스포라 문제를 사적으로 축소하는 소극적인 해결방식을 보여준다.

3) 자매애의 구현, 지선과 한매의 정동

마침내 아기 엄마인 두 여자는 만나게 된다. 지선은 "다은이 돌려줘"라고 말하지만 한매는 "다은이 아니야. 재인이야."라고 말한다. 이 순간 한매의 마음속에서 다은이는 이미 재인이와 동일시된 존재로 변화되어 있다. 의사에게 복수하기 위해 다은이를 납치해서 도주하는 동안 한매는 이미 다은의 엄마가 되어 있었고 다은에게 있어서도 바쁜 지선이 아닌 한매야말로 자신을 먹이고 약을 주며 돌보는 진짜 엄마로 변화되어 있었다. 그런 점에서 한매의 대사 "다은이 아니야. 재인이야."는 한매의 정동을 표현하는 적확한 말이다.

이 순간 즉시 대응하는 지선의 모습은 엄마이기에 가능한 것으로 인간의 가장 진실한 내면을 그대로 드러낸 진지한 정동의 표출이다. 지선은 조금의 망설임도 없이 "내가 죽을게. 다은이는 잘못 없잖아."라고 말한다. 지선이 엄마로서 최선을 다하는 강인한 정동을 보여주는 장면이다. 진실에서 우러난 것이기에 감동을 주는 지선의 정동이 한매에게 가 닿는 순간 억눌려왔던 한매의 정동이 그에 응한다. 아기를 잃은 엄마인 무죄한 한매는 살아 있는 아기의 엄마인 무죄한 지선에게 아기를 돌려주고 마치 이제는 다 이루었다는 듯이 물속으로 몸을 던진다. 그 순간 조금의 망설임도 없이 지선 또한 한매의 뒤를 따라 몸을 던진다.

이 순간은 정동하는 존재로서의 두 여자의 완벽한 만남의 시간이다.

두 여자는 서로에게 완전히 낯선 타자로서 만났지만 이 순간 완벽한 한 사람이 된다. 엄마로서 최선을 다하는 모성성의 극치를 보여줌으로써 정동의 실체가 무엇인지 명확하게 제시한다. 단순히 감정도 정서도 아닌 것, 몸과 마음과 정서와 생각이 완전히 하나가 되어 분출되는 그 무엇, 몸과 마음 혹은 기분과 정서 혹은 감정과 느낌 등 그간의 이분법으로는 구별할 수 없는 총체적인 실체로서의 그 무엇, 온몸으로 격동하고 발화하는 정동을 분명하게 인지시키는 순간이다.

두 사람은 물속에서 잠시 만난다. 이때 두 여자는 서로에게 거울이 된다. 국적과 계층과 신분이 다르다고 생각하고 살아왔던 두 여자는 그 모든 것이 무의미하며 단지 아기를 위해서 자신의 모든 것은 물론 종국에는 생명까지도 내줄 수 있는 엄마라는 이름으로만 순수하게 존재할 뿐인 서로를 마주 본다. 그 순간 두 여자는 서로를 완벽하게 이해한다. 지선의 아기 다은이를 통해 자신의 죽은 아기 재인이를 되살려 내어 닷 새 간의 짧지만 그토록 그리던 엄마 노릇을 했던 한매는 이제 자신의 진짜 아기 재인이가 있는 곳으로 가서 함께 하기로 한다. 그녀는 재인이를 상징하는 조각보를 안고 지선에게 눈으로 그 마음을 간절하게 말한다. 지선은 그런 한매의 마음을 이해하고 손을 놓는다. 두 여자는 완전하게 하나가 되었다가 다시 분리된다.

한매는 자신의 인생에서 유일하게 아름답고 행복했던 순간을 회상하면서 물속에서 죽어간다. 임신 중에 그네를 타면서 세상에서 가장 행복한 아기로 만들어주겠다는 소망을 갖고 아기에게 약속하는 장면을 회상하는 것은 살아 있는 동안 그 약속을 지키지 못한 것에 대한 죄책감과 함께 죽음 이후에 다시 지킬 소망을 반복하는 것이다. 그 순간 물은 죽음과 재생의 의미를 함께 담는다. 그래서 물속의 풍경은 참혹한 동시에 지극히 아름답고 현실적이면서도 추상적이고 찰나적이면서도 영원을 담게 된다. 일시적이고 상징적인 죽음을 거쳐 다시 살아난 지선은 자신의 아기를 만나게 된다. 일시적인 엄마와의 닷새를 보낸 후 진짜 엄마를 만나게 된 다은이 '엄마'를 부르는 것으로 영화는 끝이 난다.

이 영화는 처음에는 한매가 죽은 아기의 복수를 하는 영화로 보이지만 이상의 검토를 통해 단순한 복수를 넘어서는 구원을 담은 영화임을 알게 된다. 이것은 조우의 정치학이라고 요약할 수 있다. 이는 낯선 타자로 간주되는 이주자 한매가 결코 외부인이 아니며 현대적 글로벌라이제이션의 역동성을 구성하는 일부임을 인식하고 인정하게 되는 것을 강조하는 개념이다. 낯선 타자로 정의된 사람들에게 얼굴과 형태를 제공하고 소속, 동일화, 정동성의 대안적인 모델을 제시하는 것이다. 이주자 한매는 더 이상 위험하고 두려운 낯선 타자가 아니라 쉽게 동화되지도 않고 정복되지도 않는 주체로 다시 서게 된다. 전형적인 타자에서 독자적이고 적극적인 행위자로 기능하면서 윤리적 주체이자 디아스포라적 주체로 재현되는 것이다. 그동안 낯선 타자라는 개념을 통해 이주자를 낯선 자라는 특정한 의미와 형태를 지닌 자로 정의하면서 종속해왔다[22]는 것을 반성하게 한다.

복수를 넘어서는 용서와 화해의 양식은 상호 소통적 관계를 형성하

---

22 위의 글, 55쪽.

고 나아가 자매애를 구현한다. 지선과 한매는 서로 다른 듯 보이는 삶으로 시작했지만 점차 완전히 같은 삶이었음을 깨닫게 된다. 중요한 것은 이 땅에서 여자로 살아간다는 것이었다. 여기에 이르면 복수가 핵심 모티브로서 작품을 이끌어가는 듯 보였던 이 영화의 핵심은 복수가 아니었음을 알게 된다. 또한 한매의 행동의 통일성의 핵심을 이룬 것도 복수가 아니었다. 그녀의 지향성은 복수에서 용서로 갑자기 변화한 것이 아니다. 한매는 처음부터 끝까지 일관되게 평화로운 삶을 지향했으며 그것이 한매가 추구한 행동의 통일성이고 감동을 주는 요인이다.

결국 이 영화는 복수할 것인가 혹은 용서할 것인가가 문제가 아니라 무력한 지위에도 불구하고 치열한 모성성을 통해 용감하게 자신의 문제를 스스로의 힘으로 해결하는 여자들의 이야기라고 요약할 수 있다. 그러므로 〈미씽〉은 행동하는 주체를 구현한다는 점에서 본격적인 페미니즘 영화라 할 수 있고 여성성의 본질에 대한 탐구와 가치를 창조한다는 점에서 진정한 페미니즘 영화에 도달한다.

3. 결론

〈미씽〉은 이혼녀이자 워킹맘인 지선과, 외국인/이주자라는 중첩된 타자로 살고 있는 디아스포라 여성 한매의 이야기다. 직업과 지위와 경제수준과 학력 등 모든 요소에서 다수자와 소수자이며 주체와 타자 그리고 고용주와 고용인으로서 대조적으로 보였던 지선과 한매가 실은 동일하게 고통 받고 힘겹게 살아가는 거울관계에 처해 있었다.

두 여성은 모두 가부장제로 인한 불행한 결혼생활을 했고 거기에서 탈주했다. 그 과정에서 최선을 다해서 아기만은 끝까지 지키려고 했으며 둘 다 아기를 위해 목숨을 걸었다. 남성 중심적인 사회에서 노동의 어려움을 겪었으며 물질만이 최우선시 되는 신자유주의가 지배하는 계급 사회에서 자본에 의한 고통을 겪었다. 이러한 모든 전개과정에서 영화는 한국 사회가 갖는 각종의 모순과 디아스포라를 대하는 태도에 대한 문제제기적인 인식을 보여주었다.

마침내 두 여성은 5일간의 여정에서 서로의 진실을 보게 되었고 궁극의 이해의 지점에 도달할 수 있었다. 인간에 대한 편견 없는 태도와 자매애와 모성성을 통해서 이주자에 대한 일방적인 동정이나 연민이 아닌 진실의 접점을 구현했다. 이 모든 과정에는 두 인물의 조우를 통한 관계의 형성과 정동이 주축이 되었다. 두 여성을 통해서 보다 긍정적인 방향성으로의 이동이라는 '되기'의 구현이 이루어졌고 현재의 이주자문제에 내포되어 있는 비극성이 점진적인 낙관의 방향성을 가질 수 있다는 가능성도 보여주었다. 타인의 고통에 깊이 정동되고 타인의 슬픔을 정동하며 자신의 기쁨을 공유하는 관계의 형성을 통해 더불어 살아가는 비전을 기대해본다. 이것은 곧 우리의 행동 능력과 존재 능력을 증대하는 방향으로 향할 것과 그리하여 삶을 번창시킬 것을 명하는 정동의 윤리학을 실천하는 일이다. 결국 서로 연결되어 영향을 주고받는 정동을 통해 그들이 도달하는 최종적인 지점은 고통을 넘어서 고결한 윤리적 존재로 서는 일, 진정한 유의미한 주체로 서는 일이다.

이주자 여성 한매는 비록 결혼과 일의 측면에서 모두 성적 대상으로 구축되어 있음에도 불구하고 관념화된 타자에서 벗어나서 윤리적 주체이자 디아스포라 주체로서의 새로운 여성상을 보여주었다. 그러나 이주자 여성 한매와 그 딸의 죽음을 배경으로 거주민인 지선과 그 딸이 살아서 재회하는 영화의 결말은 영화에 내재된 긍정적 정동의 가능성과 힘에도 불구하고 여전히 타자에 대한 일반화의 동일시를 보여준다는 점에서 한계로 남는다.

제6장

하위주체의 말하기와 몸의 탈식민화

〈아이 캔 스피크〉

〈아이 캔 스피크〉는 위안부를 비극적 역사에 침윤된 우울한 존재가 아니라 오늘 우리와 더불어 살아가는 실존적 존재로 그림으로써 위안부 소재 영화의 새로운 시각을 보여주었다. 소녀나 유령으로 화석화되어 과거의 역사에 고착되어 있던 위안부는 이 영화에서 비로소 살아 숨 쉬는 인물로 재현되었다.

구체적으로는 첫째, 위안부를 과거와 현재와 미래의 경계선상에서 그 한계를 넘나드는 경계인으로 설정하고 긍정적 에너지를 부여했다. 둘째, 역사를 의미화 하는 증언의 주체로 서는 모습을 재현함으로써 타자에서 주체로 변화하는 위안부의 의미를 부각시켰다. 셋째, 하위주체의 말하기를 통해서 여성의 말하기가 갖는 고유의 힘을 강조했고 몸의 탈식민화 과정도 보여주었다.

이러한 의미화 과정을 통해서 위안부 옥분은 억압적인 가부장제와 여성의 몸에 대한 그릇된 순결의식에서 벗어나서 비로소 당당한 주체로서의 나를 확립하게 되었다. 시장 공동체에서의 성공적인 어머니 되기, 친구 되기는 딸 되기와 누나 되기로 이어졌고 이 모든 과정에서 가장 중요한 목표이자 과제인 미의회에서의 증언을 통해 비로소 완전한 주체로서의 '나 되기'가 이루어졌다. 그동안 반복적으로 재현되던 위안부에 대한 고정관념에서 탈피한 새로운 캐릭터 옥분은 관객들과 진정으로 소통할 수 있었고 관객들로 하여금 위안부라는 역사적 존재의 진실을 수용하고 인간적으로 교감할 수 있도록 했다.

하위주체의 말하기와 몸의 탈식민화
〈아이 캔 스피크〉

하위주체는 말할 수 있는가?
– 가야트리 스피박

1. 서론

1) 문제의 제기

위안부 제도는 남성 중심적 가부장제와 제국주의가 여성의 몸을 폭력적으로 억압하고 착취함으로써 여성의 인권과 정체성과 삶을 통째로 앗아간 역사적 사실이다. 이러한 심각성에도 불구하고 위안부 문제를 소재로 한 예술 작품은 별로 많지 않았다. 역사성에 강조점을 두다보니 그나마 간간이 발표된 예술 작품에 대해서도 사적 의미가 주로 강조될 뿐 작품 자체에 대한 다양한 시각에서의 탐구[1]도 그리 많다고 할 수 없다.

위안부를 다룬 그동안의 예술 작품들은 기본적으로 소재 자체에 대

---

1 소설 중에서는 노라 옥자 켈러의 『종군위안부』와 이창래의 『제스처 라이프』, 영화 중에서는 〈귀향〉에 대한 연구가 많이 이루어졌다.

한 치열한 의식을 기반으로 하고 있다. 때로는 예술로서의 미학적 가치의 추구나 보편적 감동과는 거리가 있는 다큐멘터리적 재현도 있었고 한 인간에 대한 공감보다는 역사적 인물로만 존재하는 위안부라는 건조한 기념물을 생산하기도 했다. 또한 이 땅의 비극적 역사에 대한 비판적 인식을 바탕으로 했다고 할지라도 약소국 여성이 당해야 하는 희생양으로서의 비참한 삶을 재현하는 과정에서 폭력적이거나 극단적인 성에 대한 묘사로 논란을 낳기도 했다.

영화 분야의 대표적인 성과로는 변영주 감독의 〈낮은 목소리〉 시리즈가 있다. 〈낮은 목소리〉(1995), 〈낮은 목소리 2〉(1997), 〈숨결〉(1999) 등 세 편의 다큐멘터리는 변영주 감독이 위안부 할머니들이 살고 있는 나눔의 집에서 오랜 시간을 함께 지내며 그들의 삶을 감상이나 동정에 빠지지 않고 이성적으로 그려낸 영화이다. 내용의 진실성과 문제의식을 다큐 방식에 담아 절제된 감정으로 그려냈다. 그 외에도 미국에서 활동하는 한국계 김대실 감독의 〈깨어진 침묵〉(1999), 한국에서 유학한 경험이 있는 안소니 길모어의 〈잊혀진 눈을 뒤로 하고〉(2006), 안해룡 감독의 〈나의 마음은 지지 않았다〉(2008) 등의 다큐 작품들이 있다.

그리고 최근에 관객의 큰 호응을 받은 조정래 감독의 〈귀향〉(2016)[2]이 있는데 그동안의 위안부 소재 영화 중에서 가장 많은 관객을 동원함으로써 대중적으로 성공한 작품이다. 위안부에 대한 정보 전달과 비극

---

2 〈귀향〉은 3,587,173명의 관객을 동원하여 2016년도 12위의 흥행 기록을 세웠다. 또한 2016년 제21회 춘사영화상 관객이 뽑은 최고인기 영화상, 제36회 황금촬영상 촬영신인상 · 신인감독상 · 신인여우상, 제3회 한국영화제작가협회상 creative thinking상, 제53회 대종상 신인감독상 · 여자 뉴라이징상 등을 수상했다.

적인 역사성의 강조 등을 통해 상당 부분 위안부 문제를 대중에게 알리고 관심을 촉구하는 성과를 냈지만 몇 가지 아쉬운 점을 들 수 있다.

첫째, 위안부를 거대한 제국주의 체제의 딸들, 약소국의 딸들, 가난하고 무력한 가족의 딸들로만 재현함으로써 국가의 희생양으로 획일화한 것이다. 딸을 지키지 못하는 아버지/가족은 국민을 지키지 못하는 국가와 동일시되며 위안부/여성은 아버지/남성의 보호 여부를 통해서만 운명이 좌우되는 존재로 그려졌다. 여성은 한 개인으로서가 아니라 국가나 사회라는 거대한 조직 안의 부품과 같은 존재로만 부각되었다.

둘째, 위안부를 소녀로 재현한 점이다. 일제강점기는 이미 사라진 과거의 시간이고 현재 위안부들은 노년기의 여성으로 실존하고 있다. 그럼에도 작품 안에서 위안부는 여전히 성장하지 않고 과거 속의 소녀상으로만 존재하고 있다. 소녀는 성인 이전의 여성이며 순수의 시대를 상징한다. 현실 적응력이 부족한 소녀와 식민지 조국을 겹쳐내면서 국가와 민족을 미숙하고 무력한 존재로 형상화한다. 소녀를 통해 성적 순결성과 순수성만 강조하는 이러한 재현은 위안부를 과거에 고착되어 있는 무력한 여성상으로 고착화시킨다.

셋째, 영화의 후반부에서 노년기의 영옥(손숙 분)은 귀향굿을 하게 되는데 굿을 통해 과거의 소녀들을 불러내고 영혼을 위로하는 행위를 통해 위안부를 현존하는 존재가 아닌 유령으로 떠도는 존재로 정형화하는 오류를 보여준다. 영혼으로 존재하는 위안부를 굿이라는 행위로 불러낸다는 설정을 통해 위안부는 개인의 삶을 구축하지 못한 채 비극적인 역사의 희생자로만 존재하는 유령이 되어버린다. 현실적으로 문제를 해결하지 못하고 굿으로 회피하는 안이한 방식은 현실에 실재하는 존재로서의 인간은 도외시하고 이미 영혼이 되어버린 과거의 존재만을 바라보는 왜곡된 시선을 기반으로 한다. 위안부는 과거에 고착된 소녀도 아니고 구천을 떠도는 유령도 아니며 현실에서 엄연히 숨 쉬는 살아 있는 노년 여성이다. 일방적으로 혼을 위로하는 것은 위안부 문제를 과거 속으로 밀어 넣고 현재적이고 역사적으로 실존하는 위안부라는 존재를 외면하고 소외시키는 방식임을 비판하지 않을 수 없다.

재현은 단순한 모방이 아니라 이념이 의미로 확립되는 것이며 모든 재현은 원래부터 이념적이라 할 수 있다. 사람은 이념 속에서 성장하며 사회와 문화를 인지하게끔 하는 생각과 관점의 방향을 찾게 된다. 이념에 기반을 둔 재현은 현실에 대한 긴밀한 관계와 문제제기적 측면을 명백하게 드러낸다. 위안부를 재현한 작품들이 그들을 식민통치와 남성지배, 가부장제와 민족주의, 전통문화와 종교 등의 희생양으로 재현하면서 도리어 주변화하고 있지는 않은지 문제적 시각으로 보아야 한다. 위안부 여성들을 하위주체이자 피해자로만 설정하고 대상으로 격하시킨 재현의 시각을 가지고 있지는 않은지 검토가 필요[3]하다.

이러한 예술 작품의 흐름 안에서 비로소 역사의 무게에 눌리기보다 그 무게를 스스로 이겨내려는 주체로서의 개인으로 형상화된 위안부, 살아 숨 쉬고 개성을 가진 인간적인 존재로서의 위안부를 제대로 그려

---

3 위안부를 다루고 있는 모든 작품을 고찰하고 비교하는 것은 본 연구의 목표가 아니므로 최근 개봉한 〈허스토리〉(민규동 감독, 2018.6.개봉)를 포함한 개별적인 작품에 대한 본격적인 분석은 후속연구로 남겨두고자 한다.

낸 본격적인 영화가 등장했다. 그것은 2017년 한국 영화 11위의 흥행 기록을 세우고 다수의 상을 수상[4]하며 가히 2017년도 최고의 영화가 된 나문희 주연, 김현석 감독의 〈아이 캔 스피크〉[5]이다.

영화의 시작 부분에서 'i can speak'라고 영문 타이틀이 떴다가 곧 소문자 i가 대문자 I로 바뀐다. 이것은 영화의 시작에서 끝에 이르는 동안 주인공의 변화를 집약하는 것으로 눈에 띄지 않는 소문자에 불과했던 주인공이 대문자 I로 변모하여 한 문장/영화/역사를 이끌어가는 완전한 주체로 변화함을 의미한다. 타이틀에서 이미 주인공의 변화를 시각적으로 집약함으로써 영화의 방향성과 의의를 잘 드러내고 있다.

2) 위안부의 역사와 재현

일본군은 1932년 상해에 처음 위안소를 설치한 이래 1937년부터 체계적으로 위안소를 설치하고 관리했다. 전쟁 중 군인의 성적 욕구를 해소시키기 위한 목적으로 세계에서 유례가 없는 위안부라는 이름의 성노예를 조직적으로 관리해왔던 일본 정부는 지금까지 그 사실 자체

---

4 2017년 제1회 더 서울어워즈 영화부문 여우주연상(나문희), 제37회 한국영화평론가협회상 여우주연상, 제38회 청룡영화상 감독상(김현석) · 여우주연상, 제12회 대한민국 대학영화제 올해의 감독상, 제20회 국제엠네스티언론 특별상, 제17회 디렉터스 컷 시상식 특별언급상 · 올해의 여자연기자상, 제18회 올해의 여성영화인상, 제4회 한국영화제작가협회상 여우주연상 · 각본상(유승희), 2018년 제9회 올해의 영화상 여우주연상, 제54회 백상예술대상 영화부문 여자 최우수 연기상.
5 김현석 감독, 나문희 · 이제훈 주연, 3,279,296명의 관객 동원.

를 인정하지 않고 있다. 위안부[6] 여성들은 일본 정부에 대해서 위안부 강제연행 사실을 시인할 것, 공식적으로 사죄하고 전모를 밝힐 것, 책임자를 처벌하고 희생자들에게 보상할 것, 역사를 가르칠 것 등의 7가지 사항을 요구하며 일본 대사관 앞에서 1992년 1월 8일 이후 현재까지 수요집회를 계속하고 있다. 단일 주제로는 세계에서 가장 오래된 시위라는 기록을 세우면서 2019년 1월 9일 1369차 수요집회는 27주년을 맞이했다. 수요집회는 전범으로서의 도덕적 채무를 다하지 않는 일본과 이를 방관하는 한국 정부의 무책임을 드러내는 동시에 역사의 진실을 외면하고 여성의 인권을 유린하는 양국 정부의 가부장적이고 억압적인 태도를 보여준다.

전쟁과 관련하여 여성의 경험과 기억은 사적인 것으로 간주되어왔다. 지금까지 전쟁은 남성의 영역이라고 규정되어왔기 때문이다. 남성에 의해 기획되고 남성에 의해 수행되며 남성에 의해 기록되는 것이 전쟁과 관련된 공식역사였다. 여성의 경험과 기억을 공식적인 역사에서 제외하거나 은폐하거나 삭제함으로써 전쟁은 남성의 영역으로만 남는다.[7] 위안부의 역사에 대해서 일본이 절대 인정하지 않고 있는 것

---

6   위안부를 지칭하는 용어는 '종군위안부', '정신대', '성노예', '위안부 할머니' 등 여러 가지가 있다. 유엔에서는 그 의미와 본질을 명확하게 담은 용어로 '성노예 (sexual slavery)'를 채택하고 있으나 한국에서는 위안부 여성 당사자들의 거부감이 매우 크다. 본 연구에서는 학술적으로나 일반적으로 사용되는 '일본군 위안부'라는 용어를 사용하며 현재 우리와 함께 살아가고 있는 위안부 여성의 실재성을 강조할 경우에는 '위안부 할머니'라는 호칭을 병행하여 사용하기로 한다.

7   김현아, 『전쟁과 여성』, 여름언덕, 2004, 54쪽.

은 이러한 맥락에서도 볼 수 있다.

위안부 여성의 존재가 역사적 사실로 처음 확인되는 것은 1991년 고 김학순 할머니(당시 67세)의 증언에서부터 비롯된다. 당시 일본의 자민당 정권 정부가 '일본군 위안부는 민간업자가 제멋대로 데리고 다니는 것이지 군이나 국가가 관여하지 않았다'고 하자 김학순 할머니가 '산증인인 내가 나서서 공개증언을 해야겠다'고 결심한 것[8]이다. 이후 신고자는 200여 명에 달했지만 2019년 8월 현재 생존자는 20명에 불과하다. 이들의 연령대가 평균 93세인 것을 고려할 때 이 문제의 해결은 매우 시급하다. 8만에서 20만 명 정도로 추정되는 일본군 위안부 중에서 거의 대부분이 한국인 여성이었음에도 불구하고 90년대에 와서야 최초의 증언이 나온 것은 일본과 한국 정부의 무책임한 침묵과 외면에 큰 원인이 있다. 또한 그들은 성폭력의 피해자임에도 불구하고 순결을 지키지 못했다는 자책감과 죄의식 같은 성에 대한 여성 억압적 가치관에 젖어 있었다. 위안부 여성들에게 있어서 과거는 숨겨야만 하는 치욕스러운 사적인 삶으로 인식되었다. 그 결과 결혼이나 임신 출산을 포함한 여성으로서의 행복한 삶에 대한 희망이나 권리 같은 것은 일찌감치 포기하는 생에 대한 소극적 태도를 갖게 되었다. 이러한 억압적 현실을 극복하고 진실을 밝힌 위안부 여성들의 증언은 고양된 자의식의 반영이며 자신이 속해 있는 공동체의 일원으로서 당당하게 살아가고 역사의 피해자를 넘어서서 능동적 주체로 서려는 강인한 의지의 구현이다.

---

8 스즈키 유코, 『일본군 위안부 문제와 젠더』, 이성순 외 역, 나남, 2010, 44쪽.

위안부의 비극은 딸을 지키지 못하는 아버지 곧 국가의 비극이다. 위안부들은 개인의 확장된 의미로 당시의 국민들을 상징하며 아버지/국가의 무력과 무능에 의해 비참한 운명에 휘말려버리는 딸/여성의 비극성을 그대로 보여준다. 국가의 몰락은 가족의 몰락으로 이어지고 무력한 가족은 해체된다. 이 지점에서 보면 국가는 가족의 확장된 이름이며 가족은 국가의 축소판인 셈이다.

본 연구에서는 과거에 갇혀 살아온 위안부의 질곡의 삶을 새로운 시각으로 형상화한 〈아이 캔 스피크〉의 재현 양상을 통해서 위안부 여성의 삶에 담긴 개인적, 사회적, 역사적 의미를 정의하고 과거, 현재, 미래의 여성과 역사를 조망할 것이다. 과거와 현재를 연결하고 개인과 사회가 만나고 과거의 역사와 미래적 비전이 접점을 형성하는 다양한 의미가 공존하는 장을 지향하고자 한다.

2. 국가와 가족에서 벗어나 역사의 주체 되기

나옥분 할머니(나문희 분)는 시장에서 수선집을 하면서 혼자 살고 있다. 봉원동 도깨비 할매로 불리는 옥분은 24년 간 거의 매일 동네의 불법적인 사안에 대한 민원신청을 해온 결과 무려 8천 건의 민원신청 이력을 가진 구청의 블랙리스트 1호이자 기피인물이다. 명진구청의 9급 공무원 박민재(이제훈 분)는 고3인 동생과 둘이 살고 있는데 절차와 원칙으로 업무를 처리한다는 소신을 갖고 있으며 한편으로는 7급 공무원을 준비 중인 성실하고 책임감 강한 청년이다.

이 두 사람은 구청에서 민원인과 공무원으로 처음 만나지만 영어 공부라는 뜻밖의 매개체를 통해 연결된다. 자식이 없는 나옥분과 부모가 없는 민재 형제는 공적인 관계를 넘어 새로운 유사 가족의 친밀함을 형성하게 되고 위안부의 미의회 증언[9]이라는 역사적 사건의 주체와 조력자로서 동행하게 된다.

1) 경계인으로서의 위안부

옥분은 13세에 내선일체를 내세운 일본의 강요와 나라를 지키지 못한 식민지 조국의 외면으로 국가의 딸이라는 허울 좋은 명분에 의해 위안부가 되었다. 끔찍한 전쟁터에서 지옥과 같은 삶을 견디다 못해 목을 매달고 죽으려 했으나 정심(손숙 분)에 의해 구조된다. 위안부로 강제 이주된 어린 소녀들은 자매애를 형성한다. 아도르노는 이렇게 긴밀한 경험의 상호작용을 통해서 주체와 객체가 서열관계를 깨뜨리고 새로운 관계를 맺게 되는 것을 어우러짐이라고 했다. 어우러짐은 우연적인 것, 합리적으로 추론될 수 없는 것, 놀라운 것들의 계기를 가지고 있으며, 경험을 통해서 공감함으로써 분명해진다. 특정한 경험의 관계성 속에서 양자는 새로운 사태를 만들게 된다.[10] 소녀들은 고통의 경험을 통해서 자신을 인식하고 다른 존재들과의 어우러짐 속에서 새로운

---

9 실제로 2007년 2월 김군자·이용수 할머니는 미의회 청문회에서 일제의 만행을 증언했고 7월에는 미위안부 결의안이 통과되기에 이르렀다.
10 노성숙, 『사이렌과 침묵의 노래』, 여이연, 2008, 112쪽.

사태를 만들어내며 그 안에서 새로운 정체성을 구성한다.

그 이후 정심과의 자매애에 의지하여 치욕의 세월을 견디고 살아남은 옥분에게 있어 오늘은 더없이 귀한 날이다. '나'라는 존재의 가치를 증명할 수도 확신할 수도 없는 위안부에서 벗어나 평범한 할머니로 살아가는 시장통에서의 삶은 하루하루가 소중하다. 가족이 없으므로 동네의 일을 내 일처럼 살피며 살아가는 옥분에게 있어서 시장이라는 지역 공동체야말로 가족이나 다를 바 없다. 그래서 옥분은 시장통에서 이런저런 일들을 살피고 개선하기 위해 고군분투하느라 분주한 일상을 보낸다. 그러나 선의를 기반으로 한 이러한 노력은 도리어 시장 사람들과 구청 사람들로 하여금 옥분을 불편한 존재로 여기게 한다. 옥분의 과거를 알 리 없는 사람들에게 옥분은 유난스럽기 그지없는 귀찮은 존재일 뿐이다.

주변의 모든 문제를 내 가족의 일처럼 살피고 능동적으로 비판하고 참여하는 공적인 인물로 살아가는 옥분은 비로소 살아 있는 생명으로서의 주체가 된 것이다. 무기력한 국가는 옥분을 사지로 내몬 거대한 아버지/가부장/남성이었고 그것은 연약한 딸/여성이 절대 거부할 수 없는 것이었다. 옥분의 삶은 원치 않는 국가의 딸에서 평범한 가족의 딸로 변화하는 과정이며 나아가 가족으로부터의 소외를 극복하는 과정이고 타자에서 주체로 변화하는 과정이다.

그러나 옥분이 타자에서 주체로 완전하게 변화하기 위해서는 반드시 해결해야 할 과제가 있다. 그것은 바로 위안부로서의 자신의 삶에 대해 증언하는 것이다. 이러한 말하기의 과정은 인종과 국가, 민족, 젠더, 계층의 문제가 복합적으로 얽혀 있는 포스트식민의 다중적 쟁점을 제시하는 것이다. 미의회에서 옥분은 국제적인 언어인 영어로 증언을 시작해서 한국어로 바꾸었다가 진실을 왜곡하려는 일본인에게는 "더러운 돈 필요 없다"며 일본어로 공박하는 등 다양한 언어를 사용하고 있다. 언어는 단순한 의사소통의 도구가 아니라 그들의 정체성을 구성하는 가장 중요한 도구이다. 인간의 주체성은 언어를 통해 형성되고 인간은 언어를 통해 세상을 인식하고 교통한다. 그뿐만 아니라 언어는 곧 권력이기도 하다. 제국의 언어는 피식민자에게 강요되고 피식민지의 역사와 문화는 제국의 담론에 의해 왜곡되고 변형[11]된다. 영어는 옥분의 사적인 체험을 객관적으로 역사화하는 데 필요한 공적인 언어이며 한국어는 나의 나 됨을 반영하는 살아 있는 현재의 언어이다. 일본어는 가슴속에 깊이 묻어둔 과거의 언어로서 절대로 회상하고 싶지 않은 위안부 시절을 현재화하는 기능을 하는 언어이다. 위안부 시절에 상용화되던 일본어는 조국의 해방과 더불어 사용하지 않았으나 위안부 체험과는 견고하게 연결되어 있는 언어로서 끔찍한 시절을 복원하는 감정적 언어로 사용되고 있다.

　노령의 할머니에게 요구되는 삼개국 언어의 사용은 옥분의 과거부터 현재를 거쳐 미래로 이어지는 질곡의 시간을 역사화하는 데 필수불가결한 능력으로 제시된다. 한국어만 말하며 평생을 살아갈 수도 있었을 옥분에게 일본어가 국어인 시절이 있었다. 폭력적인 일본군에게 사정하고 간청하는 데 필요했던 언어, 목숨을 지키기 위해서 반드시 배워

11　오정화 외, 『이민자 문화를 통해 본 한국문화』, 이화여자대학교 출판부, 2007, 26쪽.

야 했던 언어, 몸으로 배운 처절한 언어라는 점에서 피 흘린 조국과 자신의 상흔을 그대로 담고 있는 언어라 할 수 있다. 끔찍한 시절과 연결된 일본어의 기억에서 놓여나고 싶었고 영원히 한국어만 하면서 살아갈 줄 알았는데 증언장에서 여전히 뻔뻔한 일본인을 만나자 본능적으로 일본어가 발화되는 장면은 일본어가 위안부 옥분에게는 절대 망각할 수 없는 체화된 분노의 언어임을 보여준다.

옥분이 영어로 증언하면서 위안부의 삶을 세계적으로 알리고 공식화하게 되자 반신반의하던 사람들은 옥분에게 감명을 받고 의심한 것에 대해 사과하며 진정한 경의를 표하게 된다. 통역과정에서의 오류를 막고 사실 그대로를 온전하게 전하기 위해 영어 공부가 필요했던 옥분의 성취는 엔딩에서 세계를 오가며 다양한 증언 활동을 펼치는 당당한 모습으로 그려진다. 외국 공항 입국장에서 영어를 할 수 있느냐는 질문에 대해 옥분은 자신 있게 말한다. "Of course." 일본어로 함축되는 치욕과 질곡의 삶은 사라지고 영어는 옥분에게 위안부로서의 삶의 의미를 명확하게 재의미화할 수 있는 계기이자 힘이 된다. "I can speak"라는 영화의 제목은 영어라는 도구를 사용함으로써 새로운 주체가 될 수 있는 옥분을 함축적으로 재현하며 "하위주체는 말할 수 있는가(Can the subaltern speak)?"라는 질문에 대한 답을 제시하기도 하는 것이다.

옥분은 시간적으로는 과거와 현재의 경계선상에 있으며, 공간적으로는 전쟁의 공간과 전후의 공간을 넘나들며 언어적으로도 한국어와 영어와 일본어를 넘나든다. 이런 점에서 옥분의 삶은 경계에 서 있는 삶이며 옥분은 경계인의 자리에 있다고 할 수 있다. 경계란 이쪽과 저쪽을 구분하고 나와 너를 구별하며 주체와 타자를 나누며 궁극적으로는 차별과 배제의 기능을 함으로써 경계인을 타자화한다. 그러나 경계인은 오히려 그 경계의 자리에 있음으로 해서 양쪽을 넘나드는 시선의 담지자가 된다. 옥분은 나라를 잃고 식민지 백성으로 살아야 했던 피폐한 일제시대와 현재 자유민주주의 국가인 한국의 경계에 살면서 오늘의 자유로운 한국이 어떤 과거의 질곡을 딛고 존재하는지를 잘 알고 있다. 곧 경계인은 이도저도 아닌 결여된 존재가 아니라 이도저도 모두 품을 수 있는 역동적 힘을 갖는다는 점에서 새로운 의미가 부여된 존재이다.

그래서 옥분은 주변에서 벌어지는 일상의 오류들을 어느 것 하나 소홀히 할 수 없는 사람이 된다.조국을 제대로 지키지 못하면 나라가 다시 어려움에 빠질 수도 있다는 위기의식을 갖게 되고 자유로운 오늘이 얼마나 소중한지를 깊이 인식하기에 그토록 많은 민원신청을 하는 사람이 된 것이다. 옥분이 주변 사람들과 오해를 풀고 지지 받는 인물로 변화하는 것은 위안부의 증언과 관련해서다. 시장 사람들은 옥분의 과거와 현재를 알게 된 후 진실한 마음을 담은 선물을 보내고 응원한다.

옥분은 무기력한 과거의 유령에 머물지 않고 증언을 통해 이산자아의 위치에서 벗어나 살아 있는 자아를 회복하게 된다. 이산자아는 조국과 언어를 잃어버린 고아의 상황에 있는 것을 의미한다. 언어를 잃는다는 것은 기억을 잃는 것이다. 그런 의미에서 증언은 기억을 다시 찾는 행위이자 이산자아가 존재를 확인하는 의미 있는 과정이다. 식민지시대와 전쟁은 끝났으되 아직도 일본과 한국 양국 정부의 무책임하고 부도덕한 태도에 의해 자아의 존엄성을 회복하지 못한 위안부 여성들은 여전히 조국의 땅으로 돌아가지 못하고 이산의 시대를 살고 있는 상황이며, 문제를 해결 받지 못하고 죽은 위안부 여성들은 이산자아로서 유령이 되어 떠돌고 있는 것이다. 잃어버린 여성의 역사를 망각에서 길어 올려 이야기를 통해 총체적으로 기억을 회복하는 일은 위안부 여성의 증언과 재현이 갖는 중요한 의의이다. 옥분은 "잊으면 지는 것"이라고 말하며 60년이 넘도록 위안부 시절을 기록한 낡은 사진 한 장을 깊이 간직해왔다. 그리고 마침내 그 기억을 꺼내놓는 자리에 서게 된다. 〈아이 캔 스피크〉는 이렇게 위안부를 지금 여기에 실존하는 존재로서 재현함으로써 주체화하는 장을 마련했다.

회상은 여성의 현실인식을 위한 첫 번째 사유의 계기가 된다. 회상한다는 것은 지배와 억압으로 인한 고통의 역사를 현재의 상황에서 맥락화함으로써 그 고통에서 벗어나는 것을 목표[12]로 한다. 회상의 주체로서의 여성은 희생되고 억제되었던 내면의 회복만이 아니라 남성 중심적 이성에 의해 지배되고 대상화되었던 자기 소외의 역사를 거스르는 흔적 찾기의 작업을 수행하게 된다. 이렇게 여성의 이야기하기가 갖는 치유의 힘으로 여성들 사이의 유대와 역사를 바로 세우는 것은 위안부 문제의 재현에서 매우 중요한 실천적 행위가 된다.

2) 하위주체의 말하기와 몸의 탈식민화

정심이 치매에 걸리면서 더 이상 위안부의 증언 활동을 못하게 되자 옥분은 언젠가는 자기가 그 일을 해야 한다는 생각을 하게 된다. 겉으

---

12 노성숙, 앞의 책, 100~102쪽.

로는 그토록 싫어하고 거부하지만 친구가 하는 일을 옆에서 보면서 자기에게도 그러한 사명이 있음을 인식하고 있다. 영어 공부라는 다소 엉뚱해 보이는 과제는 옥분에게는 실은 목숨을 걸고 해내야 하는 지상 명령인 것이다. 끔찍한 위안부 체험을 말한다는 것은 우리말로도 고통스럽기 짝이 없는 일이다. 그러나 주체가 되어 증언하고자 할 때 통역 과정에서 진실이 왜곡되지 않도록 하려면 자국의 언어가 아니라 세계 공용어인 영어로 말해야 한다. 나에 관한 말하기의 과정에서 강대국의 언어를 빌어야 한다는 점에서 여전히 식민주의가 계속되고 있음을 보여준다.

탈식민주의는 식민통치라는 억압의 역사가 남긴 유산 곧 식민지시대뿐만 아니라 독립을 한 후에도 계속 교묘하고 복잡한 형태로 파괴적 영향력을 행사하는 식민지배의 잔재를 탐색해서 그에 대항[13]하고 우리의 의식구조를 잠식한 식민담론을 비판하려는 것이다. 식민담론은 문명과 야만, 주인과 노예, 영성과 수성, 지성과 감정, 남성과 여성 등 이항 대립적인 구도에 따라 제국의 사람과 식민지인을 차별화하면서 후자에 대한 전자의 지배를 당연한 것으로 미화해왔다. 위안부 여성들이 자신의 질곡의 체험을 증언하는 일은 식민지시대와 식민담론의 억압을 뚫고 제국주의와 가부장제에 맞서는 동시에 비로소 역사의 주체로서 여성 자신을 복원하는 일이다. 여성들이 계승해온 '이야기하기'가 갖는 치유와 보호의 힘으로 여성의 주체적 역사를 세울 수 있으며 위안부 여성들의 증언은 역사의 진실을 세우는 토대로 기능할 수 있다.

---

13 태혜숙, 『탈식민주의 페미니즘』, 여이연, 2001, 33쪽.

옥분의 증언은 또한 하위주체로서의 말하기 과정이다. 하위주체란 성, 인종, 문화적으로 주변부에 속하는 이들을 지칭하는 것으로 프롤레타리아 개념을 확대한 것이다. 이들은 자본의 논리에 희생당하고 착취당하면서도 그 논리를 거슬러 올라갈 수 있는 저항성을 갖는 주체를 의미한다. 가야트리 스피박은 윤리성을 가진 지식인들이 하위계층 사람들에게 말을 걸어 그들로 하여금 말하게 하고 그것을 담론과 문화영역에 제대로 끌어들여야 한다[14]고 했다. 성, 계급, 민족적으로 약자인 위안부 여성들이 자신의 역사적 경험을 증언하는 것은 자신의 주체성을 재확보함으로써 타자에서 주체로 변모하는 과정이 될 수 있다.

'하위주체는 말할 수 있는가'라는 스피박의 질문은 흔히 오해되듯이 하위계층 여성들이 말할 수 없다는 의미라기보다는 이들의 저항적 경험이 기존 담론 안에 들어오기도 힘들고 들어온들 몇 겹으로 왜곡된다[15]는 것이다. 긴 침묵을 뚫고 표현된 위안부 여성들의 고백과 증언은 표현 과정에서 다시 가공되는 기억과 억압되는 진실 사이에서 혼란을 겪게 되고 사실과 일정한 거리가 있을 가능성도 있다. 그러나 증언은 한 사회의 지배담론의 영향권 내에 있는 사회적 역사적 산물이지만 동시에 지배담론이 개입된 공식적 기억과는 달리 이와 경합할 수 있는 대항 담론의 가능성을 가지고 있다.

옥분은 증언대에 섰지만 막상 말문을 열지 못한다. 하위주체인 옥분이 오랫동안 금지되어온 말, 억압당해온 말을 공식적인 장소에서 공식

---

14 위의 책, 120쪽.
15 태혜숙, 앞의 책, 161쪽.

화된 언어로 꺼내놓는다는 것은 당연히 어려운 일이다. 그럼에도 옥분은 자신의 미래를 위해 그토록 열심히 준비해온 7급 공무원 시험 중에 위안부 사진을 들고 미국까지 달려와준 민재를 보는 순간 용기를 얻어 입을 연다. 민재는 옥분에게 영어 선생을 넘어서서 이미 가족과 같은 소중한 존재가 되어 있었고 그들은 최선을 다해 서로를 돕는 유사 가족의 관계로 맺어져 있었다.

푸코에 의하면 사람들은 제각기 자신의 생각과 욕망, 자신의 과거와 꿈, 자신의 유년기, 질병과 비참에 대해 고백하며 가장 말하기 어려운 것을 정확하게 말하려고 애쓴다[16]고 한다. 고백은 진실을 드러내는 가장 유효한 방법이면서 자신의 진실을 검증하는 절차의 일종으로 기능하게 된다. 고백을 하는 사람은 고백을 통해 자신이 속한 혹은 속하고 싶은 공동체의 일원이 되고 싶다는 의지를 적극적으로 표명하는 것[17]이다. 이러한 측면에서 볼 때 위안부로서의 옥분의 고백은 현재의 시공간을 더불어 살아가는 사람들과의 관계 속에서 자신의 위상을 정립할 수 있는 행위라 할 수 있다.

또한 여성의 자기진술은 남성과 차이가 있는데 그 이유는 말하는 동기와 맥락이 다르고 표현 방식과 내용이 다르며 삶의 진실성이 전달되는 방식을 포함하여 이야기의 효과가 다르기 때문이다. 옥분의 말하기가 바로 그러하다. 위안부였다는 증거가 없기 때문에 옥분의 증언은

---

16 미셸 푸코, 『성의 역사 1』, 이규현 역, 나남, 2004, 78쪽.

17 유홍주, 「고백체와 여성적 글쓰기」, 『현대문학이론연구』 27, 현대문학이론학회, 2006, 198쪽.

유효하지 않다는 일본측의 입장에 대해서 옥분이 자신의 몸을 드러내 보이는 순간이 바로 기존의 관습으로 이론화 할 수 없는 체험에 기반한 여성만의 이야기 방식이다. 옥분은 배에 새겨진 수많은 상처를 보여주면서 "내가 바로 증거"라고 말한다. 그 순간 옥분은 불편하고 어색한 남의 말인 영어를 버리고 내 몸의 언어인 한국어로 말을 시작한다. 일본군이 새겨놓은 칼자국은 그들에게는 유희요 낙서요 쾌락이었지만 옥분에게는 지옥의 고통을 견디어낸 상흔이며 버티어낸 역사 그 자체였다.

이렇게 위안부 여성들의 몸은 일본 군인들이 성적 유린을 일삼던 몸이며 남성 폭력에 무방비적인 상태로 억압 받으며 훼손된 흔적이 각인된 몸이다. 그 이후로도 한국의 유교적 윤리의식과 가부장제의 억압 속에서 진실에 대한 침묵이 강요되면서 상처를 치유하지 못하고 살아온 인고의 세월이 아로새겨진 몸이다. 몸의 상처를 보여주면서 일본의 책임 있는 인정과 사죄를 요구하는 순간 옥분은 새로운 힘과 용기를 얻고 재탄생하는 의미 있는 몸으로 변화할 수 있다. 일본 군인들에게 유린당하던 수동적인 몸에서 벗어나는 몸의 탈식민화 과정을 실천하는 것이다.

일제시대가 끝난 이후에도 위안부들은 주체적 몸으로 존재할 수 없었다. 더럽혀진 몸으로서 수치와 굴욕을 당하였으며 결혼도 할 수 없는 부정한 몸으로 치부되었고 결혼 이후에도 불임의 몸이 되거나 남편이나 가족으로부터 멸시당하는 몸으로 살아왔다. 혹은 기지촌 여성이 되어 일본군에서 미군으로 주체만 달라졌을 뿐 성적 착취를 계속 당하기도 했다. 이러한 몸이 탈식민화한 몸으로 변모하기까지는 실로 아주

긴 세월이 걸렸고 이 영화에 와서야 비로소 그 변모의 양상을 보여주게 되었다. 이러한 의식화된 문화생산물을 통해 위안부 여성들의 삶과 역사와 문화를 어떻게 재현해야 하는지 곧 과거와 현재는 어떻게 만나고 미래로 나아갈 수 있는가 하는 문제에 대한 길찾기의 과정을 볼 수 있게 된다.

3) 되기의 주체와 새로운 가족의 형성

도깨비 할매라는 별명으로 주변 사람들의 질시와 배척을 받는 인물이었던 옥분은 미의회에서의 위안부 증언을 통해서 전혀 다른 인물로 변모한다. 과거를 극복하지 못하고 울분에 차 있던 인물에서 과거를 모두 극복하고 새로운 인물이 된다. 이 과정에서는 더럽혀진 몸이라고 과거사를 절대 발설하지 말라며 딸을 지워버린 어머니나 누나를 외면해온 동생과 같은 혈족이 아니라 질곡의 삶에서 만난 혈연관계가 아닌 사람들과의 관계가 기반이 되었다.

특히 위안부 시절 목숨을 구해준 정심은 과거에서 현재까지 가장 오랜 시간을 더불어 살아온 벗으로서 옥분의 삶을 지탱해왔다. 옥분은 비참한 과거를 떠올리기도 싫었지만 죽어가는 정심을 보면서 더 이상 피할 수 없는 자기의 사명을 인식하게 된다. 옥분이 증언하는 주체로 일어서는 데는 정심과의 목숨을 건 자매애가 가장 중요한 기반이 되었다. 생사고락을 함께 한 자매애는 옥분을 진정한 나-되기로 이끌었다.

들뢰즈에 의하면 여성은 소수자이다. 숫자가 적어서가 아니라 표준적인 항이 남성이기 때문이다. 남성이라는 이미지 혹은 이상이 먼저 있어서 누가 수용될 수 있는지 없는지를 지배하는 것[18]이다. 들뢰즈는 사유함 자체가 이동적이어야 하고 사유함 그 자체를 주체인 인간의 고정된 정초들로부터 해방시켜야 한다고 말한다. 이에 따르면 기존의 고정된 표준으로서의 인간 이외의 것이 된다는 것은 바로 여성−되기, 소수자−되기, 동성애자−되기 등을 의미한다. 이를 통해 고정된 부동의 항으로서의 생명을 넘어서 더 높은 강도의 생명을 향해 나아갈 수가 있다. 모든 효과적인 정치학은 우리가 누구인지가 아니라 우리가 무엇이 될 수 있는지에 호소하는 소수자 되기다. 소수자 되기의 '되기'는 모색하고 있는, 싸우고 있는, 뚫고나가고 있는, 새로운 길을 찾아 나서고 있는 현재진행형으로서의 소수자[19]를 중시한다.

겉으로는 유일한 가족인 남동생을 만나기 위해 영어 공부를 한다고 했지만 실상 옥분은 '언젠가는 내가 할 일이 생길 것'이라는 생각으로 영어 공부를 해온 것이다. 민재는 미국에 있는 남동생이 옥분을 거부한 이후 옥분이 실망할 것이 염려되어 영어 공부를 하지 말라고 해왔지만 옥분의 깊은 진실을 알게 된 후 진심으로 옥분을 돕는다. 옥분은 마침내 미의회에서 증언하게 되는데 이 모든 과정에서 옥분은 나의 생각, 나의 판단, 나의 선택, 나의 행동의 주체가 됨으로써 비로소 성인이 된 위안부상을 정립한다. 그동안 위안부 재현 예술 작품들에서 위안부가 무력한 피해자로서의 소녀상에 고착되어 있었다면 이 영화에서 비로소 위안부는 소녀에서 벗어나 피가 돌고 살이 있는 살아 있는 현 존

---

18 클레어 콜브룩, 『들뢰즈 이해하기』, 한정헌 역, 그린비, 2007, 36쪽.
19 이정우, 『천하나의 고원』, 돌베개, 2008, 226쪽.

재로서 형상화된다. 이것은 위안부 재현에 있어서 매우 긍정적인 요소로서 이전의 예술 작품들과 차별화되는 변별적 요소이며 새로운 지평을 여는 지점이 된다.

민재와 같은 과거를 모르는 젊은 세대와의 관계 맺음과 소통, 이해와 도움은 옥분에게 과거를 떨치고 미래로 나아갈 수 있는 원동력을 제공해주었다. 시장통에서 생라면을 씹어 먹는 민재의 동생을 본 이후 어머니의 마음으로 밥을 해주기 시작했고 민재 형제는 옥분에게 어머니-되기의 체험을 제공함으로써 그동안 경험하지 못했던 새로운 삶의 주체로 거듭나게 했다. 민재 형제는 결혼의 경험도 자식을 길러본 경험도 없는 옥분에게 자식을 기른다는 것과 가족과 더불어 산다는 것이 어떤 것인지를 처음으로 느끼게 해주었다. 명절날 전을 부쳐가면서 같이 먹는 세 사람의 모습은 가족을 넘어선 가족의 우의를 보여준다. 이는 옥분에게 뿐만 아니라 민재에게도 마찬가지로 영향을 미쳐 그의 마음속에는 옥분을 가장 소중한 가족 구성원으로 각인되게 한다. 민재는 7급 공무원 면접 시험장에서 옥분을 가족이라고 말하고 청문회장에서 위기에 처한 옥분을 구하기 위해 자기의 시험을 개의치 않고 미국으로 달려간다. 민재를 보는 순간 옥분은 용기를 얻어 유창한 영어로 증언하게 된다. 또한 시장통 사람들 특히 슈퍼를 하는 진주댁이나 족발집 처녀 혜정과 같은 여성들 간의 깊은 교감과 자매애는 혈연을 넘어서는 진정한 공감을 통해 진실한 유사 가족관계 맺기의 과정을 보여준다.

친구-되기, 어머니-되기를 기반으로 한 나-되기는 딸-되기와 누나-되기와도 연결된다. 어머니의 묘에 가서 긴 세월 자신을 억압해온 기억 속의 어머니에게 그간의 쌓인 것을 풀어놓고 어머니와의 관계를 회복한다. 옥분은 아들 앞길 막힌다며 죽을 때까지 위안부 시절을 꽁꽁 숨기고 살라고 했던 어머니와의 약속을 더 이상 안 지키겠다고 말한다. 그 이유는 '엄마보다는 정심이가, 정심이보다는 내가 중해서'이다. 옥분은 무덤 앞에서 이 터놓고 말하기의 과정을 통해서 진정한 동정과 위로와 이해의 말 한 마디를 해주지 않고 외롭게 자신을 방치했던 어머니의 굴레에서 벗어나게 된다.

미국에서의 증언 이후 그토록 그리워하던 동생도 만나게 되는데 입양아로 살아가는 남동생과는 모국어가 아닌 영어로 소통해야 한다. 제3세계의 이산자아로서 옥분과 남동생은 모국어로 소통할 수조차 없고 영어로 말해야 하는 타자의 자리로 내몰려 있다. 일제강점기에 자국의 딸들을 위안부라는 사지로 내몰았던 국가는 한국전쟁 이후에는 전쟁고아가 된 자국의 영유아들을 보호하는 대신 백인들의 유색인 자녀로 넘겨버리는 해외입양이라는 악행을 저질렀다. 국가는 부도덕하고 몰염치한 민낯을 자국의 국민들에게 감추고 왜곡하는 한편으로 오직 경제논리만을 앞세우며 달려왔다. 백인 사회에서 황인종 아동들이 겪은 정체성의 혼란과 고통은 매년 100억 원 이상이 넘는 입양기관의 수익, 완고한 가부장제와 단일민족이라는 허울 좋은 혈연주의 등 한국 사회가 가지고 있는 복합적인 부조리에 의해 지속되었다. 그중에서도 가장 큰 책임은 국가의 국민 보호의식의 방기[20]라 할 것이다. 옥분 남매에게 일어난 가족의 해체는 영어 공부의 동기를 제공하기 위한 플롯상의 이유도 들어간 것이기는 하지만 일면 위안부 문제만큼이나 심각한 문제

---

20 유진월, 『코리안 디아스포라, 경계에서 경계를 넘다』, 푸른사상사, 2015, 18쪽.

인 해외입양이라는 사안을 언급한 것만으로도 중요한 의미가 있다. 국가가 국민을 보호할 수 없다는 무기력과 보호할 의지가 없다는 비겁함은 어떠한 이유로도 변명할 수 없으며 국가라는 체제 자체의 당위성과 관련된 기본적인 요소인 까닭이다.

옥분은 그동안 무겁게 자신을 눌러온 과거에서 벗어나 새로운 되기의 주체로서 완전히 변모한다. 주체가 되는 순간 옥분은 어머니와 동생과의 혈연관계에 기반한 가족관계도 회복하고 민재 형제와의 현실적인 유사 가족관계도 형성한다. 혈연관계였던 어머니의 몰이해와 남동생의 외면과 달리 진실하게 힘이 되어준 민재 형제와의 우의는 오늘의 현대사회에서 이웃사촌이라는 새로운 가족의 탄생을 보여준다. 나아가 그동안의 고독했던 과거의 인물이자 질시의 대상에서 희망적인 현재와 미래를 지향하는 당당하고 존경받는 진짜 '할머니'로서 거듭나게 된다. 이는 재생의 과정이라 할 수 있다. i에서 I로의 변화는 이렇게 확실하게 완성된다.

옥분은 자신에게 부과된 무겁고도 중요한 임무를 성공적으로 수행한다. 이렇게 시장에서 미의회를 거쳐 다시 시장으로 돌아온 옥분의 스토리는 영약을 얻어 귀환하는 영웅의 일생 그 자체이다. 옥분이 시장에서 바삐 오가며 이것저것 참견하는 영화의 첫 장면과 끝 장면에서 옥분은 겉으로는 같은 인물이지만 내적으로는 전혀 다른 사람으로 변화되어 있다. 자신에 대한 존중과 자부심을 회복했으며 행복하고 당당하고 미래지향적인 인물이 된 것이다. 이것은 바로 새로운 주체의 탄생이다.

옥분 역의 나문희는 진실하고 자연스러운 연기로 위안부라는 화석화된 존재에 피를 돌게 하는 인물을 창조했다는 점에서 영화, 특히 역사를 재현한 영화에서 진정한 배우의 힘을 보여주었다. 나문희를 통해서 옥분은 따뜻한 내면과 배려심이 넘치는 공정하고도 열성적인 인물로서 오늘의 젊은이 역의 이제훈과 충분히 소통할 수 있는 생동감 넘치는 인물로 형상화되었다. 비로소 위안부는 회색의 쇠락한 역사책에서 걸어 나와 비로소 현실에서 우리와 함께 호흡하는 살아 있는 할머니/여성이 되었다.

한편으로는 그간 페미니즘에서 젊고/아름다운 여성이 모든 여성을 대표하는 존재인 것처럼 인식되었던 오류를 교정하는 데도 큰 기여를 한 작품이 되었다. 노년 여성/배우의 진정한 힘을 보여줌으로써 이 영화를 진짜 위안부 영화로 새롭게 만들었고 위안부를 비롯한 과거사를 어떻게 재현할 것인가에 대한 지침을 마련한 작품이 될 수 있었다. 이제훈을 비롯한 다른 연기자들의 다채로운 연기와 이성적이고 절제된 연출의 힘도 비극적 역사를 다루되 감상에 빠지지 않는 좋은 영화의 힘이 되었다.

3. 결론

한국 영화에는 근현대사를 재현하는 많은 영화들이 있다. 그중에는 역사를 바르게 전하는 영화보다는 흥미 위주로 왜곡하거나 가상의 사건들을 과장되게 그려냄으로써 역사를 왜곡하는 작품들도 있다. 재현이란 이념을 기반으로 한다고 할 때 과거사를 다루는 작품의 경우에는 더욱 역사를 해석하는 관점이 중요한 문제가 된다. 일제강점기는 특히 비극적인 역사적 사실이 많고 그중에서도 위안부 문제는 한일관계에서도 아직 해결되지 않은 중요한 사안이기도 해서 작품화하는 데 명확한 관점이 필요하다.

그동안 위안부를 소재로 한 작품들 중에서 역사를 보는 관점에서나 영화적 완성도에 있어서나 만족스러운 작품을 보기는 어려웠다. 그러나 〈아이 캔 스피크〉는 역사의 재현에 있어서도 독자적인 관점을 보여준 동시에 좋은 영화의 힘을 보여주었다. 비로소 살아 숨 쉬는 위안부 상이 탄생함으로써 과거의 역사에 고착되어 소녀로 혹은 유령으로 화석화되어 있던 존재에서 벗어나서 오늘의 청년들과도 소통할 수 있게 되었다. 비극적인 스토리를 희극적인 상황 속에 넣어서 위안부가 오늘 우리와 더불어 살아가는 실존적 존재임을 긍정적인 시각으로 그려내었다.

특히 위안부를 과거와 현재와 미래의 경계선상에서 그 한계를 넘나드는 경계인으로 설정하고 긍정적 에너지를 부여했다. 증언이라는 과정을 통해서 역사적 의미화의 주체로 서는 모습을 재현함으로써 타자에서 주체로 변화하는 위안부의 의미를 부각시켰다. 하위주체의 말하기를 통해서 여성의 말하기가 갖는 고유의 힘을 강조했고 몸의 탈식민화 과정도 보여주었다. 억압적인 가부장제와 여성의 몸에 대한 그릇된 순결의식에서 벗어나서 비로소 나를 찾아 확립하고 당당한 주체로 서는 모습을 보여주었다. 시장 공동체에서의 성공적인 어머니 되기, 친구 되기는 딸 되기와 누나 되기로 이어졌고 이 모든 과정에서 가장 중요한 목표이자 과제인 미의회에서의 증언을 통해 비로소 완전한 주체로서의 '나 되기'가 이루어졌다.

위안부를 비극의 역사에 침윤된 우울한 존재가 아니라 당당하게 역사의 증언을 할 수 있고 잘잘못을 분별하는 이성적이면서도 정감이 흐르는 인물로 재현한 나문희의 캐릭터 표현은 이 영화의 가장 큰 힘이라 할 수 있다. 그동안의 위안부 재현 방식에서 탈피한 새로운 인물 옥분은 역사물에 식상한 관객들과 소통할 수 있었고 나아가 위안부라는 역사적 존재에 대해서도 인간적인 교감을 가능케 했다.

최근의 한국 영화에서 여성인물이 주도적으로 이끌어가며 300만 명이상을 동원하여 흥행에도 성공한 작품으로는 2016년의 〈귀향〉과 〈덕혜옹주〉, 그리고 2017년의 〈아이 캔 스피크〉를 들 수 있다. 일제강점기를 시대적 배경으로 한 이 비극적 여성들을 소환하는 오늘의 한국 영화가 추구하는 것은 무엇인가를 질문할 필요가 있다. 영화는 그 시대와 사회를 반영하고 관객들이 그 문제에 관심을 가질 때 성공한다고 할 때 왜 오늘 이 여성들이 갑자기 재현되고 어떻게 흥행에 성공하는가 하는 점이다. 역사적 중요성과 의의에 의지하여 대중들의 관심을 받기 위한 목적으로 역사가 소환되어서는 안 될 것이고 그런 목적으로 만들어진 영화가 관객과 진정으로 소통할 수도 없다. 역사적 사건의 선택과 재현에 있어서 어떠한 이념을 기반으로 하는가에 대한 질문을 던져야 하고 이 영화들은 나름의 방식으로 이에 답하고 있다. 그중 〈아이 캔 스피크〉는 상당히 긍정적인 성취를 거두었다고 할 수 있다.

제7장

성적 주체로서의 노년 여성의 섹슈얼리티

〈바람난 가족〉〈돈의 맛〉〈죽여주는 여자〉

본 연구에서는 그동안 노인 연구가 남성을 기준으로 삼고 페미니즘에서는 젊은 여성이 모든 여성을 대표해온 것을 문제로 제기하며, 노년 여성의 섹슈얼리티를 재현하고 있는 세 편의 영화를 분석하였다. 일단 세 명의 여성들은 모두 주체적이고 능동적이며 용감하다는 공통점을 갖는다. 〈바람난 가족〉의 병한은 노년 여성의 섹슈얼리티 문제를 재현하는 인물들 중에서 가장 긍정적이다. 노년기에 접어들어 비로소 자신의 욕망을 인정하고 실현하게 되었으며 몸의 중요성과 가치를 인식하게 되었다는 의의가 있다. 남편의 죽음 이후 탈주하는 욕망의 주체가 되는데 이는 체제 내에서의 젠더 배역을 충실히 수행한 끝에 기존 체제의 야만성과 허위성을 자각하는 주체가 될 가능성을 보여준다. 〈돈의 맛〉의 백금옥은 강렬한 성적 욕망을 드러내는 인물로 돈과 권력의 힘을 빌어 자기중심적으로 욕망을 구현하는 남성들의 폭력적인 행태를 그대로 모방한다는 점에서 부정적인 면이 있다. 그러나 욕망에 충실한 몸을 적극적으로 구현한다는 점에서 성적 주체로서의 노년 여성을 당당하게 형상화한다는 의의가 있다. 이러한 여성상은 한국 영화에서 거의 유례가 없다는 점에서 새로운 인식의 지평을 보여준다. 〈죽여주는 여자〉의 소영은 노년기임에도 여전히 매춘부로 살아가야 하는 것은 비극적이지만 자신의 생을 스스로 책임진다는 점에서는 독립적인 여성이다. 그녀는 남성의 욕망의 대상에서 점차 성녀로 미화되고 있으며 여성에게 부과된 탕녀와 성녀라는 이중적 고정관념을 모두 재현하는데, 이는 남성들의 이기심에 의한 것으로 여성에 대한 심각한 왜곡을 보여준다. 이렇게 섹슈얼리티를 중심으로 노년 여성의 재현과 주체 형성에 관심을 기울임으로써 페미니즘의 의미를 확산할 수 있을 것이다.

성적 주체로서의 노년 여성의 섹슈얼리티
〈바람난 가족〉〈돈의 맛〉〈죽여주는 여자〉

나는 여자가 아닙니까?
— 소저너 트루소

1. 서론

한국 사회는 2000년을 기점으로 전체 인구에 대한 65세 이상의 인구 비율이 7퍼센트를 넘어서는 고령화 사회로 접어들었다.[1] 2018년에는 노인 인구가 14퍼센트인 고령 사회로, 2026년에는 20퍼센트인 초고령 사회로 진입할 예정이다. 2050년에는 노인 인구가 전체 인구의 38.2퍼센트에 이르는 세계 최고령 국가가 된다는 분석[2]까지 나왔다. 이렇게 급격하게 고령화 사회에 진입하면서 다양한 노인 담론이 펼쳐지고 관심도 증가하고 있다. 그러나 노인이라고 할 때 그것은 대개 남성을 의미하는 것이며 노인에 대한 담론을 생산하고 있는 학문 분야에서도 노인 연구는 거의 남성 중심적으로 이루어지고 있다.

---

1 김수영 외, 『노년사회학』, 학지사, 2009, 19~21쪽
2 임옥희, 『채식주의자 뱀파이어』, 여이연, 2011, 252쪽.

페미니즘 담론이 한국에서 활발하게 논의된 이후 여성 연구가 매우 활성화되어 의미 있는 결과들이 축적되었다. 그러나 노년 여성은 '할머니'로 지칭되는 헌신적인 보살핌의 주체로만 간주되고 여성성을 상실한 지 오래된 중성적 존재로 여겨진 결과 페미니즘의 측면에서도 외면당해왔다. 성문제로 넘어가면 무관심은 더욱 극대화된다. 페미니즘은 여성의 문제를 넘어서서 약자들의 해방과 평등으로 나아간다는 의미에서 주변화 된 타자를 모두 포용하는 윤리적 담론이기에 오늘의 고령화 사회에서 여성/노인을 탐구하는 기본적인 시각이 된다.

영화에서도 노인의 성, 특히 노년 여성의 성은 극히 소외된 분야에 속한다. 이러한 상황을 고려할 때 한국 영화의 노인 성담론이 노년기 여성의 경험을 어떻게 반영하고 있는지 검토해야 할 필요가 있다. 본 연구에서는 한국 사회와 한국 영화에서 다중으로 억압되고 소외된 주제인 '노인/여성/섹슈얼리티'라는 키워드를 중심으로 영화를 검토하고자 한다. 현재 용어조차도 통일이 안 되어 '여성 노인/노인 여성' 등으로 혼용되고 있는데 본 연구에서는 '노년기의 여성'이라는 의미로 '노년 여성'을 사용하고자 하며 이는 널리 통용되고 있는 '중년 여성'과의 연속선상에서 볼 때 적절한 용어라고 본다.

노년 여성의 섹슈얼리티를 재현하고 있는 영화 중에서 '변화하는 시대상을 담은 2000년대 이후의 영화, '노인/여성/섹슈얼리티'라는 세 가지 키워드를 모두 담은 영화, 예술성을 갖춘 영화'라는 세 가지 기준에 의하여 세 편의 연구 대상 작품을 택하였다.

제목/감독	주연	해외 영화제 참여와 성과
바람난 가족(2003) 임상수	문소리 황정민 윤여정	제30회 겐트영화제 – 감독상 제6회 도빌아시아영화제 – 최우수작품상
돈의 맛(2012) 임상수	김강우 백윤식 윤여정	제27회 프리부르국제영화제 제23회 스톡홀름영화제(아시아 이미지) 제61회 멜버른 국제 영화제(악센트 온 아시아) 제65회 칸영화제(경쟁부문) 제7회 파리한국영화제
죽여주는 여자(2016) 이재용	윤여정 전무송	제20회 판타지아 영화제 – 각본상 · 베스트여배우상 제15회 뉴욕아시아영화제 제65회 멜버른국제영화제 제66회 베를린국제영화제(경쟁부문) 제47회 인도국제영화제 제60회 런던국제영화제

이 작품들은 성에 대한 특별한 관점과 시각으로 과감하고 도발적인 영상을 추구하는 임상수 감독과 탑골공원의 소위 박카스 아줌마를 통해 한국 노인사회의 성문제를 제기한 이재용 감독 등 노인의 성담론에 대한 관심이 높은 감독들의 작품으로 다수의 영화제에 참가하거나 수상함으로써 예술성이 입증된 영화이다. 오늘의 사회를 문제적으로 반영할 뿐만 아니라 현재 한국의 다양한 계층의 여성상을 보여주고 있다는 점에서 사회적으로도 유효한 텍스트라 본다. 특히 이 영화에는 모두 윤여정이 등장하는데 한 명의 여배우가 노년 여성의 섹슈얼리티 문제를 다룬 영화에 지속적으로 출연한다는 점에서 일련의 유의미한 흐름을 볼 수 있다.

페미니즘에서 흑인 여성의 문제를 주창했던 '나는 여자가 아닙니까?[3]라는 소저너 트루소의 질문은 노년 여성의 문제에도 적용된다. '젊고/날씬하고/아름다운/백인/여성'만이 페미니즘에서 말하는 기준점으로서의 '여성'이 아니라 '노년 여성'도 페미니즘 연구의 영역이다. 성적 주체로서의 노년 여성을 새롭게 정의하고 성적 욕망을 구현하는 인물들을 통해 가부장제의 억압에 대항하여 새로운 역할을 구축하고 주체로 형성되는 과정을 분석하려 한다. 사회와 페미니즘 안에서 이중의 타자였던 노년 여성[4]의 문제를 전경화하고 의미 있는 노년 여성의 삶을 전망하고자 한다. 사회적 차원에서 무가치한 것으로 여겨진 잉여의 삶에서 가치를 찾아내는 것이 페미니즘의 과제[5]이기 때문이다. 한국은 근대화 과정에서 생산과 발전을 남성적인 것으로 제한하고 여성은 배제해왔다. 또한 가부장제에 의해 남성은 다양한 사회적 주체로 행동하지만, 여성은 수동적 존재로 조직화되어 다양한 정체성에도 불구하고 탈역사적, 생물학적, 본질적인 존재라는 동일성에 묶여 있었다. 근대화 과정부터 이런 식으로 규정되어온 여성의 역할을 돌이켜볼 때 노년 여성이야말로 그 억압의 경험을 가장 잘 드러내는 계층이라 할 수 있다. 그러나 영화에서 노년 여성은 거의 등장하지 않았고 등장하는 경우에도 주변적이고 부수적인 존재로만 재현되었다. 영화에서 재현은

---

3 1851년 미국 오하이오주 애크런에서 열린 여성인권대회장에서 흑인여성 노예 소저너 트루소는 여성운동이 인간 자유에 대한 것이고 모든 차별 받는 사람들의 권리회복 운동임을 주장하는 연설을 했다.

4 이화인문과학원, 『젠더 하기와 타자의 형상화』, 이화여자대학교 출판부, 2011, 196쪽.

5 임옥희, 앞의 책, 270쪽.

그 사회가 지닌 문화를 이해하는 준거가 되는데 사회적으로 무관심한 존재인 노년 여성을 굳이 재현할 이유가 없었던 것이다.

그러나 여자라는 이유만으로 차별받는 정치, 경제, 사회, 문화, 도덕, 윤리에 뿌리박힌 구조적 불평등과 모순을 평등과 합리성으로 바꾸려는 페미니즘의 시각에서 보면 노년 여성은 중요한 관심의 대상이다. 여성의 주체성 확립은 주변부로 밀려나 소외된 여성들을 중심부로 이동시키는 정치적 변화의 핵심 과제이다. 여성의 사회적 위치를 분석하는 페미니즘 영화비평은 이러한 변화를 촉구하는 하나의 정치적 실천이다. 페미니즘 영화비평은 남성이 주도하는 문화 영역이자 남녀 간의 성 이데올로기가 치열하게 격돌하고 투쟁하는 격전지[6]인 영화가 어떻게 여성을 재현하는지 분석하고 남성 중심의 재현을 전복시키려 노력한다. 재현은 우리를 둘러싸고 있고 우리가 연루되어 있는 권력관계에 참여하는 일종의 규제이며 정상화 전략이라는 푸코의 견해를 수용하면 영화에 대한 페미니즘 비평은 시각적 재현의 권력에 대한 저항[7]이다.

여성의 섹슈얼리티를 수동성과 결합하는 문화에서 여성의 욕망에 관해 말하는 것 또한 문제적이다. 여성이 욕망과 섹슈얼리티에 관해서 쓴다는 것, 곧 침묵당하는 여성의 위치를 자각하면서 글을 쓴다는 것은 지배적인 의미 체계의 산물을 의미의 생산자로 변화시키는 것[8]이

---

6 서인숙, 『씨네 페미니즘의 이론과 비평』, 책과길, 2003, 13쪽.
7 케티 콘보이 외, 『여성의 몸 어떻게 읽을 것인가』, 고경하 외 역, 한울, 2001, 301~303쪽.
8 수잔 보르도, 『참을 수 없는 몸의 무거움』, 박오복 역, 또하나의문화, 2003, 328쪽.

다. 여성이 그 문제에 대해서 쓰는 순간 침묵하고 무기력한 존재로 정의되던 여성성은 가부장제에 대해 이의를 제기한다.

본 연구에서는 성적 행동이나 현상, 혹은 성욕이나 성본능 등을 의미하는 섹슈얼리티[9]를 성적인 특성을 갖는 행위나 태도 및 이를 둘러싼 느낌이나 욕망, 실천, 정체성을 포괄하는 광범위한 개념으로 사용한다. 또한 성을 사회적·역사적 구성물로 보는 푸코의 관점에 동의하여 섹슈얼리티가 권력관계의 산물이자 사회적 관계망 안에서 구성되며 불평등한 성별 권력을 매개하는 정치적 측면이 있음을 중시한다.

이상의 관점을 기반으로 한 본 연구의 목표는 다음과 같다.

첫째, 영화에서 노년 여성의 성이 재현되는 방식과, 그들의 성과 '남성/젊은 여성'의 성 사이의 차별성을 분석하여 육체의 정치성을 규명한다.

둘째, 노년 여성이 성적 주체로서 자신의 섹슈얼리티를 구현하는 방식과 그 재현 양상의 의미를 여성 주체성의 문제와 연관하여 규명한다.

셋째, 영화에서 재현되는 노년 여성의 섹슈얼리티를 통해 가족의 윤리와 사적 욕망의 정치학의 충돌 양상을 분석한다.

---

9 미셸 푸코, 『성의 역사』, 이규현 역, 나남출판, 1992, 9쪽.

시네 페미니즘 : 가족은 없다

2. 노년 여성의 섹슈얼리티와 욕망의 정치학

1) 에로스적 욕망의 주체, 〈바람난 가족〉의 병한

30대 변호사 영작(황정민 분)과 아내 호정(문소리 분)은 입양한 7세 아들 수인과 한 가족을 이루고 살고 있다. 영작의 아버지 창근(김인문 분)은 6·25 때 가족을 잃어버린 상처로 평생을 술에 의존하여 살아온 알코올 중독자로 간암 말기 선고를 받았다. 때마침 그의 아내 병한(윤여정 분)과 아들, 며느리는 모두 저마다 바람이 났고 수인이 뜻하지 않은 죽음을 당하면서 호정의 가족은 와해될 위기에 처하게 된다.

(1) 결혼제도의 안과 밖, 아들 부부의 경우

영작은 나이 어린 애인과, 호정은 옆집 고등학생(봉태규 분)과 바람이 났다. 영작은 애인과 떠난 여행에서 술에 취해 오토바이를 몰던 지루(성지루 분)와 교통사고가 나고 그의 손에 아들을 잃는다. 아들의 죽음의 충격에서 벗어나지 못한 호정과 영작은 서로의 바람을 빌미로 심한 다툼을 벌인다. 그 후 영작은 애인의 집으로 달려가지만 거기에는 그녀의 또 다른 애인이 있고 영작은 쫓겨난다. 호정은 옆집 고등학생의 아이를 임신하고 병한은 죽어가는 남편을 아랑곳하지 않고 새 삶을 추구한다.

서로에 대한 사랑과 신뢰가 모두 깨어지면서 가족은 해체를 눈앞에 두고 있지만 이는 동시에 새로운 가족의 탄생으로 이어진다는 점에서 아이러니를 보여준다. 호정은 임신한 아이와 함께 남편도 아이의 아빠도 인정하지 않는 한부모 가정을 이룰 예정이고 병한은 남편의 죽음 이후 동창과의 결혼을 앞두고 있다. 창근은 만약 죽지 않았다면 병한으로부터 이혼을 요구받았을 것이다. 아버지와 마찬가지로 불성실한 가장 노릇으로 일관하던 영작도 호정에게서 '아웃' 당한다. 아들과 아버지는 각기 며느리와 시어머니에 의해 버림받고 두 여자는 자신이 선택한 생의 주체가 된다.

호정은 결혼제도 안에 있지만 남편을 구속하는 대신 개인의 자유를 존중하고 남편에게 사적인 영역을 허용하는 동시에 자신의 성적 욕망을 구현하고자 할 때도 거리낌이 없는 쿨한 여자로 그려진다. 호정은 결혼이라는 제도가 서로에 대한 의무나 책임만으로는 유지될 수 없다는 것을 인정하고 있으며 노년기의 병한에게도 결혼은 전혀 구속의 틀로 작용하지 못한다. 자신의 미래가 병한의 그것이 되기를 원치 않는 호정은 일찌감치 제도를 깨뜨리고 나아간다. 자신의 몸에 대해서, 성적 욕망에 대해서, 욕망의 구현에 대해서 죄의식 없는 이 여성들의 거침없는 솔직함은 비밀스럽고 이기적이며 자기중심적인 남성의 그것과는 전혀 다르다. 능동적인 성적 주체로서의 이 여성들은 남성에게 의존하지 않으며 독립적으로 가족을 형성하려 한다.

이 작품에서 재현되는 여성들은 남성 감독의 가치중립적인 시선 혹은 전위적인 시선에 의해 성적 주체로서의 여성상을 보여준다. 호정은 자기중심의 가족 모형을 탐색함으로써 남성, 혈연, 가부장 대신 여성, 유대, 연대감, 사랑의 관계를 선택하는 여성상을 구현한다. 〈바람난 가족〉은 스스로 성욕을 구현하는 여자들, 그에 대해 죄의식이 없는 여자들, 제도와 관습과 법이라는 규율에 시달리지 않는 쿨한 여자들을 통해 용감한 여성상을 제시하는 새로운 영화이다.

(2) 정직한 몸의 주체에서 당당한 성적 주체로

영화에서 재현되는 대상은 언제나 그 시대가 요구하는 특정한 척도를 만족시키며 이미지화[10]된다. 그래서 노년 여성의 문제는 영화계와 연구자 양측으로부터 오랫동안 소외되어왔다. 기존의 페미니즘 영화 연구가 여성문제를 다룰 때 기본적으로 젊은 여성을 기준으로 삼고 노인 문제를 도외시했다는 점을 비판하고 노년 여성의 문제를 적극적으로 표현한 영화 혹은 인물을 탐색할 때 병한은 상당한 의미가 있는 인물이다.

60세인 병한은 초등학교 동창과 바람이 났다. 술병을 끼고 사는 남편과의 관계에서는 평생 한 번도 오르가슴을 못 느꼈다는 그녀는 그나마도 안 한 지 15년 만에 늙은 애인과의 섹스를 통해서 새로운 자신을 발견한다. "미안하고 챙피하고 죄의식 느끼고 그럴 거 없잖아. 그냥 내 몸 원하는 대로 내 몸에게 해주는 게 맞지?"라고 자신의 오늘을 정리하는 병한은 "이 나이에 내가 이럴 수 있다는 게 니들 이해 안 되지?"라며 아들 부부에게 묻기도 한다. 시어머니의 솔직한 고백에 호정은 진심 어린 응원을 보내고 영작은 황당해한다.

공항에서 남자와 떠나면서 병한은 아들에게 "술 마시지 마. 인생 맨 정신으로 살아야지. 아버지 보고도 몰라."라고 말하면서 삶의 진실과 직면하기를 요구한다. 행복하지 못한 인생을 모두 남편 탓으로 돌리며

---

10 이진경,『문화정치학의 영토들』, 그린비, 2011, 215쪽.

엉망으로 살았다고 회고하는 병한은 자신의 육체와 감정 모두에 솔직하게 살기로 한 지금에 와서야 자기 인생의 주인이 되었음을 느낀다. 이 지점에서 그동안 한국 영화가 노년 여성을 섹슈얼리티 문제와는 거리가 먼 무성적 존재로 도외시한 것에 대한 반성적 시각이 요구된다.

새로운 사회 구성을 위해서는 새로운 주체 구성이 필요하며 여성 주체성을 정교화하기 위해서는 욕망이 문제가 된다. 진열되는 육체로서 남성 관음증의 대상으로 존재하는 수동적 여성의 자기감시는 가부장제에 대한 헌신이며 몸에 대한 통제는 마음마저 통제하는 지배 권력을 낳는다.[11] 그러므로 은폐되고 억압된 여성의 섹슈얼리티를 드러내는 것만으로도 여성을 위한 정치적 의미를 수행하는 것[12]이다. 결국 가부장제 사회에서 오랫동안 소외된 여성의 성에 관한 페미니즘적 재현과 연구는 그 자체로 문제적인 저항이다. 섹슈얼리티의 탐구와 구현의 노력은 획일화된 가치의 사회에서 낯설게 보이고 때로 징계를 받기도 한다. 그러나 이러한 탈주욕망은 세상에 대해 이의를 제기하는 변화의 시발점이 될 것이다. 병한은 성적 주체로서의 노년 여성들의 방향 설정을 위한 하나의 이정표가 된다. 결혼제도와 맞서는 이 여성은 자신의 성에 대한 솔직하고 주체적인 실천 양상을 보여준다. 병한은 몸과 성과 쾌락을 인정하고 수용하는 것이 여성에게 얼마나 중요한지를 말하고 새로운 삶으로 나아가는 당당한 여성상을 구축한다.

---

11 케티 콘보이 외, 앞의 책, 237쪽.
12 서인숙, 앞의 책, 282쪽.

(3) 아내의 자리와 가족 윤리의 문제

이 영화는 성을 통해 여성이 자기의 존재를 찾아가는 과정을 보여준다. 이 바람난 가족들의 서사에서 궁극적으로 도달해야 하는 목표 지점은 여성이 섹슈얼리티를 통해 완전한 주체를 형성해가는 과정 그 자체이다.

병한은 "내가 진짜 어른이 된 기분이다. 내 인생 내가 책임지는."이라고 말하며 몸의 욕망에 솔직한 여성의 자부심을 드러낸다. "인생 솔직하게 살아야 하는 거드라. 내 느낌대로. 사는 거 같이 살아야지. 아, 내가 아주 좋아. 아주 뿌듯해."라고 말하는 병한은 한국 영화에서 본 적이 없는 새로운 노년 여성상이다. 자신의 욕망을 당당하게 인정하고 뿌듯해하는 모습은 헌신하고 절제하는 모습으로만 비추어져 왔던 기존의 어머니/할머니 상과는 전혀 다르다.

몸과 섹슈얼리티에 대한 여성적 담론을 생산하는 것은 여성의 주체성을 획득하는 유효한 방법이다. 여성의 몸은 자아와 정체성이 형성되는 근원적인 장소이며 섹슈얼리티의 주체가 되려는 여성은 식민화되지 않은 자아를 발견하게 된다. 병한은 여성의 탈주욕망을 이끌어내고 몸의 주체이자 성적 주체로서 진정한 주체로 변모하는 여성상으로 의미화 된다.

그러나 여기서 윤리적 문제가 대두된다. 남편이 병중에 있고 위독한데도 남자를 만나고 장례가 끝나자마자 남자와 떠나는 병한의 행동은 일반적인 윤리의 수준과는 배치된다. 병한은 환자인 남편을 개의치 않고 담배를 피우기도 한다. 남편이 자기도 한 대 달라고 하자 담뱃갑을 던지며 "실컷 피고 빨리 죽어요."라고 냉소적으로 말하고 장례 이후에도 최소한의 슬퍼하는 기색도 없이 "시원하다"고 말한다.

　이러한 병한의 현재에 정당성을 부여해주는 것은 아들 부부의 결혼 생활이다. 아들의 방탕하고 부도덕한 성생활, 그것을 알면서도 모른 척하는 며느리는 거의 병한 부부의 젊은 시절을 유추하게 한다, 현실 부적응자로서 알코올 중독자가 된 남편을 참고 살았던 병한의 과거를 아들 내외를 통해 현재화함으로써 윤리적 도덕적 기준으로부터 면죄부를 준다. 임상수 감독은 〈바람난 가족〉을 통해 몸의 중요성에 대한 관심이 점점 커지고 있는 현대사회를 반영하며 몸과 정신으로 인간을 이분화해온 오래된 관념을 와해시킨다. 몸이 더 이상 정신의 하부구조가 아닌 진정한 주체 형성의 기반이 된다는 인식을 보여준다. 특히 노년 여성의 섹슈얼리티를 놀랍도록 발랄하고 사랑스럽게 재현함으로써 여성/영화에 대한 매우 전위적인 의식을 보여주었다. 특유의 냉소적이면서도 엉뚱한 분위기의 윤여정은 한국 영화에서 처음 보는 개성 넘치고 매력적인 노년 여성상을 창조해냈다.

2) 남성적 욕망의 모방과 허무, 〈돈의 맛〉의 백금옥

　임상수 감독은 섹슈얼리티를 통해서 인간의 욕망의 근원을 파헤침으로써 오늘의 한국 사회를 해부해왔다. 〈처녀들의 저녁식사〉, 〈바람난 가족〉, 〈하녀〉를 잇는 〈돈의 맛〉에서도 재벌가의 화려함 속에 숨겨진 추악한 욕망들이 드러난다. 돈의 맛에 빠져 스스로 모욕적인 삶을 살아왔다고 자책하던 윤 회장(백윤식 분)은 마지막 사랑으로 하녀를 택하며 육체적 관계를 가진다. 그의 아내인 백금옥(윤여정 분)은 비서인

주영작(김강우 분)의 젊은 육체를 탐하고 이혼녀인 딸 나미(김효진 분)도 주영작에게 육체적 욕망을 느낀다. 아들 철(온주완 분)은 할아버지와 아버지에게서 배운 온갖 권모술수를 통해 재벌 3세의 자리를 굳혀간다.

(1) 돈의 맛과 모욕의 섹슈얼리티

윤 회장은 백금옥과의 결혼을 통해 평생 돈과 권력을 마음대로 누리며 살았다. 그러나 노년기에 들면서 자신의 생을 '모욕'이라고 요약한 그는 타락한 생을 반성하며 진실한 사랑을 결심한다. 돈 때문에 결혼해서 원 없이 돈을 쓰며 살았지만 자신의 인생이 곤경 그 자체였다며 허탈해 하는 아버지를 나미는 비로소 이해하고 연민을 느끼며 용서하고 화해한다.

마지막 여자인 필리핀 하녀 에바에게 좋은 남자가 되고 싶다는 윤 회장의 진심은 아내에 의해 모욕당하고 멸시의 대상이 된다. 공항에서 에바와 함께 필리핀으로 출국하려 하지만 아내에 의해 좌절되고 금고에서 돈이라도 가져가려 하지만 그것도 불가능하다. 더욱이 초라한 집으로 도피한 두 사람을 찾아내는 아내의 집요함 앞에서 자살하는 것으로 윤 회장은 쓰레기 같은 자기의 인생에 대한 패배선언을 한다. 그는 마지막으로 아내에게 말한다. "백 여사, 위대하신 비즈니스 우먼. 가까이 오지 마. 당신 싫어. 난 니가 가엾다. 금옥아, 넌 어떻게 끝까지 그렇게 사냐?"

윤 회장이 자신의 생을 돌아보고 비판적인 회한에 빠지는 것과 달리 백금옥은 끝내 변화하지 않는다. 임신한 에바를 익사사고로 위장하여 살해하는 것은 물론 남편을 저주한다. 그러나 윤 회장이 문란한 생활을 하는 동안 정관수술로 애주접은 막았다는 백금옥의 말은 그녀의 결혼생활 또한 녹록치 않았음을 보여준다. 자식만은 안 된다는 최소한의 선을 넘어버린 에바와의 관계는 그래서 백금옥의 분노의 대상이 된다. 윤 회장의 죽음은 각종 비리로 감옥에 있던 아들의 출소로 이어지면서 마지막으로 윤 회장은 이 재벌가에 기여하게 된다.

감독은 평생 막대한 돈과 권력의 맛과 성적 쾌락을 누리면서도 끝내 행복도 평안도 누리지 못했던 윤 회장의 생을 통해 자신의 생을 돈에 팔아버린 인간의 말로를 적나라하게 보여줌으로써 물화된 자본주의사회에 대한 경고를 던지고 있다.

(2) 타락한 남성적 욕망의 구현

영화와 섹슈얼리티의 관계를 논할 때 우선 문제되는 것은 영화가 여성의 섹슈얼리티를 어떻게 표현했는가 하는 것이다. 자본주의의 산물인 영화는 지배적 이데올로기를 중심으로 표현하기 때문에 영화에서 여성의 섹슈얼리티 재현 양상을 논하는 것은 페미니즘의 실천 영역에서 중요하다. 남성의 지배욕망을 위해 물신 구실을 하는 여성의 몸이 영화에서 어떻게 사회적 규범을 강화하는지를 보는 것은 여성의 몸에 대한 가시성의 정치학[13]이라 할 수 있다.

백금옥은 남편의 방에 CCTV를 설치하고 감시한다. 판옵티콘의 막강한 권력에서 비롯되는 그녀의 시선은 흡사 남편을 감옥에 가두고 감

---

13 케티 콘보이 외, 앞의 책, 22쪽.

시하는 간수의 그것과 같다. 남편이 에바와 섹스하는 것을 본 금옥은 화풀이하듯 주영작과 강압적인 섹스를 한다. "나 이렇게 비참해도 되는 거니? 너는 알잖아. 내가 얼마나 힘든지 얼마나 괴로운지 얼마나 외로운지."라고 말하며 영작의 옷을 벗긴다. 그가 거부하자 백금옥은 단호하게 말한다. "가만 있어"

〈바람난 가족〉에서 정직하고 당당한 성적 주체였던 여성/윤여정은 〈돈의 맛〉에서 남성적인 돈과 권력의 힘을 빌려 강제성과 강압성을 띤 성적 주체로 변모한다. 그토록 부도덕하게 그려지는 남성들의 성적 욕망을 비난하던 여성이 어느새 그 남성의 행태를 모방하고 있다. 돈과 권력을 동원한 남성적, 폭력적, 육체적 관계는 만족스러움과는 거리가 멀다. 서로를 존중하는 사랑에 기반하지 않은 관계는 회의만이 남는 허무한 육체적 관계로 서로에게 모멸과 모욕으로만 남는다.

다음 날 영작이 백금옥과의 관계를 역겨워하며 사표를 쓰겠다고 하자 백금옥은 말한다. "어제 있었던 일 두 번은 없어. 없었던 일로 치자. 어제 일은 내가 미안했어. 늬들 술 먹고 많이 하잖아. 원나잇이라고. 똑같잖아. 아니야? 늙은 나랑 그런 게 너한테 그렇게 치욕적이야? 늙은 여자도 하고 싶은 때가 있단다."

백금옥은 잘못을 인정하는 듯 사과하면서도 자신과 영작의 관계를 원나잇으로 규정함으로써 감정이 배제된 충동적인 일로 단정한다. 또한 그 관계는 강압성이 문제가 되는 상황인데 늙은 여자라는 자신의 나이를 언급함으로써 본질을 훼손하고 자신을 변명하려고 한다. 그러나 한편으로는 그 관계에 대한 보상을 확실하게 해줌으로써 영작을 자신의 울타리 안에 두려고 한다. "이 방 나 말고는 니가 처음이야"하며 판옵티콘의 시선의 담지자로서의 역할을 영작에게 부여하고 자신을 포함한 남편과 가족들과의 대화 장면을 엿보게 한다. 그를 의식한 듯 그에게 아버지가 하던 일을 넘기겠다고 한다. "걔 자존심 강하지도 못해. 거절 못해. 키워 보자구." 이 장면을 통해서 백금옥은 자신과 인간적 관계를 거부하는 것은 물론 하녀에게 임신까지 하게 한 남편을 완전히 거세시키고 젊은 남자인 영작을 상징적 남편의 자리에 앉히고자 하는 선택을 보여준다.

영작은 이 모욕적인 장면을 보고도 실제로 거절하지 못함으로써 남편 윤 회장이 하던 역할을 이어받아 돈의 맛에 길들여지는 모욕의 생을 살게 될 것임을 암시한다. 백금옥은 주변의 모든 사람을 물질의 노예로 만들고 그러한 일에 대해서 자신감을 가진 철저한 속물로 그려진다. 자신을 중심으로 해서 일정한 반경 안에 들어오는 사람은 자기가 가진 돈으로 길들일 수 있고 그들은 거부할 수 없다는 자신감을 가지고 있다.

다음은 하녀들의 도움을 받으며 목욕하는 장면인데 백금옥은 영작과 아들 앞에서 조금도 주저함이 없이 벗은 채로 업무에 관한 지시를 한다. 이것은 마치 남성들이 사우나를 하면서 사업 이야기를 하는 장면을 연상시킨다. 물질과 권력의 주체인 백금옥은 자신이 남성과 대등함은 물론 아들이나 영작보다는 오히려 우월하다는 인식을 기반으로 그런 왜곡된 행동을 한다. 이는 백금옥이 남성 중심적인 그릇된 문화에 노출되어 살아왔고 최소한의 수치심조차 남지 않은 피폐한 상태임을 드러낸다.

'나도 외로울 때가 있다'는 백금옥의 고백 앞에서 노년 여성의 욕망을 검토해야 할 필요가 있다. 영작과 사귀는 딸 나미에게 "너두 한창 나이에 혼자 사니 알 거 아냐. 엄만 평생을 이렇게 살았어. 주 실장 일은 그렇게 이해해주면 안되겠니?"라고 변명하자 나미는 "엄만 몸만 여자지 이 집 음탕한 남자들과 다를 게 뭐 있어."하며 비난한다. 백금옥은 남편도 사랑도 돈으로 사려고 했다는 점에서 남성적 권모술수의 세계의 모방자이며 계승자이다.

다만 그녀가 이렇게 살 수밖에 없었던 데는 도덕성과 책임감이 부족하고 남편으로서의 역할을 제대로 해내지 못한 윤 회장의 탓도 있다. 백금옥은 자신의 생에 대해서만 연민을 느끼며 현실에서 도피하려고 했던 윤 회장과 일말의 인간적 유대감도 가질 수 없었다. 자살을 통해 끝까지 아내를 경멸하면서 죽어간 윤 회장의 관 앞에서 백금옥은 무너져내린다. "이게 다 너 때문이야. 어떡할 거야. 어떡할 거냐구. 물어내 이 자식아. 내 인생 물어내란 말이야." 그럼에도 그녀는 남편의 장례식에서 다시 가면을 쓰고 위선적인 추도사를 남긴다.

아버지 회장의 딸로서 남편 회장의 아내로서 재벌가의 어두운 면을 당연시하며 살아온 백금옥의 생은 물론 정직과는 거리가 있다. 정직한 몸도 정직한 삶도 아닌 까닭에 그녀의 욕망조차 정당화될 수 없어 보인다. 그러나 어떤 식으로든 자신의 욕망을 강하게 표출하고자 했던 백금옥의 솔직함은 윤여정이라는 배우와 연결되어 전작인 〈바람난 가족〉을 연상시키고 일정한 흐름을 형성하면서 긍정적인 면을 드러낸다. 그동안 노년 여성은 돈과 권력의 주체나 성적 욕망의 주체로 인식되지도 않았고 영화에서도 그렇게 다루어지지 않는다는 점에서 볼 때 백금옥은 독보적인 의의를 갖는 캐릭터이다. 다만 그 욕망을 구현하는 방식의 왜곡된 성의식은 남성적 모방이라는 부정적 요소로 남는다.

(3) 여성의 섹슈얼리티와 윤리의 문제

문제투성이인 이 재벌가에서 유일하게 비판적인 시각을 유지하는 인물은 딸 나미다. 나미는 전작인 〈하녀〉에서 등장한 바 있는 어린 딸이 성장한 모습을 연상시킨다. 그녀는 하녀 에바의 죽음 앞에서 마치 〈하녀〉의 전도연을 기억하듯 "나 어렸을 때 불에 타 죽은 착한 아줌마 있었잖아. 그런데 왜 죽었지? 우리 그러면 안 돼. 우리가 뭔데."라고 말한다. 모든 사람을 평등하게 존중하는 나미의 시각에 대해서 백금옥은 "싸구려 감상 떨지 마. 에바가 죽지 말고 꼭 살아야 하는 이유라도 있어?"라고 반문함으로써 자신과 다른 계층의 사람들은 살 가치도 없는 존재로 여긴다.

엄마의 욕망을 비판하는 나미는 재벌이라는 틀 안에서 세상을 재단하는 백금옥의 왜곡된 시각과 대조된다. 분별력 있는 딸의 시각으로 보면 외롭다는 이유만으로 엄마의 욕망이 용납될 수는 없다. "엄마는 아버지와 똑같은 더러운 인생이고 거짓된 인생"이라고 규정하며 오히려 아버지보다 더 극악무도한 인생이므로 외로움도 나름의 방식으로 해결했을 것이라 추측한다. 어쩌면 이미 여러 명의 주 실장이 있었을지도 모를 일이다. 아들 철은 영작의 성장한 오늘이 늙은 엄마와의 관계의 결과라며 비아냥거리고 나미는 충격에 빠진다. "엄만 아무도 사랑하지 않아. 엄만 엄마 자신과 할아버지 돈만 사랑해."라고 말하는 나미가 백 여사는 불편하다. 나미는 영작이 변해가는 것이 서글프다. 또한 자신을 꿰뚫어보는 나미가 불편한 영작은 도리어 인간적인 관계를 차단함으로써 나미와 거리를 두려고 한다.

　저급한 재벌가의 남자와 결혼한 듯한 나미는 미래의 백 여사와 같은 생을 거부하고 결혼이라는 위선적인 틀에서 탈출한다. '멋있는 여자' 나미와 '찌질한 남자' 영작은 필리핀으로 에바의 시신을 전해주러 간다. 나미는 그 때 주 실장과 백 여사와의 사이에 있었던 수치스러운 일이 '강간'이었다고 규정해줌으로써 영작에게 출구를 열어준다. 권력 있는 여성과 하급자 남성의 강압적인 관계가 강간이라고 정의됨으로써 권력의 위계에 따른 성의 폭력성이 명확해지고 백금옥의 왜곡된 성적 욕망의 정체가 밝혀진다. 그리고 비로소 나미의 진실은 주 실장의 진실과 만나게 된다.

　감독은 한국 영화에서 거의 본 적이 없는 남성에 대한 여성의 성폭력을 그려내면서 여성이든 남성이든 위계에 의한 폭력적인 성의 부당함을 객관적으로 보여주었다. 남녀의 성역할 바꾸기를 통해 그동안 익숙하게 보았던 성폭력을 다시 문제적으로 볼 수 있도록 했다. 노년 여성의 섹슈얼리티의 다양성을 비판적으로 재현함으로써 임상수 감독은 다시 한 번 전위적이다. 그리고 윤여정은 〈바람난 가족〉과는 또 다른 스타일의 낯설고도 강한 이미지를 가진 여성, 부정적이지만 강렬한 노년 여성상을 보여주었다. 〈바람난 가족〉의 호정이 병한이 겪었음직한 젊은 시절에서 벗어나기를 선택하고 〈돈의 맛〉의 나미가 백금옥의 과거와 같은 길을 거부한다는 점에서 호정과 나미는 새로운 시대의 분별력 있는 여성상으로 제시된다. 그리고 중요한 선택의 기로에 선 병한과 백금옥은 노년 여성의 다양한 문제를 전혀 다른 방식으로 제기한다.

3) 아가페적 헌신의 구현, 〈죽여주는 여자〉의 소영

소영(윤여정 분)은 종로 일대에서 노인들을 상대하며 살아가는 65세의 박카스 할머니다. 노인들 사이에서는 '죽여주게 잘하는' 여자로 인기가 높다. 트랜스젠더 집주인 티나, 장애를 가진 가난한 피규어 작가 도훈, 성병 치료차 들른 병원에서 만나 데려온 코피노 소년 민호 등 이태원의 소외된 이웃들과 더불어 힘들지만 따뜻하게 살아가던 소영은 한때 자신의 고객이었던 노인으로부터 뇌졸중인 자신을 죽여 달라는 부탁을 받는다. 죄책감과 연민 사이에서 갈등하다 그를 죽여준 후 두 명을 더 죽여주게 된 소영은 마침내 살인죄로 끌려가게 되고 감옥에서 쓸쓸하게 죽는다.

(1) 노년 남성의 성적 현실

노년기는 심리사회발달이론에서는 인간발달 과정의 마지막 단계로 자아통합을 도모하는 시기다. 정체감 위기이론에서는 은퇴로 인한 역할상실로 정체성의 위기를 경험하는 시기며 사회적 와해이론에서는 노인에 대한 사회적 낙인으로 인해 방황하는 시기다. 이러한 맥락에서 노인들은 연령의 층위에서 차별받는 집단, 주변화된 존재, 피해자로서 사회적 관심과 배려를 필요[14]로 한다. 노인은 성숙한 인격과 삶의 지혜와 풍부한 인생 경험 등의 장점에도 불구하고 신체적인 약화와 병과 죽음 등의 부정적 요소와 연결되어 독립과 자율성을 잃고 의

---

14 양옥남 외, 『노인복지론』, 공동체, 2006, 68~71쪽.

존적이며 열등하고 주변화 된 존재로 인식되고 또한 그런 모습으로 재현된다.

소영의 상대역으로 나오는 남성들은 크게 세 부류다. 여전히 성욕의 문제로 고민하며 박카스 아줌마를 통해 성욕을 해결하는 경우, 각종 노인성 질병으로 고생하면서 죽기를 원하는 경우, 비록 매매춘의 관계로 만났으나 인간적으로 이해하고 우의를 형성한 경우 등이다. 첫 번째 노인들은 주로 탑골공원이나 장충단 공원 등에서 시간을 보내는 이들로 소영에게 여전히 돈벌이의 고객이다. 적은 돈으로 성매매를 통해 성욕 문제를 해결하고 있는 이들은 몸은 늙었으나 여전히 욕망을 가지고 있다. 이 경우는 구매자의 성적 욕망과 매춘 여성의 화폐에 대한 욕망이 교환되는 성매매[15]가 성립된다. 두 번째는 좀 더 나이를 먹고 뇌졸중과 치매 등의 노인성 질환으로 고통 받는 이들이다. 가족 간의 갈등과 자신의 존재에 대한 무력감과 패배감 등으로 시달리는 이들은 죽음보다 못한 삶을 영위하고 있다.

이 작품에서 가장 문제가 되는 것은 세 번째 경우로 고독사를 두려워한 나머지 소영을 동반 자살의 위험에 놓으려는 재우(전무송 분)다. 그는 자신의 이기심으로 소영을 희생양으로 삼음으로써 무죄한 소영을 살인자로 몰아가는 사악한 행위의 주체가 되고 만다. 그럼에도 그의 외적인 온유함은 소영에게 그러한 위험성을 인식하지 못하게 한다. 게다가 감독은 그러한 여성상을 미화함으로써 여성에게 남성 중심으로 이상화된 굴레를 씌우려고 한다. 이는 여성을 아름답고 고귀한 존재로

---

15 고정갑희, 『성이론』, 여이연, 2011, 196쪽.

미화하는 듯하지만 여성의 본질을 왜곡할 우려가 있는 동시에 개인의 존엄이나 진정성과는 거리가 멀다는 점에서 위험한 재현의 방식이다.

(2) 성적 주체/대상으로서의 여성

양공주 출신으로 노년이 되어 박카스 아줌마로 살아가는 소영은 호모 사케르의 헐벗은 삶[16]을 적나라하게 보여준다. 소외되고 고립된 사람이라는 의미의 호모 사케르[17]의 의미를 확장시키면 동남아시아 출신의 노동자들, 종로 3가에 모여 있는 노인들, 지하철역 안의 노숙자들, 부모에게서 버려진 아이들, 취업 하지 못하고 거리를 배회하는 젊은이들, 사회적 취약계층으로서의 여성과 같은 상대적 소수자를 포함하게 된다. 피폐한 현대사회에서 모두가 더불어 살아가기 위해서는 발언을 허용 받지 못했던 사람들에게 발언을 허용하고 무력한 이들을 보호하며 약자와 연대하며 공공성을 바탕으로 하는 공동체의 정체성을 세워야 하는데 이 과정에서 호모 사케르에 대한 인식이 필수적이다.

소영의 일생은 호모 사케르의 삶 그 자체였다. 양공주로서 미군부대 근처에서 살아가며 흑인 병사와의 사이에서 아들을 낳았으나 해외입

---

16 조흡, 「〈죽여주는 여자〉의 헐벗은 삶」, 『대한토목학회지』 제65권 2호, 2017년 2월, 80~81쪽.

17 호모 사케르는 고대 로마에서 성스러운 존재인 동시에 저주받은 자였다. 이들은 인간과 신의 세계에서 이중으로 소외되고 배제되어 종속적 삶을 살아야 했다. 현대사회는 사람을 생물학적 생명은 존재하지만 정치적으로는 아무런 의미나 중요성을 갖지 못한 존재, 즉 호모 사케르로 전환시킨다.

양 보내야 했고 노년이 된 현재까지도 매춘 여성으로 살아가야 하는 소영은 한국 현대사의 비극성을 온몸으로 체현하는 인물이다. 훼손된 육체로서의 몸, 물신화된 대상으로서의 몸, 서양 여성의 모방으로서의 몸은 양공주의 몸이 드러내는 부정적 표상이다. 그럼에도 '폐지나 주우며 살기는 싫다'는 소영의 진술은 외면적으로나마 근대적 섹슈얼리티를 확보한 여성이라는 자부심을 보여주며 '죽여주는 여자'는 경쟁력 있는 몸을 자산으로 하여 살아가는 존재임을 집약하는 별명이다.

몸의 판매자이자 몸이 상품이기도 한 소영과 같은 성매매 여성을 성적 주체라고 할 수 있는가, 그리고 타인의 성적 욕망의 세계에 몸담고 평생을 살아왔지만 자신이 성적 욕망의 주체였던 적이 있었을까에 대해서는 또 다른 논의[18]가 필요하다. 리타 펠스키는 창녀가 재현하는 섹슈얼리티는 상품화된 것이자 동시에 해방된 섹슈얼리티임을 지적[19]하고 있다. 소영은 자기의 몸을 남성들의 성적 대상으로 삼는 활동을 선택적으로 영위한다는 점에서는 성적 주체라고 할 수 있다. 곧 주체이면서 타자이고 대상이 되는 아이러니한 몸의 주체이다. 이러한 비천한 여성의 몸에서는 남성 중심적 지배질서를 위협하는 공포스러운 존재, 기존의 이데올로기로는 포획되기 힘든 이질적 존재로서의 의미를 발

---

18 급진주의 페미니즘에서는 성판매 여성을 희생자로 보지만 자유주의 페미니즘에서는 성노동자이며 성전문가로 본다. 전자는 성매매 자체가 인권침해라고 보지만 후자는 성노동 금지가 인권침해라고 본다. 정희진, 『페미니즘의 도전』, 교양인, 2005, 235쪽.

19 한국여성연구소, 『여성의 몸』, 창비, 2005, 203쪽.

견[20]할 수 있다.

노인 성담론은 주로 남성의 욕망을 중심으로 이루어진다. 한 예로 남성이 권력과 자본을 소유한다면 나이와 상관없이 젊은 여성의 성에 접근할 수도 있고 그런 경우 노년 남성은 오히려 사회적으로 성공한 원숙한 매력을 가진 남성으로 여겨지기도 한다. 또한 요양보호사나 박카스 아줌마와 같은 노인 주변 여성들과의 관계에서 여성들을 성폭행하거나 성추행한 경우에도 남성들이 오히려 피해자로 그려짐으로써[21] 여성을 억압하기도 한다. 게다가 여성의 경우는 성을 포함하여 개인적 욕망을 드러내는 것은 이기적이거나 비정상적인 것으로 여겨지는 경우가 많다. 이렇게 노년 여성을 재생산이 불가능하고 남성의 성적 대상이 되지 못하는 무성적, 비성적 존재로 여기는 것과[22] 남성의 성적 욕망은 허용하면서 여성의 욕망은 억압하는 것은 가부장제의 권력과 밀접하게 관련되어 있다.

(3) 창녀에서 성녀가 되는 방식

'노인/여성/섹슈얼리티'라는 키워드를 주제로 삼은 본 연구는 노인 문제를 다룬 선행 연구가 노인 안에 여성을 포함시키지 않고 남성의 문제에만 국한시켜 성차별적이고 편향적인 연구를 해왔다는 점을 비판하고자 한다. 노년 여성은 착하지만 무력한 존재, 모성에서 자유롭

---

20 위의 책, 12쪽.
21 이동옥, 『나이듦과 죽음에 관한 여성학적 고찰』, 한국학술정보, 2012, 74쪽.
22 위의 책, 103쪽.

시네 페미니즘 : 가족은 없다

지만 이기적인 존재, 성공했지만 고독하고 괴팍한 여성 등으로 영화나 텔레비전 드라마에서 재현[23]되고 있으며 긍정적인 여성상은 거의 드물다. 향후 고령화 사회를 다 같이 긍정적으로 살아가기 위해서는 노년 여성의 새로운 역할모델을 창조하고 의미를 부여할 필요가 있다.

소영에게는 박카스 아줌마라는 직업의 세계에서 몇몇의 인간적인 교류를 해온 남성들이 있다. 그중 대표적인 인물인 재우를 통해 세비로 송(박규채 분)이 뇌졸중으로 움직이지도 못하는 상태로 누워 있음을 알게 된다. 그를 문병 갔다가 자기의 비참한 처지를 비관하면서 자신을 죽여 달라고 부탁하자 소영은 그의 고통을 이해하고 죽여준다. 그 이야기를 들은 재우는 몹시 놀라지만 오히려 고독한 처지에 치매로 고생하는 다른 친구를 죽여 달라고 부탁하게 되고 소영은 힘들지만 그렇게 해준다.

마침내 재우는 소영에게 마지막으로 데이트 신청을 하고 호텔로 데려간 후 자살하는 자신 옆에 있어달라고 한다. 소영은 아무런 준비도 없이 그의 자살에 동참한 형국이 되고 다음 날 그의 돈을 노려 살해한 파렴치한으로 몰린다. 동고동락해온 트랜스젠더 집주인, 장애인 청년, 코피노 소년을 포함한 네 사람[24]은 마지막 만찬을 하고 소영은 경찰에

---

23 위의 책, 44쪽.

24 이태원은 소영과 한 집에서 살고 있는 구성원들을 통해서도 알 수 있듯이 성소수자, 장애인, 동남아를 비롯한 다국적 이주민들이 뒤섞여 살고 있는 특별한 장소성을 가진다. 이 땅에 속해 있지만 진정한 거주민으로 인정받지 못한 호모 사케르로서의 위치를 가진 사람들이 살고 있는 이곳에서 소영은 그들을 보듬는 어머니와 같은 역할을 수행하며 살아간다.

끌려간다. 소영은 아무런 변명도 없이 살인범의 누명을 쓰고 외로운 수감생활 끝에 감옥에서 죽음을 맞는다.

남성들은 소영에게 지나치게 무거운 요구를 한다. 소영에게 자신의 생의 마지막을 맡긴다는 것은 그 자신으로서는 간절함의 표현이지만 소영에게는 살인죄를 강요하는 것이다. 이 노인들은 뇌졸중, 치매, 고독 등의 이유로 삶의 끝자락에 와있으며 자신을 책임질 수 없는 자리까지 내몰려 있다. 노인들에게 신뢰할 수 있는 여자로 인식된다는 것은 좋은 의미지만 한편으로는 살아 있는 동안에 자신의 성적 욕망을 해결해주던 여자를 죽음의 동반자로 삼는다는 것은 그녀를 존중해서가 아니라 함부로 해도 된다는 의미로 볼 수 있다는 점에서 문제적이다. 특히 재우는 자신의 외로운 죽음이 두려워서 소영을 살인자로 만드는 이기심의 극치를 보여준다.

트랜스젠더와 장애인과 코피노 소년으로 이루어진 약자들과 유사 가족을 형성하며 살아가는 소영의 따뜻한 인간성은 이상화되어온 여성의 일면으로 강조된다. 그리고 위기에 처한 타인을 기꺼이 돕는 사랑의 경지에 도달한 것은 레비나스가 말하는 타인에 대한 환대와 헌신을 보여준다. 소영의 행위는 점진적으로 종교적 차원의 사랑으로 승화되다가 위대한 경지에 도달한다. 인간에 대한 배려와 존중, 삶과 죽음의 자리에서 변함없는 인간의 존엄성에 대한 인식, 살인자가 되는 위험을 마다하지 않는 실천적 사랑의 자세, 살인죄로 몰리는 지경에서도 자신의 무죄를 변명하지 않고 수감되어 감옥에서 옥사하는 엔딩에 이르면 소영은 어느새 성녀와 같은 수도자의 자리에 올라가게 되고 성스러운 삶은 완성된다.

탕녀와 성녀라는 여성에 대한 남성들의 이원화된 관념은 소영을 통해 그대로 드러난다. 남성들은 한편으로는 육체적인 성욕을 만족시켜줄 탕녀를 원하면서도 다른 면에서는 이상화된 어머니이자 평범한 인간을 넘어서는 완벽한 존재로서의 성녀를 꿈꾼다. 소영은 밑바닥 인생으로서, 호모 사케르로서, 헐벗은 존재로서 이 땅의 현대사의 비극성을 한 몸에 짊어지고 살아온 여성이다. 호모 사케르는 사람들이 범죄자로 판정한 자로 그를 죽이더라도 살인죄로 처벌받지 않는 자[25]이다. 존엄하면서도 저주받았으며 숭앙받을 가치가 있으면서도 공포를 불러일으키는 존재이다. 마침내 남성들은 소영에게 자신들의 최후의 고통과 외로움을 모두 짊어지고 갈 희생제의의 제물을 요구하기에 이른다.

이렇게 무리한 남성들의 요구를 묵묵히 수행하고 스러져가는 소영의 최후를 아름다운 죽음으로 이상화하는 것은 남성들의 이기심을 정당화하는 것이다. 여성은 남성을 위무하는 존재가 아니라 자신의 행복을 추구할 수 있는 자유를 가진 주체이며 남성과 동등하게 살 권리가 있다는 점에서 볼 때 이 영화에서 그려진 소영의 삶은 부당함을 넘어선 잔인한 요구라는 점에서 비판받아야 한다. 더불어 살아가는 사회의 기본적인 윤리의식에는 타자에 대한 인정이 우선되어야 한다. 소영이 이태원이라는 주거지의 특성을 상징하는 경계에 살고 있는 인물들과 소통하고 그들의 삶을 인정하는 타자의식을 가지고 있는 반면 재우로 대표되는 남성들은 타인의 삶을 파괴하는 극단적인 이기심을 보여준다

---

25 조르조 아감벤, 『호모 사케르』, 새물결, 박진우 역, 2008, 156쪽.

는 점에서 대조된다.

3. 결론

본 연구에서는 '젊은이/남성'과의 관계에서 주변부에 머물렀던 '노인/여성'을 중심부로 위치시켜 연구 대상으로 삼았다. 여성 내부에서도 소수의 여성에게만 해당되는 여성성의 숭배는 대다수의 여성을 배제함으로써 가능하다[26]는 문제의식에서 출발한 것이다. '노인/여성/섹슈얼리티'에 대한 보편적인 무관심이 한국 사회 전체를 관통하고 있는 까닭에 관련 영화 자체가 많이 생산되지도 않았다. 한국에서 이 문제에 본격적인 관심을 보여준 영화는 〈죽어도 좋아〉(2002)로 이 영화가 상영된 이후 노인의 성이 사회적으로 주목을 받아 쟁점화 되었고 성담론도 증대하였다. 그 이후의 〈바람난 가족〉(2003)과 〈돈의 맛〉(2012), 〈죽여주는 여자〉(2016) 등이 한국 영화에서 노년 여성의 섹슈얼리티를 중점적으로 재현한 영화의 거의 전부라고 할 수 있다.

노년 여성의 섹슈얼리티를 문제적으로 다룬 이 세 편의 영화에는 모두 윤여정이 출연했다는 점에서 한자리에서 논의해볼 필요가 있다. 윤여정은 한국 사회에서 여성에게 요구되는 날씬한 몸을 유지하고 있고 세련되고 현대적인 분위기를 가지고 있으며 언행에서 풍기는 개성적인 독자성 등이 일반적인 노년 여성에 대한 선입견과는 거리가 있다는

---

26 케티 콘보이 외, 앞의 책, 18쪽.

점을 주목하게 된다. 이는 여성의 경우 노년이라고 할지라도 섹슈얼리티와 연결시키려면 여성의 외적인 매력을 기반으로 한다는 것을 의미하며 우리 사회 혹은 영화계에서 가지고 있는 여성의 섹슈얼리티에 대한 고정관념과도 관계가 있다.

세 편의 영화는 국내보다는 해외에서 주목을 받았고 다양한 영화제에 출품되고 수상도 했다. 노년 여성의 섹슈얼리티 문제가 한국에서는 아직 낯설거나 불편한 주제이기도 한 반면 서구에서는 이미 진지한 관심의 대상이 되어온 주제인 것이다.

〈바람난 가족〉의 병한은 남편의 죽음 앞에서도 개의치 않고 자신의 성적 욕망을 구현하는 여성이며 그러한 자신을 오히려 자랑스러워하는 당당함을 보인다. 솔직하고 순수한 욕망의 주체라는 점에서 노년 여성의 섹슈얼리티 문제를 재현하는 인물들 중에서 가장 긍정적이다. 노년기에 접어들어 비로소 자신의 욕망을 인정하고 실현하게 되었으며 몸의 중요성과 가치를 인식하게 되었다는 의의와 함께 그 인물이 평범한 여성이라는 점에서 보편성의 측면에서 더 큰 의미가 있다. 남편의 죽음 이후 탈주하는 욕망의 주체가 되어 새로운 인생을 열어가는 길 위에 서게 된다. 체제 내에서의 젠더 배역을 충실히 수행한 끝에 비로소 이로부터 해방됨으로써 기존 체제의 야만성과 허위성을 자각하는 주체가 될 가능성을 보여준다. 더욱이 엔딩에서 미지의 세계로의 탈주를 상징하는 장소인 공항에 서 있는 것은 그녀의 열린 미래를 암시한다.

〈돈의 맛〉의 백금옥은 강렬한 성적 욕망을 드러내는 인물로 돈과 권력의 힘을 빌려 자기중심적으로 욕망을 구현하는 남성들의 폭력적인 행태를 그대로 모방한다는 점에서 부정적인 인물이다. 다만 남편과의 이별은 여성의 독립에 상당히 긍정적 영향을 미친다는 점에서 남편의 죽음은 앞으로 변화의 가능성을 여는 계기로 작용할 수 있다. 통과의 례의 전환점은 애매성의 시기로 모호함과 혼돈의 지점인 동시에 큰 변화의 힘을 갖게 되고 이 단계에서 가부장 체제와의 내면화 기제에 내재됐던 균열이 전면화[27]되기 때문이다.

〈죽여주는 여자〉의 소영은 노년의 매춘 여성으로 성적인 몸의 주체이자 대상이라는 점에서 전자들과는 다르다. 노년기임에도 여전히 매춘부로 살아가야 한다는 점은 비극적이지만 자신의 생을 스스로 책임진다는 점에서는 독립적이며 주체적인 여성이다. 남성들의 욕망의 대상에서 점차 성녀로 미화되고 있으며 여성에게 부과된 탕녀와 성녀라는 이중적 고정관념이 한 인물 안에서 재현되고 있다. 세 남자의 죽음을 통해 소영은 터진 공간인 거리에서 폐쇄적인 감옥으로 강제 이주한다는 점에서 앞의 두 여성과는 반대의 양상을 보여준다.

세 명의 여성들은 모두 주체적이고 능동적이며 용감하다는 공통점을 갖는다. 세 여성은 '재벌 회장 부인-평범한 노년 여성-박카스 아줌마' 등으로 사회적 계층의 차이를 보여주며 그와 반비례하는 인간적 고결함의 수준을 보여주는데 이는 우리 사회의 상층부에 자리한 계층에 대한 비판적 시선이다. 임상수 감독의 여성에 대한 의식이 매우 진보적이고 전위적이며 시사적인데 반해서 이재용 감독은 여성에 대한 재래의 관념에 침윤되어 있는 의식의 담지자라는 사실을 알 수 있다.

---

27 박인영, 「노년의 영화적 재현」, 『영화연구』 64호, 2015, 66쪽.

문화연구에서 페미니즘은 큰 역할을 담당해왔다. 그러나 남성과 여성을 이분화하는 시각의 문제점을 자각하고 모든 인간이 평등과 화해라는 기치 아래 살아가려는 목표를 지향하는 페미니즘의 이점에도 불구하고 그동안 여성이란 범주는 단지 젊은 여성에 국한되었다는 문제가 있다. 젊은 여성이 모든 여성을 대표하는 기준이 되어온 것을 문제로 제기하며 노년 여성의 재현과 새로운 주체 형성에 관심을 기울임으로써 페미니즘의 진정한 의미를 확산할 수 있을 것이다.

제8장

진실과 믿음의 길항, 그 위태로운 가족관계

〈사랑이 이긴다〉

〈사랑이 이긴다〉(2015)는 입시지옥에 시달리다 죽음을 택하는 여고생 수아의 비극과, 진실과 믿음을 둘러싼 가족의 소통 문제를 다룬다. 아버지, 엄마, 딸은 가족 내에서 저마다 분화된 역할로만 존재하면서 진정한 화합을 이루지 못하고 서로 불신하며 사랑과 화해로부터 점점 멀어져 간다. 영화는 비정상적으로 비틀리고 편벽된 이 가족 관계야말로 오늘날 우리 사회의 많은 문제를 야기하는 근원적 요인이라는 문제를 제기한다. 사회의 최소단위인 가족이 건강하지 않다면 그 가족들이 모여 이루어진 공동체인 사회 또한 건전할 수 없다. 입시 문제는 사회 문제가 아니라 오히려 가족 문제일 수 있고 가족공동체에서 가장 중요한 것은 사랑인 것이다.

영화는 소녀의 죽음을 통해 욕망이 지배하는 현대사회의 물질문명에서 깨어날 것을 촉구하며 진정한 희생과 재생을 통한 새로운 삶의 가능성을 제시한다. 그리고 물과 불, 바람과 대지의 원형심상의 세계로 우리를 인도하여 잊고 있었던 사랑과 평화를 다시금 깨닫게 하며 현실과 환상을 넘어서는 이미지와 상징을 통해 직관의 세계로 나아가게 한다. 사회의 문제적 현실을 직시하고 지금 여기 눈앞의 욕망에서 벗어나 삶의 궁극의 가치를 향해 나아가는 것, 그것이 끝내 사랑이 이기는 길일 것이다. 인간에게 내재되어 있는 구원과 초월적 세계에 대한 본능적이고 직관적인 인식만으로도 모든 문제를 해결할 수 있다는 인간에 대한 신뢰와 믿음을 보게 된다.

진실과 믿음의 길항, 그 위태로운 가족관계
〈사랑이 이긴다〉

1. 서론

민병훈 감독(1969~)은 러시아 국립영화대학과 대학원에서 촬영을 전공했다. 석사학위과정의 졸업 작품인 장편 극영화 〈벌이 날다〉(1998)로 테살로니키 국제영화제 은상, 토리노 국제영화제 대상·비평가상·관객상, 코트부스 국제영화제 예술 공헌상·관객상, 아나파 국제영화제 감독상을 수상했다. 두 번째 장편 극영화 〈괜찮아, 울지마〉(2001)로 카를로비바리 국제영화제 특별 언급상·비평가상, 테살로니키 국제영화제 예술 공헌상을 수상했다. 세번째 장편 극영화 〈포도나무를 베어라〉(2006)는 몬트리올 국제영화제와 카를로비바리 국제영화제 경쟁부분에 초청되었고 부산국제영화제에서 PPP 코닥상[1]을 받았다. 이 세 편의 영화로 그는 한국 영화계의 독보적인 예술영화감독

---

1 민병훈필름, http://www.minfilm.co.kr/

이자 직접 시나리오를 쓰고 감독 및 촬영을 하는 탁월한 능력을 갖춘 감독으로 각인되었다. 특히 앞의 두 작품은 외국배우를 기용하여 외국에서 제작됨으로써 국내보다 외국에서 먼저 명성을 쌓은 감독으로 독보적 위상을 갖게 했다.

러시아에서 공부한 탓인지 그의 영화는 타르코프스키의 분위기를 담은 철학적이고 명상적인 주제의식이 돋보이고 영상미 또한 빼어나서 한국 영화감독으로서는 이례적으로 독특한 분위기를 갖추게 되었다. 그러나 이러한 이질적인 영화적 특성은 그를 한국 영화의 일반 관객들과의 소통을 어렵게 하거나 낯설게 만들며 대중들과는 다소 거리를 두게 한 요소로 작용하기도 했다. 그래서 그는 자신의 영화를 포함한 예술영화를 관객들과 소통하게 하려는 목적으로 〈영화가 이긴다〉[2]라는 예술영화 서적을 출간하기도 했다.

'두려움 3부작'으로 묶이는 세 편의 전작들이 그를 예술영화감독이라는 카테고리에 넣었다면 그는 이제 더 많은 관객과 한국의 현실을 함께 고민하고 생각을 나누려는 의도로 '생명 3부작'을 기획했다. 우리 사회에 자살자가 특히 많다는 것에 대해 우려하며 죽음으로 내몰리는 사회에 문제제기를 하려는 의도[3]이다. 그 첫 번째 작품인 〈터치〉(2012)[4]에서는 유준상과 김지영을 주연으로 하여 생명의 소중함과 가족의 사랑을 이야기하고자 했다. 영화 속 인물들이 처한 현실과 그들이 치열

---

2 민병훈, 『영화가 이긴다』, 가쎄, 2014.

3 최나영, 민병훈 감독 인터뷰, OSEN, 2012.10.7.

4 〈터치〉, 민병훈 감독, 유준상 · 김지영 주연, 2012.

시네 페미니즘 : 가족은 없다

하게 싸워가는 과정이 실제 우리들의 현실과 맞닿아 있기 때문에 영화는 심각함과 불편함을 주기도[5] 한다. 소박하고 행복한 삶을 꿈꾸던 한 가족에게 닥친 예기치 못한 사건과 놀라운 기적을 그린 휴먼드라마를 표방한 작품이다. 보편적이고 예술적이며 현실적인 이 영화를 통해 감독이 예술적 감수성에서 현실의 바닥으로 내려왔으며, 상징과 우화로 현실을 해석하는 종래의 방식과도 성공적으로 조화를 이루었기에 이 영화를 '민병훈 영화의 진화'[6]라며 긍정적인 발전으로 평가하기도 한다. 민병훈 감독의 작품들은 한국 영화사에서 독특한 개성을 가진 영화임에도 불구하고 그동안 연구가 거의 이루어지 않았다. 그러나 그의 작품은 여러 가지 면에서 한국 영화의 지평을 확장하는 장점을 가지고 있다는 점에서 앞으로 진지한 연구가 필요하다.

본 연구에서 연구 대상으로 삼은 〈사랑이 이긴다〉[7](2015)는 '생명 3부작' 중 한 작품으로 한국가톨릭문화원과 민병훈필름이 공동으로 제작에 참여했다. 종교영화가 아님에도 불구하고 입시에 시달리는 여고생의 자살과 위태롭게 흔들리는 가족문제를 궁극적인 사랑 안에서 감싸 안으려는 작품의 주제의식에 공감한 천주교측의 적극적인 참여가 작품을 공동제작 하는 계기가 되었다. 종교가 현실과 동떨어진 구원의

---

5 민병훈, 앞의 책, 57쪽.

6 강성률, 「민병훈, 한국 예술영화의 또 다른 가능성」, 『공연과 리뷰』 79호, 현대미학사, 2012.12. 51쪽.

7 〈사랑이 이긴다〉, 민병훈 감독, 최정원·장현성·오유진 주연, 2015.9.10. 개봉. 15,146명의 관객을 동원했고 2015년에 개봉한 다양성 영화의 대표작 중의 하나이다.

세계만을 지향하는 것이 아니라 보통 사람들의 삶의 현실에 기반을 두고 어떤 역할을 해야 하는지에 대한 고민의 반영으로 보인다.

〈사랑이 이긴다〉는 입시지옥에 시달리다 죽음을 택하는 여고생 수아의 비극과, 진실과 믿음을 둘러싼 가족의 소통 문제를 다룬다. 아버지, 엄마, 딸은 가족 내에서 저마다 분화된 역할로만 존재하면서 진정한 화합을 이루지 못하고 서로 불신하며 사랑과 화해로부터 점점 멀어져간다. 영화는 비정상적으로 비틀리고 편벽된 이 가족관계야말로 오늘날 우리 사회의 많은 문제를 야기하는 근원적 요인이라는 문제를 제기한다.

본 연구에서는 이 영화를 통해 첫째, 현대사회에서 가족공동체가 지닌 문제와 의미를 고찰하고 둘째, 기억과 진실이라는 철학적 문제를 천착하며 셋째, 궁극적인 사랑과 용서의 가능성을 찾아보려 한다. 주요 등장인물인 딸 수아(오유진 분), 아버지 상현(장현성 분), 엄마 은아(최정원 분)를 중심으로 인물 간의 핵심적인 갈등을 분석하고, 나아가 민병훈 감독 특유의 시적인 영상과 상징에 대해서도 고찰할 것이다.

2. 절망과 불신 그리고 욕망을 넘어서 사랑으로

1) 수아, 진실과 믿음의 희생양

(1) "나는 너무 뜨거워" – 생의 무게와 절망
이 작품은 대학입시라는 한국 사회의 고질적인 문제를 본격적으로

시네 페미니즘 : 가족은 없다

다루고 있다. 수아는 특목고에서 전교 3등을 하고 수학 올림피아드 대회에서 상을 타는 우수한 학생이다. 명문대를 갈 수 있는 발판으로 모든 학생과 부모들이 선망하는 특목고는 입시전쟁을 가장 혹독하게 치르는 곳이다. 그곳에 다니는 학생들은 자신들의 노력 못지않게 부모의 관심과 지원이 필수적이다. 수아의 아버지 상현은 부와 성공의 상징인 '대한민국의 의사'이고 은아는 딸을 특목고에 넣은 대단한 엄마이다. 이렇게 외적 조건만을 놓고 보면 이 가족은 한국이라는 다분히 기형적인 사회구조 안에서 그나마 행복을 담보할 만한 완벽한 조건을 갖추고 있다. 그러나 흔히 그러하듯이 외적인 행복의 조건을 갖춘 그들은 모두 불행하다. 이 작품은 왜 그들이 행복하지 않은지를 탐구한다.

어른인 부모가 어느 정도 자신의 가치관대로 살아갈 수 있다면 아직 여고생이며 미성년자인 수아에게는 자신의 행복을 주체적으로 선택할 권리가 주어져 있지 않다. 수아에게는 집에서는 엄마에 의해 기획되고 학교에서는 교사에 의해 밀어붙여지는 스파르타식 교육과 일과를 감당해야 하는 일상이 반복된다. 엄마는 초시계를 들고 수학 한 문제를 푸는 시간을 재고 교사는 아파서 지각한 수아를 의심의 눈길로 바라본다. 엄마는 자신의 노력의 보상을 요구하며 3등 하는 사람은 2등 하고 2등 하는 사람은 1등해야 하는 발전의 논리를 강요한다. 수아는 아무리 최선을 다해도 엄마의 욕망을 만족시킬 수 없다는 절망과 초조함으로 도벽과 자해를 일삼다가 급기야는 시험지를 훔치는 문제 행동을 하게 된다. 은아는 수아가 강박증과 우울증으로 고통 받고 있으며 치료가 필요하다는 교사의 조언을 무시함은 물론 오히려 못마땅하게 여긴다. 실제로 청소년기 우울증은 강박사고, 불안, 자해 및 자살사고와 같은 다양한 정신과적 문제를 동반할 위험이 높아 치료가 필요하다. 하지만 국내의 한 역학조사에서 부모가 인지하고 있는 청소년 우울증은 매우 낮은데 비해 청소년이 스스로 보고한 우울증상은 부모 보고의 약 9배에 달한 것으로 보아, 우리나라에서 아직 청소년 우울증상이 제대로 인지되고 평가 및 치료받지 못하고 있음[8]을 알 수 있다. 수아의 엄마 또한 수아의 마음의 병을 무시하는 모습을 보인다.

어느 날 수아는 친구 소원과 함께 잠깐의 휴식을 취하기 위해서 소원을 뉴욕에서 전학 온 전교 1등 하는 아이로 포장한다. 엄마의 기대 수준에 맞는 친구가 되려면 그 정도의 스펙을 갖추어야 한다고 생각하기 때문이다. 그 거짓말이 들통 나자 은아는 소원의 부모가 아이들을 바닷가에 데리고 간 일이 자신의 교육관을 뒤흔드는 무책임한 행동이라고 비난하며 심하게 모욕한다.

몇 번의 전교 3등을 거쳐 마침내 전교 1등을 한 성적표를 내미는 수아는 전혀 예상치 못한 일을 당한다. 은아는 수아의 뺨을 세게 때리며 "이렇게 할 수 있는데 왜 그동안 하지 않았느냐"며 최선을 다한 것을 격려하는 대신 그간의 불성실함을 의심하며 벌한다. 부모들이 보이는 적대감, 조소, 모욕, 위협, 소리 지르기 등은 청소년들의 적응수준을 저하시키는 요인이 된다. 이러한 생활사건 스트레스원이 축적됨에 따라 청소년들의 스트레스는 증가하고 가족생활만족도는 감소[9]한다. 힘

---

8 김동영 · 박기정 · 김효원, 「한국 청소년의 우울증상과 부모자녀 관계」, 『소아청소년정신의학』 26(2), 2015, 120~128쪽.

9 유계숙 외, 『영화로 배우는 가족학』, 신정, 2005, 170쪽.

들게 버려온 수아는 더 이상 참지 못하고 죽음을 택한다. 그 순간 십 대 소녀에 불과한 여고생 수아에게 한국 사회와 가족이 지운 생의 무게는 임계치를 넘어버린다. 은아는 1등이 아닌 자는 결국 도태되고 괴물이 된다고 말해왔는데 자신이 바로 괴물인 것을 깨닫지 못하고 점점 더 거대한 괴물이 되어가고 있었다.

수아의 "너무 뜨거워"라는 간절한 호소는 엄마에게 수용되지 못하고 짧은 생은 끝이 난다. 그러나 수아는 환상적인 엔딩신에서 물속에 서 있다. 뜨거운 불의 세계에서 벗어나 물의 세계로 나아감으로써 수아는 평화를 찾는다. 물은 젊고 아름다운 죽음, 꽃다운 죽음의 원소이며 오만함과 복수심이 없는 죽음, 마조히스트적 자살의 원소이다. 물은 자신의 고통으로 우는 여성의 상징[10]이다. 바슐라르에 의하면 '꿈꾸는 사람은 옷을 벗고 연못 속으로 내려간다.' 그때 이미지가 태어나는 것[11]이다. 꿈꾸어진 세계는 바로 우리의 세계인 이 우주에서 우리 존재의 성장가능성을 가르쳐[12]준다는 의미에서 중요하다. 수아의 죽음에서 비롯된 물의 환상을 통해 은아는 새로운 세계와 마주한다.

신의 사랑을 떠올리게 하는 엔딩신은 이 작품이 딱히 종교를 표방하지 않음에도 불구하고 우리를 무한한 영성으로 인도한다. 이러한 초월적 세계는 우리가 경험할 수도 밝힐 수도 없는 영역으로 가장 대표적인 예가 죽음이다. 이미지가 가득한 신화 곧 미토스[13]의 세계는 죽음에

---

10 가스통 바슐라르, 『물과 꿈』, 이가림 역, 문예출판사, 1980, 119쪽.
11 위의 책, 181쪽.
12 가스통 바슐라르, 『몽상의 시학』, 김현 역, 홍성사, 1981, 17쪽.
13 유재원, 『신화로 읽는 영화 영화로 읽는 신화』, 까치, 2005, 309쪽.

대해서도 다양한 이미지를 제공한다. 이미지는 설명을 필요로 하지 않으며 직감과 그 직감에 대한 믿음만이 중요하다. 호수에 발을 담그고 서 있는 수아는 물을 통한 죽음과 재생을 동시에 보여주며 엄마와의 포옹을 통해 생명의 잉태를 통한 재생의 상징성을 더욱 강화한다. 물에 잠기는 것은 형태의 해체로서 죽음을 뜻하지만 새로운 탄생이 해체에 뒤따르기 때문에 물과의 접촉은 항상 부활을 가져온다. 물에 잠기는 것은 삶의 잠재력을 풍요화하고 증식[14]시킨다. 엔딩신에서 관객은 주어진 모든 고난을 수용하며 한없이 낮아지는 인간의 자세 곧 겸손을 배우게 된다.

수아와 엄마가 포옹하고 있는 포스터 사진은 작품이 지향하는 바를 집약한다. '사랑은 결코 지지 않는다'는 영문 제목(Love never fails)과 '사랑이 이긴다'는 한국어 작품명은 '사랑/실패하다/지다/이기다'라는 다소 어울리지 않는 단어들의 조합으로 이루어져 있다. 인생의 모든 고난과 위기를 극복할 수 있는 사랑의 가능성과 힘을 의미하는 제목이다. 그 사랑의 힘이 모든 것이 끝나버린 마지막에서야 발휘된다는 안타까움이 있지만, 이기심과 사악함의 덩어리인 인간은 마지막 순간까지 가야만 겨우 무언가를 깨달을 수 있는 어리석은 존재라는 점과 그럼에도 불구하고 그러한 비천한 삶에도 일말의 가능성이 있다는 안도감으로 위안을 준다. 더구나 그 사랑과 위로의 힘이 어린 소녀에게서 온다는 점과 완고한 엄마에게도 재생의 기회를 준다는 점에서 희망의 가능성을 제시한다.

---

14 멀치아 엘리아데, 『성과 속』, 이동하 역, 학민사, 1983, 100쪽.

(2) "아빠는 행복해?"—구원의 요청과 휘발된 믿음

한국 사회의 기형성은 가족관계에서도 명확하게 드러난다. 남성의 도구적 역할은 직업을 갖고 돈을 벌어들임으로써 남편-아버지라는 기능을 수행하고 여성의 역할은 아내-어머니로서 가족 내의 일에 관련[15]되어 있다. 아버지는 돈을 벌어오는 일로 가장의 소임을 다하고 엄마는 가정에서 자녀교육에 매진하여 명문대 입시에 성공하는 것으로 존재 가치를 자리매김한다. 그래서 "너의 성공만 있는 거 아니야. 나의 노력을 헛되게 하지 마."라는 엄마의 대사는 대한민국 중산층 엄마들의 입장을 대변하는 대사가 된다. 그러므로 특목고 입시에 이은 명문대 입시가 인생의 승패를 가르게 되는 한국 사회의 특수성을 고려할 때 수아에 대한 엄마의 가혹한 언행과 폭력은 정당성을 확보한다.

수아가 엄마와의 갈등을 해소하지 못하고 마지막 출구로 삼은 것은 상현을 향한 구조요청이었다. 영화에서 부녀는 한 번도 같은 화면 안에 있는 적이 없다. 단 한 번의 전화통화를 할 뿐이다. 상현은 성폭행 사건으로 학교와 병원에서 힘겨운 가운데 수아의 전화를 받는다. 관객이 상현의 얼굴을 보는 동안 수아는 목소리만 들린다. 이러한 미장센은 만날 수도 소통할 수도 없는 그들의 멀고 먼 거리를 집약한다. 최후의 구조요청을 상현은 알아듣지 못한다. 그리고 심지어 이렇게 말한다. "엄마에게 말해. 엄마는 네 생각만 하잖니."

전화통화 장면은 엄마의 억압이 힘겨워서 도움의 손길을 내미는 수아를 바로 그 엄마에게 떠미는 상현이 아버지로서 얼마나 무책임한지

---

15 앙드레 미셸, 『가족과 결혼의 사회학』, 변화순 · 김현주 역, 한울, 2007, 114쪽.

보여준다. 현재 그의 가장 심각한 고민은 성추행 문제를 해결하는 것이다. 그런 그에게 딸의 문제는 사소한 가족의 일이고 그건 아내가 책임질 부분이다. 그렇게 남성과 여성의 역할은 이분화되어 있다. 부부의 성별분업은 가부장적 가족을 유지하는 수단의 하나이며 성별 권력관계의 표현이기도 하다. 이렇게 우리 사회의 결혼생활은 남녀의 평등한 인격적 결합이기보다는 남편과 아내의 역할 수행이 중시되는 기능적인 결합[16]이다.

순간 수아의 갑작스러운 질문이 던져진다. "아빠는 행복해?" 생각해보겠다는 상현의 답에 수아가 다시 묻는다. "그걸 생각해봐야 알아?" 수아는 행복하지 않기 때문에 묻는 것이고 상현은 행복하지 않기 때문에 답을 미루는 것이지만 상현은 수아의 행복에 대해서 아무 관심이 없으므로 수아가 위기 상황임을 인식하지 못한다. 그는 자기 삶에 바쁜 개인일 뿐 아버지라는 역할에는 무관심한 사람이다.

상현과의 통화를 마친 후 수아는 마지막 구원의 가능성을 잃은 채 완전한 절망에 빠진다. 결국 수아의 죽음은 외적으로 억압한 엄마는 물론이거니와 딸에게 무심했던 아버지의 공동책임이다. 수아의 죽음으로 괴로워하는 아내에게 "당신 잘못 아니야"라고 말할 때 그가 자신의 책임을 느끼는지는 알 수 없다. 어쩌면 그는 마지막까지 자신의 문제에만 집착하는 이기적인 개인으로만 남아 있는 것 같기도 하다. 그가 택시비 사건에 몰두하면 할수록 그런 의혹은 비례해서 커진다. 결국 입시지옥이라는 한국 사회의 문제는 비정한 아버지/가장/국가의 문

---

16 이재경, 『가족의 이름으로』, 또하나의문화, 2003, 191쪽.

제이며 공적인 존재로만 살아가고 있는 가장들이 진정한 아버지로서의 자리를 회복하지 않는 한 극복될 수 없는 문제일 수 있다. 자수성가한 아버지로 표상되는 한국 근대화와 산업화를 살아온 남성/아버지/가장들은 여전히 공적인 존재로서의 삶에만 중점을 두고 살아갈 뿐 가족 내의 사적 존재로서의 삶의 가치를 모르는 존재이다.

가족의 위기 담론이 지배적인 오늘의 한국 사회는 변화가 필요하다. 남성들은 가부장적 태도를 버리고 가사와 자녀양육을 분담해야 한다. 가족은 더 이상 전일제 주부와 헌신적 모성에 대한 신화를 지속할 수 없으며 지금까지 가부장적 가족에서 주변적 위치에 있던 여성들의 주체적 경험을 통해 가족을 다시 해석하려는 노력이 필요한 시점[17]이다. 남편이 아내에게만 자녀교육을 완전히 내맡기고 무관심했던 것이 이 가족의 문제를 위기로 몰아넣은 요인이기도 한 까닭이다.

2) 상현, 진실과 거짓의 두 얼굴

(1) "삼만 원 줬잖아" – 택시비 사건

상현은 작품에서 두 가지 사건에 몰두한다. 조교 성추행 사건과 택시비 사건이다. 이 두 사건은 진실과 거짓, 기억과 망각, 믿음과 불신이라는 대립쌍들로 뒤엉켜 있다. 영화의 첫 장면인 성추행 사건 재판에서 그는 유죄판결을 받는다. 그럼에도 불구하고 그는 끈질기게 무죄를 주장하는 동시에 아내에게 결백을 믿어달라고 한다. 그의 결백 증명과

---

17 위의 책, 27쪽.

아내의 믿음은 상현에게 있어서 매우 중요하다. 특히 택시비 사건에 대한 비정상적인 집착은 진실을 알기가 더욱 어려운 성추행 사건의 단서가 된다는 점과 연결되어 있다.

진실이든 거짓이든 기억하지 못하는 자와 기억하는 자는 일종의 권력관계를 형성한다. 택시비 사건에서 삼만 원을 받은 사실을 기억하지 못하는 자(기사/거짓)는 택시비를 받아야 하는 정당함을 주장하고 삼만 원을 낸 것을 기억하는 자(의사/진실)는 오히려 그 정당성을 확인시키는 것이 매우 어렵다. 공권력(경찰)은 사회적으로 상대적 약자인 기사의 편에 서고 기사와 동일한 시선으로 상현을 불신한다. 아내는 그의 '나 믿지'라는 질문에 건성으로 답할 뿐 아니라 다음 날 기사에게 돈을 주라는 메모와 함께 삼만 원이 든 봉투를 차에 넣어둔다. 그는 위기에 처한다. 그는 공적으로도 사적으로도 거짓의 자리에 놓인 것이다. 그것을 밝히고 명예/진실을 찾는 일은 온전히 자신에게 달려 있다. 상현은 사람들에게 미친놈 취급을 받을 정도로 그 일에 집착한다.

결국 그의 집요함은 기사에게 기름을 붓고 불을 붙이려는 시도까지 하고서야 해결의 실마리를 잡는다. 기사는 상현의 강제에 의해 상현의 아내에게 전화를 걸어 돈을 받았다는 말을 하지만 그 지점에서조차 기사도 아내도 그를 완전히 믿는 것은 아니다. 마침내 진실이 밝혀지는 것은 기사가 택시에서 돈을 발견하는 순간이다. 그가 진실을 인식하는 것이 전적으로 우연한 발견에 의한다는 사실은 상현이 아무리 노력해도 자신의 문제를 해결할 수 없었다는 부조리한 현실인식으로 이끈다.

자신의 진실을 자기가 지킬 수도 밝힐 수도 없으며 내가 아닌 타인에 의해 나의 진실이 좌우된다는 사실을 깨닫는 순간 우리는 진실에 대한 공포에 압도된다. 왜 세상은 '약자/권력을 갖지 못한 자'가 진실이고 '사회적으로 권력을 가진 자/지식인/좋은 직업을 가진 자/높은 지위에 있는 자'가 강자이며 그러므로 거짓일 것이라고 무조건 믿어버리는가. 이 사건은 그동안 한국 사회에서 강자와 약자가 진실을 두고 벌여온 부당함의 역사에 대한 이의를 제기한다는 점에서 문제적인 시선을 보여준다. 진실은 진실 그 자체로 판단되어야 하는데 권력이 개입되어 진실이 왜곡되는 비정상적인 사회에서 살아온 반작용의 폐단을 거꾸로 보여줌으로써 한국 사회에 대한 비판적 문제제기를 하고 있다. 진실에 대한 판단이 왜 지위와 연결된 선입견에 의하여 왜곡되는지에 대한 반성을 하게 하는 것이다.

(2) "진실을 말해줘" – 조교 성추행 사건

이 문제는 택시비 사건과 맞물려 있다. 조교-교수의 관계에서도 전자가 약자이고 따라서 상대적으로 진실일 것이라고 믿게 된다. 후자는 권력을 가진 자로서 전자를 억압하거나 강제할 수 있다고 여겨지기 때문이다. 약자가 성추행이라는 매우 문제적인 사건에 대해서 사회적으로 이의를 제기할 때 사회는 통상적으로 그의 말에 귀를 기울인다. 이러한 관계에서 유래한 많은 불온한 사례들이 있어온 탓이다. 그래서 의사가 진실이라고 말하는 것은 택시비 사건과 똑같이 거짓이라 간주될 위험에 몰린다. 정말 조교를 성추행했다면 상현은 교수라는 권력을 이용해서 학생을 억압한 파렴치한이다. 그럼에도 조교에게 진실을 말해달라며 회유하는 비열한이며 병원장과 아내에게 진실을 운운하는 위선자이다. 그러므로 택시비 사건의 결과를 참고해서 무조건 약자가 진실이고 강자가 거짓이라는 위험에 빠지는 것은 일단 경계해야 한다.

그런데 성추행 사실을 외부로 알림으로써 누가 더 불리한가를 따져보아야 한다. 조교는 이러한 사건을 외부로 문제 삼을 때 그에 상응하는 대가를 지불해야 한다. 그런 일의 피해자가 되었다는 사실은 여성에게도 일말의 책임이 있다는 의혹의 대상이 되며 성적 수치심을 유발하는 여러 번의 조사를 받아야 하고 사회적으로 공개되는 일 등을 감수해야 한다. 그럼에도 불구하고 여성이 사회 문제화한다는 것은 그 모든 것을 감수하고서라도 밝히고 싶은 것이 있기 때문이다. 그것은 바로 진실이다. 그러나 조교의 진실 앞에서 상현은 진지한 표정으로 말한다. "나는 김 조교에게 단 한 번도 이성으로 관심을 가져본 적이 없다. 믿어달라. 성적에 불만을 품고 그러지 말고 진실을 말해달라." 조교는 이제 일을 그만두었으므로 더 이상 상하관계가 아님을 강조하며 성추행이 있었다고 분명히 말한다.

만일 성추행하지 않았다면 왜 그가 그런 악의적인 거짓의 그물에 빠졌는지를 여환자 진찰 장면을 통해 추측해볼 수 있다. 그는 비록 조교를 성추행하지 않았을지라도 여환자를 대하는 것과 유사하게 목표 지향적이고 자기 중심적인 언행을 통해서 조교에게 곤혹스러운 느낌을 갖게 한 적이 있을 것이다. 그리고 그것은 어쩌면 성적인 느낌과 관련된 것일 수도 있다. 즉 기사가 돈을 받고도 절대로 안 받았다고 말하는 것과 똑같은 방식으로 자기는 성추행을 기억하지 못하지만 조교는 분명 그렇게 느꼈던 어떤 순간이 있었다고 추측할 수 있다. 기사가 나중에 돈을 발견하고 당황하는 것과 똑같은 방식으로 의사도 나중에 성추행의 기억이 났을지도 모른다. 그래서 그는 엔딩 부분에서 아내에게 전화를 걸어서 자신을 용서해달라고 말하는 것이다.

그러나 택시기사가 택시 안에서 몹시 떠들고 음악을 크게 트는 등 수선스러운 상황에서 택시비 받은 것을 기억하지 못하는 것과 상현이 성추행을 기억하지 못하는 것을 같은 선상에 놓고 볼 수는 없다. 그는 기사보다 꼼꼼하고 완벽을 추구하는 성격이며 침착하고 무엇보다 자기 일과 자기 자신에 대해서 집중하는 인물이다. 그런 성격의 인물이 자신의 행동을 기억하지 못할 리 없다. 그렇다면 기억하면서도 기억하지 못하는 척하며 진실을 가리려는 상현의 태도는 기사에 비해 훨씬 정교하고 의도적이며 결과적으로 매우 사악하다고 할 수 있다. 두 개의 사건을 정리하면 다음과 같다.

1. 택시비 사건

외적 관계 (사회적 공간)	강자		약자
	택시	손님(상현)	기사
	경찰서	기사	의사(상현)
내적 관계 (심리적 공간–기억)	강자		약자
	A 기사(진실을 기억하지 못하는 자)		b 상현(진실을 밝히려는 자)
	B 상현(진실을 기억하는 자)		a 기사(진실을 기억해낸 자)

2. 성추행 사건

외적 관계 (사회적 공간)	강자		약자
	학교	교수(상현)	조교
	법원	조교(원고)	교수(피고/상현)

내적 관계 (심리적 공간-기억)	강자	약자
	C 상현(진실을 기억하지 못하는 자)	d 조교(진실을 밝히려는 자)
	D 조교(진실을 기억하는 자)	c 상현(진실을 기억해낸 자)

외적 관계를 보면 택시의 손님이었을 때는 상현이 기사에 비해 강자의 자리에 있다. 그러나 택시비 때문에 경찰서에 와서 실랑이를 벌이다 홧김에 '내가 대한민국 의사야'라고 외치는 순간 그는 오히려 사회적 경제적 지위에 걸맞은 역할을 하지 못하는 것으로 인식되고 사람들의 비난을 받는 존재로 변화되면서 약자의 자리로 이동한다. 경찰과 기사는 그가 의사라고 말하는 순간 더욱 그를 경멸하게 되는 것이다. 조교와의 관계를 보면 학교에서는 강자의 자리에 법원에서는 약자의 자리에 있다. 상현이 약자인 경우는 법원/경찰이라는 공권력의 통제하에 있을 때이다. 결국 외적 관계에서 상현은 두 경우에서 같은 위치에 있다.

내적 관계는 좀 더 복잡한데 인물의 기억을 기준으로 해서 둘로 나누었다. 강자의 자리에 있는 인물을 대문자로 약자의 자리에 있는 인물을 소문자로 표시할 때 진실을 기억하지 못하던 기사 A는 진실을 기억해내는 순간, 곧 자기의 잘못을 깨닫는 순간 기사 a로 변화한다. 조교는 진실을 밝히려고 애쓰는 동안 내적 고통을 겪으면서 d 조교로 약자의 자리에 있다가 진실이 밝혀지는 순간 D 조교로 변화한다. 오직 상현만이 b → B, C → c로 변화하면서 두 가지의 경험을 모두 하게 된다. 이들의 관계는 정확하게 반복된다.

두 개의 사건을 겹치고 반복하는 이러한 구조는 진실과 거짓을 둘러싼 강자와 약자의 자리바꿈을 통해 우리가 살고 있는 이 세상에서 진실과 거짓을 정확하게 가늠하거나 판단하는 일의 어려움과 거기서 생기는 각종의 오해들과 그 고통스러운 상황에 대한 감독의 의도를 반영한다. 이 자리바꿈을 이용해서 상현은 두 사건을 종합적으로 판단하고 이해할 수 있으며 관객도 마찬가지의 상황에 놓인다. 기사가 돈을 뒤늦게 발견하고 진실을 인식하는 것은 의사가 후에 조교에 대해서 똑같이 뒤늦게 진실을 기억하게 될 것에 대한 암시다. 결국 의사는 조교를 성추행했다. 그래서 아내에게 용서를 구하는 것이다.

그러나 관계의 회복을 청하는 그의 간절함을 아내는 외면한다. 그래서 그는 분신을 시도한다. 자신의 두려움과 대면하지 못하는 사람은 결코 용기를 발견할 수가 없으며 두려움이란 우주에는 우리를 뛰어넘는 어떤 힘이 있음을 인정하는 것[18]이다. 또한 두려움은 겸손으로 향하는 문이 되기도 한다. 영화의 인트로 장면에서 나무가 불에 타는 장면이 두 번 반복되고 조교를 만나 호소하는 장면에서도 버드나무가 불에 타는데 엔딩 무렵 결국 상현은 자신의 몸에 불을 붙인다. 고통을 자처하는 그의 자세는 진실에 대한 인정과 거짓에 대한 회개와 그러한 자

---

18 민병훈, 『민병훈 감독의 영화가 좋다』, 한국학술정보, 2010, 62쪽.

신에 대한 용서를 갈구하는 소망이 응집된 정점이다. 타르코프스키를 군이 인용하지 않더라도 원형적인 불의 심상만으로도 분신에 담긴 희생제의의 의미를 추출할 수 있다.

그리고 그 제의는 하늘에 가 닿아 수용된다. 더욱이 화상을 입은 상현이 누워 있는 침대의 바닥은 물이다. 불을 통해 죽은 그가 물에서 재생하는 원형심상의 재현이다. 아내는 그를 용서하고 수아는 새로운 생명으로 아내의 몸에 다시 들어오고 가족은 모두 화해의 가능성을 보여준다. 영화의 엔딩에서는 물속에 서 있는 수아와 은아가 포옹하고 상현이 딛고 서 있는 땅에서 녹색 바람이 부는 소리가 그들 모두를 감싸 안는다. 현실에서의 불가능한 화해가 불과 물과 흙과 바람이라는 우주의 4원소의 힘으로 해결된다. 극히 현실적인 문제가 우주의 근원적인 차원에서 환상적으로 해결되는 방식이 신선하고 새롭다. 실제로 "신의 생명과 온기를 느끼기 시작하는 그 찬란한 순간을 담아내고자 한다"는 감독의 창작의도[19]를 고려하면 이러한 우주적 차원에서의 심오한 해결 방식은 당연한 결말일 것이다.

또한 상현이 성추행 사건의 유죄판결에서 시작해서 택시비 사건을 해결하고 분신을 통해 성추행 사건의 진실을 인정하고 은아의 용서를 구하는 전 과정은 영웅의 여행 과정으로 요약될 수 있다. 그는 진실과 거짓의 줄타기를 두 번 경험하면서 진실을 찾아내고 거짓을 인정하는 용기를 얻게 되며 분신을 통해 부활하기에 이른다. 영웅은 세계에 널

---

19 민병훈, 〈사랑이 이긴다〉 시나리오, 미공개.

리 이로움을 줄 은혜로운 혜택과 보물인 영약을 가지고 귀환[20]하게 되는데 상현이 발견한 영약은 진실의 소중함과 가족의 사랑에 대한 새로운 깨달음이었다. 그는 영화의 맨 앞과 맨 뒤에 같은 모습으로 등장하지만 매우 큰 내적 변화를 겪은 영웅인 것이다.

3) 은아, 불신의 지옥

(1) "더 잘할 수 있었잖아" - 채울 길 없는 욕망

완벽해 보이는 이 가족은 단 한 번도 세 명이 같은 화면에 잡히는 적이 없다. 상현은 일로, 수아는 공부로, 은아는 수아 뒷바라지로 각자 바쁘다. 가족스트레스를 관리하는 데 필요한 효과적인 대처전략 중에서 의사소통 활동이 있다. 가족원들 간에 개방적이고 솔직한 대화를 하고 상호 경청하며 양적 · 질적으로 효과적인 대화를 하는 것[21]이다. 하지만 이들은 가족으로서 긍정적인 의사소통이 완전히 결여되어 있는 상태로 가족스트레스를 해결할 방법이 없고 가족생활 만족도는 떨어질 수 밖에 없다.

전교 3등을 한 수아에게 은아는 "넌 네 앞에 두 명이나 있는데 너무 여유롭고 태연하잖아. 분하지도 않아? 자존심도 없냐고!" 다그치며 오직 일등만이 살아남는다고 가르친다. 은아는 현대 자본주의 사회를 살

---

20 크리스토퍼 보글러, 『신화, 영웅, 그리고 시나리오 쓰기』, 함춘성 역, 무우수, 2005, 69쪽.
21 유계숙 외, 앞의 책, 176쪽.

아가는 욕망의 화신이다. 자본의 증식을 위해 모든 것을 희생하며 끝없이 욕망을 키우는 자만이 이 사회에서 모든 것을 가질 수 있다. 극소수에게만 허용되는 최정상의 자리에 올라가기 위해 만족이란 있을 수 없다. 3등도 과분하다고 말하는 수아를 1등으로 만드는 것이야말로 이 사회의 유능한 엄마의 교육방침이다. 부모-자녀 의사소통과 우울에 관한 연구에 따르면 부모와의 의사소통이 부정적인 것은 자녀의 우울에 영향이 있고[22] 부모의 친근함, 애정 및 돌봄이 부족할수록 그리고 자녀에 대한 기대가 클수록 자녀의 우울이 높다[23]는 연구도 있다. 은아가 수아를 우울증으로 몰아가고 있는 것이다.

은아가 신봉하는 약육강식의 동물적 세계관은 일등이 아닌 사람에 대한 경멸로 표출된다. 만나는 모든 사람에게 무례한 태도를 보이고 사람의 진심을 받아들이지 못하는 왜곡된 인간형인 그녀는 일등만을 강요당하며 성장하여 어른이 될 수아의 미래 모습이기도 하다. 괴물처럼 살고 싶지 않다고 항의하는 수아에게 좋은 대학을 가지 못하면 그게 바로 괴물이 되는 거라고 맞받는다. 수아의 높은 성적을 통해서도 도저히 채울 수 없는 은아의 욕망은 모든 것을 가져도 채워지지 않는 공허함에 대한 보상욕구이다. 자신의 공허함의 근원을 인식하지 못한 채 모든 원인을 밖으로만 돌리고 불만스럽게 살아가는 은아는 셋 중에서도 가장 불행한 인물이다.

---

22 송예리아 · 김진영, 「경제적 곤란 및 부모와의 소통과 청소년기 우울의 관계에 대한 종단적 연구」, 『청소년학연구』, 20(5), 2015, 131~155쪽.
23 김동영 · 박기정 · 김효원, 「한국 청소년의 우울증상과 부모자녀 관계」, 『소아청소년정신의학』, 26(2), 2015, 120~128쪽.

은아의 인간관계에서 핵심은 불신이다. 최선을 다하는 수아에게 "너를 믿을 수가 없어"라고 말하는 은아는 마침내 일등을 한 수아를 죽음으로 밀어붙인다. 학력 중심의 경쟁사회 속에서 부모들의 자녀에 대한 학업 성취 압력이 청소년 우울[24]과 스트레스[25]를 유발한다는 연구결과를 통해서 수아가 겪는 정신적인 고통을 확인할 수 있다. 은아는 "난 정말 아이의 미래를 위해서, 오직 그 애를 위한 거였지, 나를 위한 게 절대 아니었다"고 변명한다. 수아의 죽음을 받아들이지 못하는 은아는 뒤늦게 딸을 그리워하며 학교에서 수아를 찾아다니고 소원에게 수아와 통화하게 해달라고 사정한다. 은아의 성격으로는 자기의 가치관을 무너뜨리는 것보다는 차라리 정신을 잃는 편이 나았을 것이다.

이렇게 갈피를 잡지 못하는 은아의 변화를 보여주는 것은 고양이다. 수아가 집 없는 길고양이 새끼를 집에서 키우자고 말하자 냉정하게 거부하던 은아는 엔딩 부분에서 다리를 다친 고양이를 동물병원으로 데리고 가는 따뜻한 사람으로 변모한다. 딸의 죽음이라는 엄청난 사건을 겪고 나서야 겨우 변화의 조짐을 보여주는 은아의 경직된 인간성과 완고함은 일등만 지향하는 삶이 도달하게 되는 인간성 상실의 극한점을 보여준다. 수아는 자살을 통해서 그러한 괴물로서의 삶을 거부한 것이다.

---

24 김기예 · 우수경, 「중학생이 지각한 부모의 학업성취압력과 시험불안 및 우울」, 『아동보육연구』, 11(1), 2015, 37~53쪽.

25 조혜미 · 김성실 · 임혜경 · 한성현 · 송미라 · 손부순, 「부모의 성취압력이 청소년의 스트레스에 미치는 영향」, 『한국원적외선협회보』, 22(1), 2007, 67~74쪽.

(2) "당신을 믿어/믿지 않아" – 믿음의 거리

딸을 믿지 못하는 은아는 남편 또한 믿지 못한다. 감정이 전혀 없는 은아는 남편에게도 완벽한 기준을 정해놓고 그에 맞지 않을 때 혹독하게 경멸한다. 상현이 법원의 유죄판결을 받고 아내를 바라볼 때 은아는 침착하게 믿는다는 표정으로 끄덕인다. 은아는 남편에게는 수아에게처럼 화를 내거나 흥분하지 않는다. 이미 아무런 기대가 없다는 표정이다. 그래서 상현은 더욱 초조하다.

상현이 택시비 사건에 그토록 집착하는 것은 은아의 그런 태도 때문이다. 상현은 조교 성추행 사건과 택시비 사건에 대해서 모두 믿어달라고 하고 은아는 무심한 표정으로 믿는다고 말한다. 그러면서도 택시비를 갖다주라며 돈봉투를 넣어두는 불신은 상현을 절박한 심정으로 몰아간다. 그는 결국 아내 앞에서 분신으로 결백을 밝히려 한다.

상현의 재판 장면이 작품의 맨 앞에 놓여 있고 맨 뒤에 남편의 분신이 놓여 있는 구조는 남편의 믿어달라는 간절함과 믿을 수 없는 아내의 마음 사이의 간극을 그대로 보여준다. 결국 아내의 불신은 남편의 분신으로 이어지고 그런 다음에야 두 사람의 관계는 회복의 가능성을 보인다. 만족할 만한 결말로 가는 일은 목숨을 걸 정도의 노력이 있은 다음에야 비로소 가능하다.

이 작품에는 수아 가족과 수아 친구 소원의 가족이 등장한다. 소원의 아버지는 상현과 다툼을 벌이는 택시기사이다. 대조적인 분위기의 두 가족을 중심으로 진실과 거짓, 믿음과 불신, 사랑과 미움이 팽팽한 길항관계를 유지하며 작품을 이끌어간다. 겉으로는 안정된 가족관계처럼 보이는 두 가족은 실제로는 불안하고 위태로운 허구적 가족관계이다. 또한 두 가족은 얼핏 대조적으로 보이지만 실은 똑같은 위기의 가족이다. 소원의 가족이 위태로운 이유는 경마도박과 관련된 남편의 거짓말 때문이다. 그럼에도 이 가족이 행복해보이고 안전해 보이는 것은 남편의 진실을 믿으려는 아내의 노력 때문이다. 두 가족의 차이는 아내들에게 있다. 진실이든 거짓이든 남편이 약속을 지키려는 노력을 하고 있고 아내는 그를 믿어주려는 태도를 지향함으로써 가족은 위기를 이겨낼 건강한 힘을 갖게 된다. 그리고 그것은 바로 사랑의 힘이다. 사랑은 믿음과 긴밀하게 연결되어 있다. 사랑이 든든하면 믿음이 생기고 믿어주면 그릇된 길로 들어섰다 할지라도 돌이키려는 반성적 노력이 있다. 그래서 진실보다 중요한 것은 믿음이고 믿음보다 강한 것은 사랑이다.

상현이 "날 한 번만 용서해준다면…… 다시 시작하고 싶어.", "미안해…… 근데 나 많이 힘들고 외로웠어.", "당신이 날 믿어준다면…… 당신이 날 사랑한다면 다시 시작하고 싶어."라는 상현의 엔딩 대사들은 고통스러운 진심이다. 상현 또한 은아와 다름없이 일등만 지향하며 살아온 인물이고 그런 삶이 결과적으로 얼마나 외롭고 힘겨운 것인지 보여준다. 세상에서 가장 소중한 공동체인 가족이 왜 이토록 소통이 어려웠고 서로를 이해하지 못했는지 의아하지만 그 또한 오늘날 대부분의 가족이 겪고 있는 현실의 반영이다. 용서와 믿음은 결국 사랑이라는 가장 중요한 가치로 귀결된다. 이제 이들은 진정한 인간으로서의 삶을 시작할 수 있을 것이다. 그것은 궁극적인 존재의 근원적인 힘에 기대는 내밀한 구원의 영역의 가능성을 보여준다. 인간이 동물적인 삶을 지양하고 사랑의 힘을 믿는 순간 인간은 비로소 현실을 견디어낼 힘을 가진 존재로서 따뜻한 삶을 기대할 수 있다. "엄마 울지마 난 여기서 행복해 / 여긴 빗방울도 행복해 / 여긴 새들도 행복해"라는 주제가는 어린 딸의 용서와 화해의 힘으로 사랑이 가능함을 보여준다. 사랑이 위대한 것이 아니라 사랑할 수 있는 인간이 위대하다[26]는 것을 감독은 보여주려 한다.

수아를 믿어주지 않아서 죽음으로 몰아간 은아는 같은 이유로 남편을 죽음으로 내모는 셈이다. 은아는 가장 소중한 두 사람을 죽음으로 몰아넣었다. 은아는 영화의 엔딩부분에 이르러서야 삶의 가치를 겨우 깨닫는다. 앞으로 은아라는 인물이 감당해야 할 삶의 무게가 결코 가볍지 않다. 이 끔찍한 현실 앞에서 관객들이 깨달아야 할 진실 또한 그 이상으로 무겁다. 그러나 아무리 힘들고 어려운 생이라 할지라도 다시 일어나 살아갈 수밖에 없고 또한 응당 그래야 할 것이다.

4) 아름다움이 이긴다, 영상의 미학

감독은 영화를 만드는 사람으로서의 사명감을 인간의 아름다움과 고귀함을 아름다운 영상을 통하여 증명하는 것[27]이라고 말하고 있다. 그는 기존의 영화에서 상징적 이미지를 매우 중시해왔으며 그러한 특성은 이 작품에서도 마찬가지다. 비록 이 작품이 우리 사회의 문제적 현실을 다루고 있어서 매우 고통스럽기는 하지만 그는 그러한 세상의

---

26 민병훈, 『영화가 이긴다』, 58쪽.
27 위의 책, 8쪽.

악과 폭력 안에서조차 인간의 아름다움의 가능성을 믿고 있다.

영화의 첫 장면의 아름다움은 관객을 압도한다. 풀밭의 짙은 초록색과 풀이 가진 그 선명하고도 예리한 선들이 시각적 쾌락을 주는 가운데 바람에 잎들이 부딪치며 내는 사각대는 소리는 아름다우면서도 슬프고 처연한 느낌을 주며 거대한 시적 울림의 세계로 인도한다. 이후 이어지는 불타오르는 나무와 마주하는 순간 신비스러운 제의 안으로 이끌려 들어가는 듯하다. 은아가 딸이 서 있는 호수 안으로 걸어가 마주서는 장면까지 거치고 나면 바람과 물과 불과 대지라는 우주의 4원소로 몸과 마음을 완전히 정화한 후 비로소 영화 속으로 들어가게 된다. 이 장면은 다시 엔딩신에서도 반복되어 잔혹한 고통으로부터 완전히 정화된 후 깨어나 현실로 돌아오는 듯한 느낌을 준다.

하나의 수준에서 또 하나의 수준으로 도달하기 위해서는 물과 불의 시련을 뚫고 지나가지 않으면 안 된다. 불은 인간적인 것과 신적인 것의 중간에 위치한 영적인 세계와 결부된다. 유대교와 기독교에서 불타고 있는 사람은 성자의 후광이나 왕의 왕관으로 표상되며 후광과 왕관은 태양신 같은 것으로 여겨진다. 생명의 나무 역시 불타오르는 나무로 표현[28]된다. 상현이 스스로 몸에 불을 붙여 희생제의의 번제물처럼 불타오르거나 불타고 있는 나무가 여러 번 보이는 것은 이 작품이 현실의 모든 문제를 극복하고 어떤 초월적 세계를 지향함을 알려준다.

영화에는 이밖에도 몇 가지 동물의 이미지도 나온다. 상현은 수술실에서 백호 그림을 바라보고 은아는 거실에서 얼룩말 그림을 바라본다.

---

28 노드럽 프라이, 『비평의 해부』, 임철규 역, 한길사, 1983, 199~200쪽.

그리고 수아는 정확히 알 수 없는 거대한 동물의 형상과 마주하고 서 있다. 호랑이는 명예와 권세와 승리를 상징하는 동물의 왕이다. 의사라는 직업은 남성들이 투쟁하는 전장과 같은 약육강식의 한국 사회에서 부와 명예를 가진 최정상에 자리한 직업군에 속한다. 그러나 그곳에서도 우위를 점하기 위한 경쟁은 치열하다. 그 와중에 상현은 치명적인 성추행이라는 문제와 고투 중에 있다. 강인함을 선망하는 상현의 욕망을 반영하는 그림 속의 호랑이는 흰색이다. 흰 호랑이는 강함에 그치지 않고 신비스럽고 영적인 느낌을 띠면서 상현이 궁극적으로 지향하는 세계에 대한 이중적 의미를 준다. 결핍된 욕망은 몽상 속에서 충족된다.

언제나 우울한 표정을 하고 있는 은아는 일등이 아니면 괴물로 살아가게 된다며 수아를 채근하지만 그러한 경쟁적인 삶이 그녀에게도 만족스러운 것도 아니고 행복한 것도 아님을 얼룩말 그림을 통해 알 수 있다. 아프리카의 드넓은 평원을 무리지어 달리는 자유로움과 풀을 뜯는 평화로운 풍경의 상징인 얼룩말을 바라보는 은아는 현실에서 벗어나 그림 속의 공간에 몰입한 나머지 아예 그 안에 들어가 있는 것처럼 보인다. 수아가 일등을 유지하고 명문대에 진학하고 나면 은아에게도 그러한 평화로운 시간이 찾아올 것인지는 알 수 없다. 아마도 또 다른 목표를 세우고 수아를 채찍질할지도 모른다. 하여튼 은아가 바라보는 그림은 지금 여기가 아닌 먼 곳의 세계, 경쟁이 아닌 공생이 있는 삶에 대한 내면의 동경을 표상한다.

수아가 바라보는 정체를 알 수 없으며 두려운 느낌을 주는 동물은 수아 내부의 공포와 억압을 상징한다. 엄마와 교사, 성공만을 생의 최고의 가치로 몰아가는 한국 사회의 모순과 문제들, 그리고 세상의 온갖 불확실한 것들, 볼 수 없는 것들, 보이지 않는 것들을 함축하여 형상화한 것이다. 우리의 세계를 압도하려 드는 카오스, 무질서, 암흑을 함축[29]한 이미지의 현현이라 할 것이다. 나무와 풀로 가득한 푸른 숲, 바람 부는 바닷가 풍경, 그리고 호수. 수아가 지향하는 공간은 그런 곳들이다. 그러나 현실적으로는 학교와 집과 학원만이 수아에게 허락된 장소들이다. 어린 소녀에게 부과된 삶의 무게를 그 정체 모를 괴물로 집약하고 수아가 그와 정면으로 맞서서 대치하는 것으로 그려낸 미장센은 수아가 여린 소녀임에도 불구하고 그것을 극복할 정신력을 가진 인물임을 암시한다. 비록 수아는 현실적으로는 생의 무게를 견디지 못하고 자살로 생을 마감하지만 그 괴물과 맞설 내면의 힘을 가진 존재임을 보여준다. 수아가 현실적으로 남다른 강인성[30]을 가진 것은 아니지만 환상을 통해 상징적인 강인성을 준다는 점에서 현실과 환상을 넘나드는 감독의 영화관을 볼 수 있다. 그러므로 죽음은 수아에게 끝도 아니고 패배도 아니며 정면승부를 거친 나름대로의 새로운 결말이다. 수아는 부모를 구원하는 희생양으로서의 죽음을 선택했고 부모는 그 희생을 통해 괴물로서의 삶에서 벗어나 인간다운 삶의 주인으로 살아갈 수 있게 된다.

그런 점에서 수아의 죽음은 일종의 희생제의의 의미를 띤다. 희생제

---

29 멀치아 엘리아데, 앞의 책, 39쪽.

30 Kobasa(1982)는 스트레스에 취약한 사람들과 구분되는 성격특성을 강인성(hardiness)이라고 명명했다. 강인성이 높은 사람들은 다른 사람들에 비해 스트레스 사건을 덜 위협적으로 평가하는 경향이 있다. 유계숙 외, 앞의 책, 169~170쪽.

의는 성스러운 폭력이고 정당화된 폭력이다. 희생제의에서 폭력의 허용과 정당화는 더 큰 폭력과 폭력의 악순환을 막기 위한 것이다. 곧 성스러운 폭력을 통한 부당하고 확산되는 폭력의 극복방법이 희생제의[31]인 것이다. 희생제의는 집단에 매우 가치가 있는 것을 폭력적인 방법으로 파괴하는 의식이며 사회적 위기의 시기에 그 집단의 신앙 대상에게 드리는 종교적 의례이며 찬양, 감사, 간청, 속죄, 정화의 의미를 갖는다. 그러나 아무런 잘못이 없으면서도 스스로 희생할 수 있는 것이야말로 사랑과 정의를 실천하는 진정한 희생제의의 의미이다. 수아의 죽음에 담긴 무죄한 속죄양의 희생제의는 폭력적인 가정과 사회를 정화하는 진정한 희생제의의 의미를 띤다.

수아와 은아가 호수에서 포옹하는 엔딩신은 이 모든 고통스러운 과정의 총체적 결실이다. 삶에서 우리는 자신을 온전히 버려 희생하지 않으면 안되는 어떤 순간/지점과 맞닥뜨리게 되는 것이다. 그것이 수아에게는 물속으로의 죽음이고 상현에게는 불 속으로의 죽음이며 완전히 자신을 내어줄 정도의 희생이 있은 다음에야 비로소 한 사람의 구원이 가능해진다. 이것이 바로 종교적 구원의 비밀이다. 중요한 것은 신적인 차원에서의 구원이 인간의 차원에서도 가능할 것이라는 일말의 기대와 가능성을 보게 되었다는 점이다. 사랑을 통한 인간에 대한 희망이야말로 혹독한 현실을 이겨나갈 가장 커다란 자산임을 영화는 말하고 있다.

---

31 류성민, 『성스러움과 폭력』, 살림, 2003, 6쪽.

3. 결론

현대사회는 신화가 사라진 시대이다. 자본이 자본을 증식하고 이윤과 교환가치만이 중요하게 생각되며 인간의 존엄성이나 내면의 고귀함은 무가치한 세상이다. 인간은 물건처럼 소비되고 물질의 욕망을 추구하며 달려가는 눈먼 자들의 경주가 벌어지는 비참한 세계이다. 반영이든 거부든 영화는 동시대의 이러저러한 양상에 대해 어떤 관점을 구축함으로써 결과적으로 늘 현재에 대해 발언한다[32]는 것이 기본 가설이기는 하지만 그럼에도 불구하고 신화가 사라진 이 시대, 신화를 잃어버린 이 세상에 신화의 가치를 보여주려는 이들이 있다. 민병훈 감독은 '두려움 3부작'에서 이미 그러한 가치관을 잘 보여준 바 있고 신화의 세계에서 현실의 세계로 이동하여 치열하고 고달픈 오늘 우리의 삶을 문제적으로 재현하는 '생명 3부작'의 근저에도 역시 그러한 시각을 볼 수 있다.

〈사랑이 이긴다〉는 입시지옥에 시달리다 죽음을 택하는 여고생 수아의 비극과 소통하지 못하는 가족의 문제를 다루고 있다. 아버지, 엄마, 딸이라는 가족 내의 위치에서 화합이 아닌 각각의 개인과 분화된 역할로만 존재하면서 사랑과 화해로부터는 멀어져간다. 수아는 엄마와의 관계 속에서만 고통스럽게 살아가고 아버지와의 관계는 오직 한 통화의 전화뿐이다. 은아는 남편과는 무덤덤하고 건조하게 살면서 모든 열

---

32 프랑시스 바느와·안 골리오 레테, 『영화분석입문』, 주미사 역, 한나래, 2007, 70~71쪽.

정을 딸에게만 쏟아부을 정도로 딸에게만 집착하며 자신의 존재이유를 딸의 성취와 일치시킨다. 상현은 딸에게는 전혀 무관심하며 자신의 사회적 존재에만 관심이 있다. 이 가족의 비정상적으로 틀어지고 편벽된 관계야말로 오늘날 우리 사회의 많은 문제를 야기하는 근원적 요인이라는 문제제기를 볼 수 있다. 사회의 최소단위인 가족이 건강하지 않다면 그 가족들의 공동체인 사회가 건전할 수 없다는 근본적인 진단이다. 입시문제는 사회 문제가 아니라 가족문제일 수도 있고 가족공동체에서 가장 중요한 것은 사랑이라는 원론적인 결론을 내린다. 수아의 죽음을 통해 욕망만이 지배하는 현대사회의 물질문명에서 깨어나 진정한 희생과 재생을 통해 새로운 삶의 가능성을 제시한다.

이 영화는 이성과 합리라는 일견 그럴듯한 가치가 지배하는 오늘의 사회가 실은 방향도 모른 채 오직 욕망으로 질주하고 있다는 사실을 일깨워준다. 그리고 물과 불, 바람과 대지의 세계로 인도한다. 그곳에서 잊고 있었던 사랑과 평화를 깨닫고 안도하게 된다. 인간의 지식이 끝나는 곳에 초월의 세계가 있다. 우리가 신화에서 벗어날 수 없는 까닭이 여기에 있다. 현실과 환상이 얽히고 이미지와 상징이 이성으로 설명하지 못하고 설명할 필요도 없는 직관의 세계로 인도하는 것이 민병훈 감독의 영화이다. 〈사랑이 이긴다〉가 보여주는 참담한 사회의 문제적 현실을 보고 지금 여기 눈앞의 욕망에서 벗어나 삶의 궁극의 가치를 향해 나아가는 것, 그것이 끝내 사랑이 이기는 길이다. 시나리오에 들어 있는 종교적인 장면들이 영화에서는 모두 빠져 있는 이유는 인간은 한없이 연약하고 때로는 믿을 수 없을 만큼 사악하지만 그럼에도 불구하고 인간에게 이미 내재되어 있는 구원과 초월적 세계에 대한

시네 페미니즘 : 가족은 없다

본능적이고 직관적인 인식만으로도 문제를 해결할 수 있는 힘을 지니고 있다는 감독의 인간에 대한 신뢰와 믿음 탓일 것이다. 그리고 그것은 바로 모든 어려움과 고통을 이겨낼 수 있는 사랑의 힘이다.

본 연구는 민병훈 감독의 가장 최근 작품인 〈사랑이 이긴다〉만을 연구 대상으로 했지만 뒤이어 〈터치〉와 〈너를 부르마〉를 분석함으로써 '생명 3부작'의 의미를 종합할 것이다. 이어서 앞서 발표한 '두려움 3부작'을 연구함으로써 '생명 3부작'과의 본격적인 비교로 나아가고 그것으로 민병훈 감독의 영화세계에 대한 총체적 연구가 완성될 것이라 본다. 또한 기억과 진실, 사랑과 용서 등의 유사한 주제를 다룬 영화들과의 비교를 통해 그것을 다루는 방식에서 이 작품이 지니는 차별성을 더 부각시키는 작업을 진행할 필요가 있다. 이러한 주제의 후속과제들은 민병훈 영화가 갖는 차별화된 개성을 더욱 명확하게 할 것이다.

1. 논문

강성률, 「민병훈, 한국 예술영화의 또 다른 가능성」, 『공연과 리뷰』 79호, 현대미학사, 2012.

강소원, 「이토록 격렬한 여성들 – 비밀은 없다」, 『영상문화』 제21호, 부산영화평론가협회, 2016.

김기예 · 우수경, 「중학생이 지각한 부모의 학업성취압력과 시험불안 및 우울」, 『아동보육연구』 11(1), 2015.

김기정 · 김성호, 공포영화의 문화정치, 『예술과 미디어』, 13권 4호, 한국영상미디어협회, 2014.

김동영 · 박기정 · 김효원, 「한국 청소년의 우울증상과 부모자녀 관계」, 『소아청소년정신의학』 26(2), 2015.

김숙현, 「다문화 결혼이주여성, 그녀들 공연의 의미와 과제」, 『한국연극학』 62호, 2017.

김현미, 「누가 모범적인 이주자인가?」, 『문화연구』 4권 2호, 2016.

문성훈, 「타자에 대한 책임, 관용, 환대, 그리고 인정」, 『사회와 철학』 21집, 2011.

박유희, 「신자유주의시대 한국영화에 나타난 여성노동자 재현의 지형」, 『여성문학연구』 38호, 2016.

박인영, 「노년의 영화적 재현」, 『영화연구』 64호, 2015.

서동진, 「우울한 가족:금융화된 세계에서의 가족과 정동」, 『한국고전여성문학연구』 31호, 2015.

손희정, 「경계를 탐구하는 바바라 크리드」, 『여성이론』 25호, 2011.

송예리아 · 김진영, 「경제적 곤란 및 부모와의 소통과 청소년기 우울의 관계에 대한 종단적 연구」, 『청소년학연구』 20(5), 2015.

실비아 하비, 「여성의 자리, 필름 느와르와 가족의 부재」, 『공연과 리뷰』 39, 최윤식 역, 2002.

양정임, 「〈당신들의 천국〉의 공간적 의미와 폭력의 순환구조」, 『어문학』 122집, 한국어문학회, 2013.

원승환, 「한국 영화의 신자유주의화, 독립영화는 무엇을 해야 하나?」, 『독립영화』, 2006.

유홍주, 「고백체와 여성적 글쓰기」, 『현대문학이론연구』 27, 현대문학이론학회, 2006.

이수연, 「장르로서의 느와르와 필름 느와르로서의 〈L.A. 컨피덴셜〉」, 『영화연구』 14, 1998.

이영배, 「정동의 힘과 강도의 문턱」, 『감성연구』 14집, 2017.

이윤종, 「좀비는 정동될 수 있는가?」, 『여성문학연구』 39호, 2016.

이채원, 「젠더정치학의 관점에서 본 다문화서사」, 『여성문학연구』 41호, 2017.

이현중, 「필름 느와르의 장르 변화를 통해 본 장르적 관습과 향유 과정의 연관성」, 『영화연구』 62, 2014.

정미숙, 「정동과 기억의 관계시학」, 『현대소설연구』 64호, 2016.

조혜미 · 김성실 · 임혜경 · 한성현 · 송미라 · 손부순, 「부모의 성취압력이 청소년의 스트레스에 미치는 영향」, 『한국원적외선협회보』 22(1), 2007.

조 흡, 「〈차이나타운〉:느와르영화에서 젠더 역할 뒤집기」, 『대한토목학회지』 63권 7호, 2015.

———, 「〈죽여주는 여자〉의 헐벗은 삶」, 『대한토목학회지』 65권 2호, 2017.

진선정, 「현진건의 〈불〉과 영화 〈김복남 살인사건의 전말〉의 여성인물 연구」, 『한 남어문학』 37집, 2013.

패트리샤 화이트, 「월드 시네마로서의 여성영화」, 『이화여자대학교 아시아여성학
　　　센터 학술대회자료집』, 2008.

2. 단행본

강영안, 『타인의 얼굴』, 문학과지성사, 2005.

김수영 외, 『노년사회학』, 학지사, 2009.

김지영, 『오늘의 문예비평』, 낯선청춘, 2016.

김현아, 『전쟁과 여성』, 여름언덕, 2004.

노성숙, 『사이렌과 침묵의 노래』, 여이연, 2008.

류성민, 『성스러움과 폭력』, 살림, 2003.

민병훈, 『영화가 이긴다』, 가쎄, 2014.

서인숙, 『영화 분석과 기호학』, 집문당, 1998.

――――, 『씨네 페미니즘의 이론과 비평』, 책과길, 2003.

심영희 외, 『모성의 담론과 현실』, 나남, 2000.

안상혁 · 한성구, 『중국 6세대 영화, 삶의 본질을 말하다』, 성균관대학교 출판부,
　　　2008.

양옥남 외, 『노인복지론』, 공동체, 2006.

양운덕, 『미셸 푸코』, 살림, 2003.

연세대학교 미디어아트연구소, 『복수는 나의 것』, 새물결, 2006.

오정화 외, 『이민자 문화를 통해 본 한국문화』, 이화여자대학교 출판부, 2007.

유계숙 외, 『영화로 배우는 가족학』, 신정, 2005.

유재원, 『신화로 읽는 영화 영화로 읽는 신화』, 까치, 2005.

유지나 · 변재란, 『페미니즘/영화/여성』, 여성사, 1993.

유진월, 『코리안 디아스포라, 경계에서 경계를 넘다』, 푸른사상사, 2015.

이동옥, 『나이듦과 죽음에 관한 여성학적 고찰』, 한국학술정보, 2012.

이미림, 『21세기 한국소설의 다문화와 이방인들』, 푸른사상, 2014.

이수연,『메두사의 웃음』, 커뮤니케이션북스, 2004.

이재경,『가족의 이름으로』, 또 하나의 문화, 2003.

이정우,『천하나의 고원』, 돌베개, 2008.

이진경,『문화정치학의 영토들』, 그린비, 2011.

이화인문과학원,『젠더 하기와 타자의 형상화』, 이화여자대학교 출판부, 2011.

임옥희,『채식주의자 뱀파이어』, 여이연, 2011.

정희진,『페미니즘의 도전』, 교양인, 2005

태혜숙,『탈식민주의 페미니즘』, 여이연, 2001.

한국비평이론학회,『들뢰즈와 그 적들』, 우물이 있는 집, 2006.

한국여성연구소,『여성의 몸』, 창비, 2005.

3. 번역서

가스통 바슐라르,『물과 꿈』, 이가림 역, 문예출판사, 1980,

─────────,『몽상의 시학』, 김현 역, 홍성사, 1981.

노드럽 프라이,『비평의 해부』, 임철규 역, 한길사, 1983.

데이비드 마이클 레빈,『모더니티와 시각의 헤게모니』, 정성철, 백문임 역, 시각과
     언어, 2004.

데이비드 하워드 · 에드워드 마블리,『시나리오 가이드』, 심산 역, 한겨레신문사,
     2003.

멀치아 엘리아데,『성과 속』, 이동하 역, 학민사, 1983.

멜리사 그레그 · 그레고리 시그워스,『정동 이론』, 최성희 외 역, 갈무리, 2015.

미셀 바렛 외,『페미니즘과 계급정치학』, 신현옥 외 편역, 여성사, 1995.

미셀 푸코,『성의 역사 1』, 이규현 역, 나남, 1996.

─────,『광기의 역사』, 김부용 역, 인간사랑, 1999.

바바라 크리드,『여성괴물, 억압과 위반 사이』, 손희정 역, 여이연, 2008.

배리 랭포드,『영화 장르:할리우드와 그 너머』, 방혜진 역, 한나래, 2010.

사이드필드,『시나리오란 무엇인가』, 유지나 역, 민음사, 1993.

세라 워터스, 『핑거스미스』, 최용준 역, 열린책들, 2006.

쇼히니 초두리, 『페미니즘 영화이론』, 노지승 역, 앨피, 2012.

수잔 보르도, 『참을 수 없는 몸의 무거움』, 박오복 역, 또하나의문화, 2003.

수잔 제퍼드, 『하드 바디』, 이형식 역, 동문선, 2002.

수잔 헤이워드, 『영화사전』, 이영기 역, 한나래, 1997.

스즈키 유코, 『일본군 위안부 문제와 젠더』, 이성순 외 역, 나남, 2010.

아네트 쿤, 『이미지의 힘』, 이형식 역, 동문선, 2001.

앙드레 미셸, 『가족과 결혼의 사회학』, 변화순 · 김현주 역, 한울, 2007.

앨리슨 버틀러, 『여성영화』, 김선아 · 조혜영 역, 커뮤니케이션북스, 2011.

조르조 아감벤, 『호모 사케르』, 박진우 역, 새물결, 2008.

조안 홀로우크 · 마크 얀코비치, 『왜 대중영화인가』, 문재철 역, 한울, 1999.

줄리아 크리스테바, 『공포의 권력』, 서민원 역, 동문선, 2001.

질 들뢰즈 외, 『비물질 노동과 다중』, 서상현 외 역, 갈무리, 2014.

케티 콘보이 외, 『여성의 몸 어떻게 읽을 것인가』, 고경하 외 역, 한울, 2001.

크리스토퍼 보글러, 『신화, 영웅, 그리고 시나리오 쓰기』, 함춘성 역, 무우수,
    2005.

클레어 콜브룩, 『들뢰즈 이해하기』, 한정헌 역, 그린비, 2007.

타니아 모듈스키, 『너무 많이 알았던 히치콕』, 임옥희 역, 여이연, 2007.

──────, 『여성 없는 페미니즘』, 노영숙 역, 여이연, 2008.

프랑시스 바느와 · 안 골리오 레테, 『영화분석입문』, 주미사 역, 한나래, 2007.

C. 라마자노글루, 『푸코와 페미니즘』, 최영 외 역, 동문선, 1998.

J.G. 메르키오르, 『푸코』, 이종인 역, 시공사, 1999.

R.B. 토비아스, 『인간의 마음을 사로잡는 스무가지 플롯』, 김석만 역, 풀빛, 2001.

찾아보기

용어 및 인명

작품

시네 페미니즘 : 가족은 없다